69

SPORT DEMOCRATIQUE

l'entraînement sur la piste du Carrousel.

L'ILLUSTRATION   27 SEPTEMBRE 1902

LOUIS HÉMON

Récits sportifs

édition préparée et présentée par:

Aurélien Boivin
Jean-Marc Bourgeois

LES ÉDITIONS DU ROYAUME

La publication des **Récits sportifs** a été rendue possible grâce à la contribution des organismes suivants :

- la Bibliothèque centrale de prêt du Saguenay-Lac-Saint-Jean ;
- la Société des amis de Louis Hémon ;
- les Aménagements Maria-Chapdelaine ;
- la Société historique du Saguenay.

De plus, nous témoignons notre plus vive reconnaissance à monsieur Vouillot et au personnel empressé du Département des Périodiques de la Bibliothèque nationale de Paris.

Les Éditions du Royaume

100, rue Price ouest
Alma, Québec
G8B 4S1
Tél. : (418) 662-6425

ISBN 2-920164-03-1

Imprimerie Le Lac-St-Jean Enr.

Dépôt légal 2ᵉ trimestre 1982
Bibliothèque nationale du Québec
Bibliothèque nationale du Canada

Présentation

Contrairement à ce que d'aucuns ont pu croire, Louis Hémon ne fut pas l'auteur d'un seul livre, même si **Maria Chapdelaine**, diffusé de par le monde après sa mort et traduit en une vingtaine de langues, a assuré sa renommée. L'écrivain brestois, pendant son séjour à Londres (1903-1911), séjour qui demeure encore aujourd'hui aussi obscur que mystérieux, a écrit ses trois premiers romans: **Colin-Maillard**, refusé par le journal parisien le **Temps**, **Battling Malone, pugiliste** et **Monsieur Ripois et la Némésis**, tous publiés à titre posthume, de même qu'un recueil de nouvelles, **la Belle que voilà**, dont au moins une, «Lizzie Blakeston», parut en feuilleton dans **le Temps**, du 3 au 8 mars 1908, et dont une autre, «la Foire aux vérités», lui valut un prix de 500 francs du **Journal**, à la fin de l'année 1906.

C'est un peu par hasard que Louis Hémon est venu à l'écriture. Réfugié à Londres, en 1903, pour échapper à «la carrière» à laquelle on voulait à tout prix le destiner, il tombe sur l'annonce, dans le journal parisien le **Vélo**, d'un concours littéraire et décide, sur-le-champ, d'y participer. Il soumet un récit intimiste, «la Rivière», écrit à la première personne, qu'il aurait rédigé un peu avant son départ pour Londres, selon le témoignage d'une femme de chambre de la famille. Avec ce récit, dans lequel il aborde déjà quelques thèmes devenus familiers par la suite sous sa plume: souplesse et beauté du corps humain, soif de liberté, amour de la nature, atteinte d'équilibre et paix intérieure, il remporte à l'unanimité le prix d'honneur du concours de vacances organisé par le **Vélo**. Le

---

1. Alfred AYOTTE et Victor TREMBLAY, l'**Aventure Louis Hémon**, Montréal, Fides, [1974], p. 99.

texte primé est publié dans le journal le 1ᵉʳ janvier 1904. Quand le lauréat se présente aux bureaux du **Vélo** pour prendre possession de son prix, une motocyclette, il ne manque pas de glisser «dans sa poche intérieure de veston un conte sportif», note Alfred Ayotte, dans l'espoir d'impressionner favorablement le directeur du journal et de repartir pour Londres avec l'assurance d'une collaboration au **Vélo**.

Il atteint son but puisque «le Combat» est publié le 20 janvier et que, à compter du 12 février, Hémon entreprend une longue collaboration au journal sportif parisien, devenu, en 1906, l'**Auto**. Le dernier texte, «Driving», paraît à titre posthume, le 26 août 1913, sans que les responsables du journal ne sachent que son auteur, qui n'avait pas encore trente-trois ans, avait été heurté mortellement par une locomotive, le 13 juillet précédent, à Chapleau, Ontario, alors qu'il se dirigeait vers les vastes plaines fascinantes de l'Ouest canadien où il espérait «faire la moisson»[2].

Ces quarante-huit textes, la plupart inédits, que nous rassemblons chronologiquement sous le titre **Récits sportifs**, et dont au moins dix ont été écrits «au pays de Québec», révèlent toute la philosophie de Hémon à l'égard du sport qu'il s'est appliqué à pratiquer à une époque où ce genre d'activité comptait bien peu d'adeptes, en dépit des efforts de certains contemporains, dont le baron Pierre de Coubertin, qui avait relancé, quelques années plus tôt, les premiers jeux olympiques de l'ère moderne. Sportif lui-même, — il a pratiqué la course à pied, avec succès même, la bicyclette, la natation, l'aviron, le football, la boxe, l'escrime, la culture physique, la marche, — il s'adonne au sport, «la plus belle et la plus noble des choses du monde», pour le plaisir et non pour la gloire, éphémère, ni pour la galerie. Très tôt il a compris que le premier devoir d'un athlète véritable est d'abord «de cultiver méthodiquement son corps et de développer ses muscles par des exercices raisonnés». Ce qui, bien entendu, ne l'a pas empêché, un jour, «vers sa vingtième année», de rêver, «rien qu'une fois, de connaître les joies éternelles de l'effort et de la victoire», comme il l'avoue dans «Histoire d'un athlète médiocre», sa propre histoire. Dans l'espoir «d'être sacré champion sur une ligne droite gazonnée, où des cordes tendues tracent cinq sentiers étroits et longs, propices aux foulées rapides», ce «bon jeune homme comme les autres», cet «étrange garçon» se mit sérieusement à la tâche: «Il s'entraîna minutieusement, courut rageusement et fut battu honteusement». Il ne se découragea toutefois pas: il s'adonna à la

---

2. Nicole DESCHAMPS, **Louis Hémon. Lettres à sa famille**. Montréal, les Presses de l'Université de Montréal, 1968, p. 156. [Lettre du 11 octobre 1911].

rame et «tira» comme un damné sans plus de succès, «cafouilla» ignoblement mais goûta «l'ivresse sauvage de donner tout son effort à la cadence de sept efforts semblables, quand l'attaque rythmée des avirons mord l'eau avec une précision brutale»[3].

Déçu, il l'a sans doute été, comme tous ceux de son âge qui aspirent à la consécration, mais non à plaindre parce que convaincu «qu'il n'avait pas donné son effort en vain» et que, «à défaut de médailles, il avait gagné à sa montée tenace la force tranquille et la simplicité». Un tel apprentissage lui permit d'apprendre, plus tard, «que toutes ces années de sport sans gloire l'avaient quelque peu trempé pour la vie»[4], cette vie qui, pour lui, est «comme un vaste «ring» où se déroulent d'innombrables assauts qu'organise et que juge un «referee» tout-puissant et invisible»[5].

Louis Hémon, «le premier littérateur français qui fût en même temps un sportif, au sens véritable du mot»[6], n'attache donc aucune importance à la victoire, aux succès, aux honneurs. Il s'apitoie plutôt sur le sort du «pauvre garçon qui a fait des rêves de gloire, a payé ponctuellement une cotisation, croit s'être entraîné, découvre qu'il ne sera jamais champion, et trouve la chute si rude qu'il retourne, de dégoût, à ses chères études»[7] ou à quelque terrasse de café ou de guinguette. Athlète nationaliste, — il espère que son pays parviendra à battre l'Angleterre au rugby et à la boxe en particulier (cf. «Anglomanie» et «Couffion pérore...»), — aux progrès plutôt lents, comme il se qualifie lui-même, Hémon, tel un passionné, s'adonna à la pratique du sport pour s'amuser, en tirer une satisfaction personnelle. Il ne fut pas doué pour la course à pied, du moins à ce qu'il nous dit, non sans humour. Il suffit de relire le début du récit intitulé «le Cross anglais»:

Le club qui a l'honneur de me compter parmi ses membres comprend des marcheurs et des coureurs. Quand on me demande à quelle catégorie j'appartiens, j'hésite un peu. Car si je me vois généralement obligé, lorsque j'accompagne des marcheurs, de courir pour les suivre, par contre, quand je sors avec un peloton de coureurs, je finis toujours par me rendre compte, au bout de deux ou trois milles, que la course est en somme une allure anormale, dépourvue de dignité et qui enlève tout charme au paysage! et je

3. «Histoire d'un athlète médiocre», le Vélo, 12 février 1904.

4. Ibid.

5. «La Défaite», le Vélo, 27 mai 1904.

6. Allan McANDREW, Louis Hémon, sa vie et son oeuvre, Paris, Jouve & cie, éditeurs, 1936, p. 97.

7. «Angleterre contre Irlande», le Vélo, 24 février 1904.

termine le parcours loin derrière tout le monde, seul — comme il sied à un penseur — dédaigneux des quolibets dont m'accablent les petits garçons des villages[8].

Quelle leçon d'humilité! Quelle ironie aussi, quand on connaît la tenacité de Hémon, marcheur qui a franchi à pied de grandes distances, tant en Angleterre qu'au «pays de Québec», de Roberval à Péribonka, de Montréal à Chapleau... D'ailleurs, ne confirme-t-il pas ses talents de marcheur dans une lettre qu'il adresse de Londres à sa mère, le 18 avril 1906:

> Le temps était si extraordinairement beau samedi que je me suis promis que moi aussi je me paierais des vacances et même des vacances au bord de la mer. Les compagnies de chemin de fer ayant refusé d'organiser un train spécial, pour ne pas me mêler au vulgaire j'ai pris le train 11, en d'autres termes je me suis rendu de Londres à la côte avec l'aide de ses instruments démodés, mes pieds. Comme je n'ai pu quitter Londres qu'assez tard le samedi, après deux heures de marche j'ai été coucher dans une infime auberge [...] mais le lendemain je suis parti de bonne heure et j'ai fait mes soixante kilomètres avec le sourire [...][9].

La route! C'est le moyen d'échapper aux ennuis, d'oublier, de laisser derrière soi toutes les choses tristes qui assaillent, comme l'avoue à Bert Roper ce vieux mendiant sage rencontré dans un parc:

> Allez, jeune homme, allez... moi qui vous parle, avant que l'été ne soit fini, je compte bien avoir fait tout le pays, de l'est à l'ouest et encore du sud au nord, d'ici au Devon et puis tout le pays de Galles en remontant, et au delà, Liverpool et peut-être plus loin encore; et tout ça par la route, jeune homme, à pied...[10]

Un tel moyen de transport, outre qu'il est gratuit, permet à celui qui s'y adonne de garder sa forme. C'est sans doute une longue pratique de la marche qui a permis à Louis Hémon de sortir victorieux, avec deux autres compagnons, d'une longue équipée à travers des champs glaiseux de betteraves alors qu'il accomplissait, en 1902, son service militaire à Chartres, comme il le raconte avec finesse dans «Marches d'armée»[11].

Même s'il a fréquemment pratiqué la marche à travers, notamment, la campagne anglaise, et, à l'occasion, certains autres sports, sa préférence va au coureur à pied qu'il admire car sa vie

---

8. «Le Cross anglais», l'Auto, 30 avril 1910.

9. Nicole DESCHAMPS, op. cit., p. 97-98.

10. «La Route», l'Auto, 31 mai 1910. Voir aussi en appendice, «Le Sport de la marche».

11. «Marches d'armée», le Vélo, 25 juin 1904.

«est un tissu d'énergie et de sacrifices». Le coureur à pied est un solitaire, comme Hémon les aime, qui doit subir «le mépris des gens censés — et obèses — qui objectent avec simplicité qu'il est ridicule de s'exercer à la course puisque dans les cas pressés on peut toujours [...] prendre le tramway»[12]. Aujourd'hui, la subtilité a supplanté la simplicité: on refuse de pratiquer le jogging, par exemple, en invoquant le danger des maladies cardio-vasculaires pour ceux qui s'y adonnent; d'autres persistent à ruiner leur santé par la cigarette de peur de gagner du poids... Tous les moyens sont bons pour refuser l'hygiène de son corps, premier principe de vie du littérateur sportif (**cf.** «le Cross anglais»), pour croupir dans ses mauvaises habitudes. Pour Louis Hémon, qui s'intéresse à la minorité, le coureur à pied est, «en son genre, un martyr», condamné qu'il est, malgré son mérite et ses efforts à se manifester en présence de quelques centaines de spectateurs. Par la bouche de Couffion, il condamne les athlètes qui ne pensent qu'aux médailles (**cf.** aussi «le Cross anglais») et ne pratiquent un sport que pour épater les spectateurs (et surtout les spectatrices). Il réserve d'ailleurs le terme d'athlète à ceux qui «refusent les joies du spectacle» et qui, par un entraînement rigoureux «connaissent la joie [...] de marcher sans cesse vers leur désir», tout en «ayant en vue que leur intime satisfaction»[13].

Car Hémon accorde une grande importance à l'entraînement. On ne peut songer à bien figurer dans une épreuve sans une longue et rigoureuse préparation. Il loue le courage, la détermination, le renoncement héroïque de ce jeune athlète qui a décidé de s'attaquer au record de France du saut en longueur et qui en retire, comme nombre d'autres athlètes, beaucoup de satisfaction:

> Ce que furent les trois premiers mois de cette saison, il devait se le rappeler par la suite, avec la douleur confuse qui accompagne le souvenir d'un rêve que le matin a chassé: la joie de se sentir chaque jour plein d'une force renouvelée, et de jouir, indifféremment, en bête saine, du clair soleil ou de la fraîcheur d'une pluie de printemps — la vie simple et surtout la paix, la paix profonde que donnent l'exercice régulier, la bonne nourriture, et la tyrannie consentie d'une seule pensée[14].

Mais l'athlète, dans sa longue préparation pour l'ultime journée, afin de soumettre ses muscles à un effort régulier et son corps à une saine alimentation, n'est pas à l'abri de longues heures d'ennui qu'il tente d'oublier derrière lui en quittant «tous les jours, pendant quel-

---

12. «Le Record», **le Vélo**, 21 mars 1904.

13. «Sportsmen et Athlètes», **le Vélo**, 8 novembre 1904.

14. «Le Record», **le Vélo**, 21 mars 1904.

ques heures, la ville triste, poussiéreuse et chaude, par la douceur accueillante des ombrages familiers»[15].

C'est cette sensation unique de bonheur que ressent Jean Grébault, secrétaire particulier du préfet de Deux-Nièvres. Ce jeune homme avide d'aventure, qui avait été un athlète en son temps, comme Louis Hémon, et qui, «cinq ans plus tôt [...] passait les haies dans sa foulée, sur une piste au gazon ras», décide enfin, au contact de son chien Jérôme, après avoir passé six mois dans un bureau à l'air vicié au milieu de supérieurs obèses et ridicules, de se libérer de toute servitude et de retourner «vers la simplicité de la création primitive». Prisonnier entre quatre murs, il veut jouir de la vie exaltante, «envahi par une joie démesurée de bête soudainement libre». Il se sent grisé par la venue de la nuit qui l'emporte loin du monde civilisé et redécouvre «le patrimoine laissé intact par cent générations» et s'émerveille d'avoir pu se passer si longtemps de son héritage. Si le narrateur de «la Rivière» se contente, au contact de l'eau d'oublier qu'il a «travaillé tout le jour dans un bureau sombre parmi les maisons à sept étages», Jean Grébault, lui, décide subitement, grâce à la présence du chien errant Jérôme, qui lui redonne «la vigueur de ses vingt-cinq ans et de dégoût de la servitude», de quitter sa situation pour retrouver le bonheur perdu non sans avoir ridiculisé ouvertement ceux qui ont tenté de le retenir dans cet état d'asservissement et de servitude:

> Il leur dit qu'il s'en allait, chassé par la peur qu'il avait conçue de devenir quelque jour semblable à l'un d'eux. Il leur dit qu'ils étaient difformes et ridicules, certains squelettiques, certains obèses, tous pleins de leur propre importance et de la majesté des principes médiocres qu'ils servaient; que leur progéniture hériterait de leurs tares physiques et de leur intellect retréci, et qu'ils s'en iraient à la mort sans avoir connu de la vie autre chose qu'une forme hideusement défigurée par les préjugés séculaires et de mesquines ambitions[16].

«Retourner vers la simplicité de la création primitive», sans exhibition. Ce désir, Hémon l'a ressenti tout au long de sa courte existence. On le retrouve d'ailleurs dans son premier texte, «la Rivière». Dans l'eau, il se sent «l'âme libre et sauvage d'un primitif». Mystique, renfermé, il aime, la nuit, se retrouver seul et nu au milieu de la campagne, et, au contact de l'eau, son «âme de civilisé, soudain rajeunie de trois mille ans fait de [lui] un contemporain des premiers âges». L'eau est purificatrice, régénératrice. La rivière pour Hémon, comme la route pour Grébault, son double, est

---

15. **Ibid.**

16. «Jérôme», **le Vélo**, 26 octobre 1904.

un refuge pour chasser ennui et fatigue. Il se sent libre et plaint ceux qui n'ont pas atteint à cette liberté primitive :

> Ô vous qui, une fois la semaine, mijotez en des baignoires, ou même vous qui, à de rares intervalles, allez barboter dans «le grand bain» étroit de quelque établissement malpropre, je vous plains du fond de mon coeur [17].

L'eau lui apporte bonheur rêvé, paix, tranquillité, extase. C'est cette même sensation qui l'assaillera, quelques années plus tard, quand il plongera dans les eaux troubles de la rivière Péribonka, au pied des chutes, après un dur labeur sur la terre à peine défrichée des Bédard où il sera, pendant près d'un an, garçon de ferme.

Il ressent la même ivresse sur l'eau, quand il s'y promène à la faveur de la nuit ou quand il s'entraîne à ramer. Le sport exigeant de l'aviron, qui déchire les mains et endolorit les muscles, procure beaucoup de satisfaction :

> [...] partir dans le clair matin et s'en aller joyeusement entre les berges connues, mais que huit jours d'absence et la lumière nouvelle semblent avoir miraculeusement changée ; s'emplir les poumons du bon air frais qui a dormi sur la rivière et tirer sur l'aviron de tout son coeur en écoutant les autres avirons, derrière soi, battre dans l'eau la même chanson nette et courageuse [18].

L'aviron, selon Hémon, «est le plus beau et le plus sain des sports», «le seul des sports de plein air qui ait, en France, une tradition» [19]. Pourtant, voilà un sport méconnu en France, déplore le chroniqueur, alors que la course Oxford-Cambridge est un des événements les plus renommés de tout le continent, suivi avec intérêt de l'autre côté du détroit. Hémon ne se contente pas de critiquer. Il sait suggérer des solutions pour corriger ou améliorer une situation, pour populariser, en l'occurrence, l'aviron en France, qui compte des cours d'eau autrement plus favorables que la Tamise ou la Cherwell, à Oxford, ou la Cam à Cambridge. Selon Hémon, dont les heures passées sur l'eau «comptent parmi les meilleures qu' [il ait] jamais connues, parmi celles où [il ait] joui le plus pleinement de [sa] jeunesse et de la douceur des choses envisagées avec simplicité» :

> Ce qu'il faut à l'aviron, c'est seulement un afflux considérable de nouveaux hommes déjà entraînés et disciplinés par d'autres sports. Ils apportent des

---

17. «La Rivière», le Vélo, 1er janvier 1904.

18. «Les Canotiers», le Vélo, 12 mai 1904.

19. «À propos d'Oxford-Cambridge», le Vélo, 2 avril 1904.

20. Ibid.

muscles exercés, un courage à toute épreuve, les deux sciences inséparables du commandement et de l'obéissance[20].

Hémon croit encore en la complémentarité de certains sports, à une époque où les études sur cette question étaient à peine amorcées. Il adjure tantôt les footballeurs français de pratiquer l'aviron car le football et l'aviron sont des sports rudes qui demandent «des membres forts, des coeurs bien attachés, un long et dur apprentissage et des bonnes volontés qui ne se lassent pas», tantôt les boxeurs (et les athlètes fiers de ce nom) de s'exercer avec ténacité aux haltères (cf. «le Muscle et le Sport»). Car, c'est pour lui un fait indiscutable: «Aucun sport, même [...] ceux qu'on qualifie de sports complets, comme l'aviron et la boxe, ne met en action au même degré les innombrables muscles du corps humain.»[21] Point étonnant, si on délaisse la salle de poids et d'haltères, que les coureurs à pied exhibent d'assez pauvres anatomies, que les muscles des cuisses et des épaules des footballeurs soient peu développés et que, dans l'arène, «temple du combat et non du muscle et de la force», l'on ne voie «jamais de géants et bien peu d'hercules, et seulement des individus de taille quelconque et de musculature généralement médiocre qui s'y martèlent rageusement la figure»[22]. Pourtant, la boxe, aux yeux de Hémon, est une science, pourvu que ceux qui s'y livrent s'y préparent avec art. Comme les Américains, dont il vante les progrès rapides et les succès répétés grâce au recours modéré des haltères «comme préparation et moyen d'entraînement»[23].

Hémon, est-il besoin d'insister, croit aux bienfaits de la culture physique qui développe le corps et lui donne sa beauté et sa souplesse. Comme son héros, monsieur Plume qui, après avoir admiré la musculature d'Arès Sampson au music-hall, décide de se mettre à l'entraînement et, ainsi de s'imposer une discipline, un nouveau mode de vie, pour «éliminer les tissus adipeux qui défiguraient sa plastique, fortifier sa santé hésitante et développer, s'il était encore temps, un système musculaire trop longtemps négligé»[24], il loue le culturiste:

> Quand le rideau du music-hall se leva, il était debout sur un piédestal, les bras croisés sur la poitrine, les lignes de son corps nu se détachant sur un fond de velours sombre. Il demeura une minute figé dans son immobilité puissante puis s'étira lentement, et le marbre lisse de ses membres se mua soudain en faisceaux de câbles tendus. La poussée subite des muscles avait

---

21. **Ibid.**

22. «Le Combat», **le Vélo**, 20 janvier 1904.

23. «Le Muscle et le Sport», **le Journal de l'automobile**, 12 avril 1905.

24. «L'Éducation de M. Plume III», **le Journal de l'automobile**, 22 janvier 1905.

gonflé les cuisses monstrueuses, creusé le ventre, dilaté la poitrine profonde, accentué les saillies redoutables des épaules; des bras pliés, les biceps surgirent en boules, et la torsion des avant-bras dessina aux poignets un réseau de tendons semblables à des cordelettes halées. Il fit courir sur son corps des frissons rapides, vagues de muscles qui montaient des genoux aux épaules, dessinant au long du torse des reliefs aussitôt disparus; il plia un peu les genoux et tendit les épaules, comme arc-bouté sous le poids d'un invisible fardeau; puis détendit soudain ses muscles épais et resta de nouveau immobile, blanc, redoutable et tranquille, ainsi qu'un marbre figé dans sa gloire.[25]

Patrick Malone, connu dans l'arène sous le nom de Battling Malone, n'est pas moins beau quand il apparaît pour la première fois à lord Westmount et aux autres membres de la «British Champion Research Syndicate», mise sur pied pour redonner à l'Angleterre les champions qu'elle a perdus aux mains d'autres puissances: la France et l'Amérique, surtout.[26]

Pour d'aucuns, la culture physique n'est pas un moyen mais une fin en soi. Les exercices réguliers, quotidiens, les maintiennent en bonne santé, physique et mentale. Hémon n'a que des paroles d'encouragement pour ces athlètes en leur genre qui ont compris

---

25. **Ibid.**

26. Voici ce portrait «physique» de Malone:

> Lord Westmount, l'air satisfait, contemplait le torse de Pat Malone comme s'il l'avait sculpté de ses propres mains.
>
> C'était un torse dont l'aspect déconcertait au premier abord, comme s'il eût été anormal. Les épaules étaient larges, le thorax profond; mais ce qui frappait surtout, c'était un développement inusité de certains muscles, et l'aspect d'autres muscles qui, d'ordinaire pleins et charnus sur la plupart des corps d'athlètes, semblaient chez Pat Malone rétrécis en lanières, réduits aux dimensions de fortes courroies, dont ils paraissaient avoir également la résistance sans limites.
>
> Les deltoïdes, pectoraux et dorsaux, atteignaient des dimensions qui eussent été remarquables même chez un poids lourd très fortement construit, et ils formaient ainsi à la hauteur des épaules une sorte de cuirasse circulaire de muscles formidables, très détachés, saillant en relief au moindre effort, dont les faisceaux entrelacés cachaient l'ossature du thorax et des épaules. Au-dessous de cette ceinture puissante le reste du torse paraissait s'amincir brusquement; les flancs étaient secs; les plaques musculaires de l'abdomen se dessinaient comme des écailles de tortue, et tout le long des côtes et des reins chaque torsion faisait surgir sous la peau des faisceaux de lanières et de câbles. Les triceps étaient moyens, les biceps presque nuls, de sorte que les bras paraissaient grêles, mais grêles à la manière des pattes de certains animaux, qui ne font que servir d'outil aux muscles épais des épaules — grêles et irrésistibles comme le sont les pistons d'acier qu'une machine fait jaillir.

(**Battling Malone, pugiliste.** Paris, Éditions Grasset, 1925, p. 74-75).

15

que santé et hygiène du corps vont de pair. Ces sportifs sont souvent en meilleure forme que ceux qui ont choisi des sports de plein air. Comme le prince qu'il nous présente dans «la Conquête», ceux-là sauront bien atteindre à la Beauté, cette Beauté qui a tant fasciné le chroniqueur du **Vélo**. C'est pourquoi d'ailleurs il ne cache pas son admiration pour le clown qu'il regarde au-delà des «oripeaux grotesques qui lui couv[rent] le corps, et la farine qui blêmi[t] sa face contractée». Il envie «la souplesse de son corps», «la détente merveilleuse de ses membres», la «force surprenante» de cet athlète incomparable qui, aux yeux des gens, n'est qu'«un pitre haletant, agité et grotesque qui pirouett[e] dans la lumière»[27]. C'est pourquoi aussi il admire les bûcherons québécois qu'il croise sur son chemin en Mauricie et dont le travail est facilement comparable à l'entraînement des meilleurs gymnastes :

> De novembre à avril ils ont manié la hache jusqu'aux genoux dans la neige ; d'avril à juin ils ont travaillé au traînage et au flottage du bois, avec le divertissement occasionnel d'une chute dans l'eau glacée : système de culture physique qui n'est exposé dans aucun livre, mais assurément incomparable, et que complète le retour au monde civilisé, une promenade de soixante, quatre-vingts milles ou plus, par des sentiers de forêt ou sur les traverses d'une ligne de chemin de fer avec tous leurs biens sur le dos[28].

Ce qui ne l'empêche toutefois pas de déplorer leur état d'ébriété quand, après de longs mois de sobriété, ils reviennent à la civilisation. Bien que, ivres, ils soient inoffensifs et foncièrement bons garçons, «ils ne sont, selon Hémon, que pitoyables et ne donnent pas une bien haute idée de leur race». Et un tel abus n'est pas digne d'un athlète ! Car déjà le chroniqueur du **Vélo** aborde l'importante question de l'alimentation du sportif, question fort controversée aujourd'hui.

Il faudrait encore parler du mépris de Hémon pour les automobiles, ces «répartisseuses de poussière»[29], cette «création miraculeuse» accueillie par «des milliers de jeunes hommes malingres et atrophiés», «aux muscles veules», «trop faibles pour faire de la lutte ou des poids, trop douillets pour faire de la boxe, trop paresseux pour l'aviron ou la course»[30]. Devant cette méfiance pour un «pseudo-sport», quel jugement sévère aurait-il réservé aux sportifs de salon, produits de la génération «Pepsi», bien calés dans un fauteuil en face d'un téléviseur que se disputent les fabricants de bière

---

27. «Le Clown», le **Vélo**, 19 avril 1904.

28. «Les Hommes du bois», l'**Auto**, 31 août 1912.

29. «La Nuit sur la route et sur l'eau», l'**Auto**, 9 novembre 1911.

30. «Sportsmen et Athlètes», le **Vélo**, 8 novembre 1904.

ou de cigarettes. Grand admirateur de la vie simple, de la belle nature et des paysages féeriques, respectueux de la nudité, — il aurait été un adepte du naturiste aujourd'hui[31] — Louis Hémon aurait certes admiré les adeptes des sports de plein air qui privilégient les randonnées en pleine nature, peu importe la saison. Car Hémon est un précurseur. C'est grâce à des gens comme lui que le sport a pris une telle dimension et nous a donné ces athlètes dont on peut se glorifier. Il aurait su, à coup sûr, saluer les exploits de tous ces «fous en pyjama» qui ont peine à survivre à côté d'athlètes professionnels dodus ou obèses car trop grassement payés pour les efforts qu'ils déploient... Louis Hémon a prêché d'exemple. Et il serait fier de prendre le départ de l'une des nombreuses courses à pied présentées aux quatre coins du Québec, de fraterniser avec ses semblables et de participer à ce retour vers «la simplicité de la création primitive».

Aurélien BOIVIN

---

31. «L'Homme nu», l'Auto, 24 novembre 1910.

RÉCITS SPORTIFS

La rivière[1]

Chaque soir, quand le travail du jour est fait, le même train de banlieue me ramène lentement chez moi, et je retrouve ma rivière.

Elle coule tranquille, froide et profonde, entre deux berges plates semées d'ormeaux. J'ignore d'où elle vient et je m'en moque; je sais qu'un peu plus loin elle va trouver des quais, des pontons et des garages, et l'animation bruyante d'une ville de canotiers, mais ce que j'aime d'elle, c'est un tronçon de trois cents mètres, entre deux tournants, au milieu de la dure campagne.

Je m'arrête un instant sur son bord, avec un coup d'oeil amical au paysage familier, et quand j'ai sauté à l'eau d'un bond et que, dix mètres plus loin, je remonte à la lumière, je sens que je suis lavé, lavé jusqu'au coeur de la fatigue et de l'ennui du jour, et des pensées mauvaises de la Cité.

---

1. Nous publions «La Rivière», de M. Louis Hémon auquel a été décerné, à l'unanimité, le Prix d'honneur du Concours de Vacances, organisé par le **Vélo**.

M. Louis Hémon est en ce moment à Londres où, comme on le sait, le **Vélo** compte de nombreux lecteurs. C'est de là qu'il nous a adressé ses remerciements. Il n'a pas pu venir lui-même dans nos bureaux retirer la motocyclette qu'il a gagnée, et qui l'y attend.

Espérons qu'au prochain concours de «vacances», M. Hémon nous racontera ses impressions de tourisme automobile. Aujourd'hui nos lecteurs apprécieront avec quelle poésie, quel pénétrant sentiment de la nature, il décrit sa rivière et analyse le charme de la nage.

Le **Vélo**, 1er janvier 1904, p. 1.

Alors je remonte lentement le long de la berge, tout au bonheur de sentir mes muscles jouer dans l'eau fraîche, jusqu'à la limite de mon empire, un coude de la rivière que domine, sur un tertre de six pieds, un bouquet d'ormeaux.

Plus loin, c'est une contrée vague et redoutable, où les berges descendent en marécages dans l'eau trouble, qui doit se peupler, pour le nageur, d'herbes mauvaises et de dangers incertains. Au lieu qu'ici, entre les rives connues, il me semble que rien ne peut m'atteindre, et la racine qui m'effleure, et le remous qui m'entraîne un peu, sont des choses inoffensives et familières.

Je puis me souvenir d'un temps où je ne m'aventurais dans l'eau, l'eau dangereuse et froide, qu'avec une méfiance hostile: d'un temps où, après quelques minutes de bain, je revenais à la berge, les membres raidis, heureux de sentir la terre sous mes pieds. J'ai appris, jour après jour, à glisser entre les nénuphars, bien allongé pour fendre l'eau sans effort, à piquer dans l'ombre des ormeaux pour ressortir au grand soleil, à sauter droit devant moi, après dix pas d'élan, pour tomber en plein courant, les pieds d'abord, et trouer l'eau sans éclaboussure; et j'ai appris, l'une après l'autre, appris et aimé toutes les nages, depuis la brasse tranquille et sûre, jusqu'au «strudgeon» précipité, qui vous donne l'air, dans les remous d'eau soulevée, d'un cachalot fonçant sur sa proie.

*

* *

Ô vous qui, une fois la semaine, mijotez en des baignoires, ou même vous qui, à de rares intervalles, allez barboter dans le «grand bain» étroit de quelque établissement malpropre, je vous plains du fond de mon coeur.

Vous ne savez pas ce que c'est que de filer dans l'eau claire, en un coin de rivière qui semble si loin du monde qu'on s'y sent l'âme libre et sauvage d'un primitif; vous ne savez pas ce que c'est que de descendre trois cents mètres de courant en «overarm» nagée à toute allure, quand des mois d'entraînement vous ont fait les membres forts et le souffle long; de tendre tous ses muscles pour l'effort précis et désespéré de la fin, et puis de se retourner d'un brusque coup de reins, pour se trouver face à son propre sillage, et attendre sans bouger, le nez sous l'eau, que les remous légers viennent vous clapoter au front.

Certains soirs, quand, après une longue, longue journée étouffante d'été, le soleil commence à peine à décroître, je viens vers ma rivière, si las, qu'il me semble que ma force et mon courage m'aient abandonné pour jamais.

Mais je me laisse aller au courant, et, bercé par l'eau fraîche, quand le ciel attendrit ses nuances, je sens descendre en moi la grande paix tranquille qui vient d'au-delà des ormeaux.

*
*   *

Pourtant les plus beaux jours sont ceux de la fin, quand vient l'automne. L'eau est chaque jour plus froide, et, chaque jour plus nombreuses, on voit les feuilles jaunies descendre au long de la rivière. Le jour se meurt quand j'arrive, et, par certains soirs brumeux et gris, il fait si sombre qu'on sent déjà la nuit prochaine. Mais je sens ma force en moi, et je remonte sans hâte vers le tertre planté d'arbres, d'où je regarde agoniser la lumière.

C'est alors qu'il fait bon jouer dans l'eau, quand les moindres remous se teintent de reflets orange, et que les troncs des ormeaux montent comme des colonnes noires, dans le ciel attendri; qu'il fait bon, comme Kotik, le jeune phoque blanc dont parle Kipling, nager en rond dans les derniers rayons du soleil pâle, ou se tenir debout dans l'eau pour regarder le vaste monde, ou encore prendre un grand élan pour s'arrêter net, d'un effort subit, à six pouces d'une pierre aiguë.

Parfois, quand l'ombre descend sur les berges plates, elles prennent, à mes yeux, un aspect de redoutable mystère. La nuit a fait le silence dans les champs tristes, on ne voit ni homme ni maison, et, parce que je me trouve seul et nu, au milieu de la large campagne, voici que mon âme de civilisé, soudain rajeunie de trois mille ans, fait de moi un contemporain des premiers âges.

J'oublie que j'ai travaillé tout le jour dans un bureau sombre, parmi les maisons à sept étages, et, penché sur le courant, je guette, l'oreille tendue, les bruits confus qui sortent de l'ombre. Il me semble que là-bas, au fond de l'inconnu traître, d'autres êtres vont se lever d'entre les roseaux, et marcher vers moi dans les ténèbres; que les habitants séculaires des marécages, troublés dans leur possession tranquille, sont prêts à se lever pour la défendre.

Alors j'entre dans l'eau sans bruit, et, durant d'interminables minutes, nageant doucement, j'épie la rive hostile.

Je me plais à croire qu'«Ils» sont là, aux aguets comme moi dans la nuit sombre, et qu'ils vont paraître soudain et surgir

23

d'entre les arbres, redoutables, nus, musclés comme des bêtes de combat.

*

* *

Ce n'est qu'un jeu et je me moque de moi-même, mais il est certains soirs où je me surprends à les attendre vraiment, et je retiens mon souffle, les muscles bandés pour la fuite ou la défense, tremblant de froid et d'anxiété dans les ténèbres.

Et le premier bruit qui rompt le silence: une motte de terre s'effritant dans l'eau, le cri plaintif d'un oiseau de nuit dans la campagne, m'est un prétexte pour me détendre soudain, et descendre le courant dans un effort furieux, d'un rythme qui va s'exaspérant, jusqu'aux dernières brasses affolées qui me jettent à la berge, haletant, et les mains tendues pour saisir.

D'autres fois... mais, en vérité, elles doivent sembler ridicules, à tout autre, les chimères amies qui peuplent pour moi ma rivière; mais, brouillard ou soleil, nuit ou lumière, jamais elle n'a manqué un seul soir de me donner le repos tranquille et l'oubli, et, d'année en année, elle m'a fait plus fort et meilleur.

Il y a des matins maussades et gris où je sens gémir en moi, sous le ciel brouillé, tout ce qui peut y dormir de mécontentement et d'amertume; des soirs pesants où je suis sans raison triste et fatigué; et, plus redoutables encore, de belles journées venteuses et claires où je sens ma force monter en moi, quand l'air frais et le soleil hésitant font aux femmes, dans la rue, des figures de vierges tendres.

Mais il me suffit, pour retrouver ma paix heureuse, de songer à l'eau qui m'attend là-bas, l'eau tranquille, froide et profonde, où je sauterai d'un bond, et qui se refermera sur moi.

Le Vélo, 1er janvier 1904, p. 1.

Le combat[1]

Loin, bien loin du Londres visité par les touristes du continent, au coeur de Whitechapel, tout à côté de ces entassements
d'humanité miséreuse qui s'appellent Mile End, Stepney, Bethnal Green, s'élève le temple du Combat.

Le portique en est une miteuse façade de dix mètres à peine,
où trois colonnes noirâtres racontent des années d'existence sale
entre la boue et le brouillard jaune, et l'autel, au milieu d'une
grande salle entourée de gradins, est un «ring» de vingt pieds
carrés.

Si ce ring était destiné à servir de théâtre aux enlacements
plus ou moins gréco-romains de géants aux pectoraux impres-
sionnants, j'aurais pompeusement dénommé cette enceinte le
temple du muscle ou de la force, mais on n'y voit jamais de
géants et bien peu d'hercules, et seulement des individus de taille quelconque et de musculature généralement médiocre, qui s'y
martèlent rageusement la figure, conformément aux règles vénérées du marquis de Queensberry.

Cinq jours sur sept, les portes restent fermées, et seules des
affiches flamboyantes annoncent au monde, pour le samedi ou le
lundi suivant, une «grande soirée spéciale», avec un grand «contest», également spécial, entre Georges Proctor (de Southwark)
et Rodolph Unholz (de South Africa).

---

1. Nous avons le plaisir d'annoncer à nos lecteurs qu'à partir d'aujourd'hui
   M. **Louis HÉMON** le premier classé de notre Concours littéraire de vacances,
   dont nous avons publié ici même le remarquable envoi, «La Rivière», devient
   notre collaborateur régulier. Il nous a adressé, hier, de Londres, où il habite
   actuellement, son premier article, qui, nous en sommes sûrs, «sera vivement
   apprécié».

   Le Vélo, 20 janvier 1904, p. 1.

Le match sensationnel de la soirée est entouré d'une douzaine d'autres «contests» de huit, dix ou quinze «rounds», et, pour la somme modique de six pence (60 centimes), on peut avoir quatre heures d'un spectacle ininterrompu et passionnant.

D'ailleurs, les amateurs du «noble art» qui ne peuvent pas disposer de 60 centimes ne sont pas privés pour cela de leur plaisir favori, car la direction, bienveillante, lorsqu'elle juge qu'il n'y aura plus d'entrées payantes, ouvre les portes toutes grandes aux jeunes sportsmen, qui s'empressent de venir occuper les places disponibles, et, n'ayant rien payé, se préparent à être d'autant plus sévères sur la composition du programme.

*
*   *

Alors les «matches», «contests» et «competitions» se succèdent en ordre serré, pendant que monte en l'air la fumée des pipes, et que, dans les courts intervalles d'une minute, circulent des «boys», qui vantent d'une voix suraiguë leurs pommes, leurs oranges et leurs pots de «jelly».

Les combattants arrivent les uns après les autres dans le «ring», certains en collants violets, et certains en culottes courtes, certains inconnus et d'autres acclamés, à leur entrée, par des groupes d'admirateurs et d'amis, quelques-uns boxeurs prudents et scientifiques, la plupart munis seulement de quelques principes, d'une infinie bonne volonté et d'une merveilleuse endurance aux coups, mais tous le torse nu, suffisamment entraînés, et pleins du désir sauvage d'en terminer le plus vite possible avec un adversaire qui pense précisément la même chose.

Dans le public, on trouve aux places réservées quelques gentlemen de mise presque élégante, mais le gros de la foule est venu des ruelles et des culs-de-sac de l'East-End; le linge est rare, et, lorsqu'il se montre, on souhaite ardemment qu'il fût resté caché, et, sous les casquettes de nuances verdâtres ou les melons crasseux, le gaz éclaire de longues rangées de figures blêmes ou hâlées, mais presque uniformément patibulaires. Public de connaisseurs, d'ailleurs, bon juge d'habileté et de courage, et prêt à acclamer indifféremment la science d'un champion et la défense héroïquement maladroite de quelque novice au grand coeur. Car certains des figurants sont de véritables boxeurs, et d'autres, des débutants qui ont encore tout à apprendre; mais vétérans chauves ou gamins grêles, ils ont tous au même degré le courage de bull-dog qui fait les combattants.

Il ne s'agit pas de faire d'élégant «chiqué», ni d'entremêler lutte et poses plastiques, pour le bonheur des quarts-de-mondaines ou des «connaisseurs» aux piteuses anatomies: ils sont là pour gagner leur argent et faire leur métier, et ils le font de leur mieux, frappant des deux mains et s'efforçant vers la gloire, la gloire dont le principal avantage sera de mettre dans leur poche les très désirables dollars. Et puis, qu'il s'agisse de cinq ou de cinquante livres, une fois les premiers coups frappés, ils n'ont plus le loisir de songer à rien d'autre, et combattent pour leur propre compte et pour l'amour du combat, avec de la haine plein les épaules, et, sur le visage, la même expression attentive et brutale.

*
*   *

Je suis parfois allé à «Wonderland», en compagnie d'autres Français, et ils n'ont jamais trouvé, pour le spectacle, que des termes d'indignation et de dégoût. Ils ne voyaient que la mise en scène terne, le public crasseux, les reflets sinistres du gaz sur des faces où flambait l'excitation de la lutte, et les attitudes inélégantes de violence tour à tour tendue et déséquilibrée; ils s'indignaient noblement quand parfois le gant de quatre onces faisait jaillir quelques gouttes de sang, et jamais aucun d'eux n'a perçu la beauté, la formidable beauté du combat.

C'est pourquoi mon plus cher désir serait de m'attirer le mépris de tous les gens de bien, en entonnant ici un hymne à la gloire de la Brutalité divine.

Je n'essaierai même pas de la justifier; je ne prétendrai pas que la saine violence est l'ennemie de la cruauté, que bien des intellectuels font profession de condamner la lutte sous toutes ses formes uniquement pour qu'une philanthropie béate et molle serve d'excuse à la faiblesse et à la peur, et que la race qui laissera mourir le courage physique sous des prétextes de civilisation... je ne suis pas assez vénérable pour être prophète, et, d'ailleurs, je ne sais pas au juste ce qui pourrait bien arriver, mais je donnerais gaiement une pinte de mon sang pour que nous ne soyons pas de cette race-là.

J'exalterai donc la brutalité sans raison et sans excuse, l'instinct demi-sauvage, qui fait voir rouge et serrer les dents au moment de donner l'effort, qu'il s'agisse de tirer un «huit» sur la rivière, quand le souffle manque et que les mains n'ont plus la force de tenir l'aviron, ou bien de placer le «swing» décisif au dernier «round» d'un dur combat.

Et s'il vous est jamais arrivé de vous aligner contre votre

meilleur ami et de sentir monter en vous, quand vous êtes venu, deux ou trois fois, vous jeter sur ses coups d'arrêt, la poussée de violence furieuse qui pouvait animer deux hommes de l'âge de pierre luttant pour leur femelle ou leur nourriture, vous vous souviendrez aussi que, en lui serrant la main après l'assaut, vous avez senti que, connaissant sa force, vous le respectiez et l'aimiez davantage.

*
*   *

Je me souviens que, m'étant laissé aller à parler un jour de mes sentiments sur ce sujet devant un de mes amis, garçon trop intelligent, il entreprit de me démontrer sur-le-champ que c'était défaire l'oeuvre de la civilisation, se ravaler au rang de la bête et tuer de gaieté de coeur la partie la plus noble de la nature humaine. Je lui répondis avec douceur que de la discussion ne jaillit le plus souvent que l'obscurité, et qu'il était parfaitement libre de ne jamais pratiquer de sport plus violent que le billard ou la manille aux enchères. Sur quoi il me traita de «petite brute malfaisante». Et j'ai souri.

Car c'est encore un des bienfaits du combat, qu'il nous donne, sous les insultes, une infinie sérénité. D'abord parce que la force de l'habitude vous fait penser constamment, tout le temps qu'un Monsieur vous injurie, au geste exact qu'il faudrait faire pour l'arrêter, et puis, quand on échange journellement des «swings» sur la mâchoire, avec des amis et des étrangers, comment pourrait-on se fâcher pour de petites choses de si peu d'importance — des mots!

Le Vélo, 20 janvier 1904, p. 1.

Histoire d'un athlète médiocre

Peu importe son nom; c'était un bon jeune homme comme tous les autres. Seulement, vers sa vingtième année, il se prit soudain à penser que le sport était la plus belle et la plus noble chose du monde, et que le but de sa vie serait atteint s'il pouvait, rien qu'une fois, connaître les joies éternelles de l'effort et de la victoire.

Le cyclisme lui fut épargné; il songea bien, quelque temps, qu'il serait beau de s'en aller en coup de vent dans le sillage des quituplettes (je parle d'une époque reculée), quand les clameurs de la foule montent dans le vélodrome et que les coureurs, désespérément pliés sur leurs poignets raides, passent, s'éloignent et reviennent dans une ronde affolée; mais il fut tenté davantage par un autre sport d'une simplicité plus belle, et son premier rêve fut d'être sacré champion sur une ligne droite gazonnée, où des cordes tendues tracent cinq sentiers étroits et longs, propices aux foulées rapides.

*
* *

Il s'entraîna minutieusement, courut rageusement, et fut battu honteusement; mais il avait l'espérance tenace, ce garçon, et il fallut deux saisons pour tuer la vision merveilleuse d'un jeune athlète qui lui ressemblait de façon frappante, et passait le poteau d'arrivée toujours en tête, dans des «temps» toujours surprenants.

Il connut les soirs tranquilles où la fraîcheur descend sur le Bois, quand des gens de sexes variés, mais uniformément habillés de blanc, jouent au tennis avec élégance, pleins d'un calme mépris pour les pauvres diables court-vêtus qui tournent sans répit, haletants et blêmes, où s'accroupissent pour un «départ», prêts à la détente soudaine qui doit les lancer en avant. Il acheta tous les manuels d'entraînement, suivit tous les conseils, fut chaste et sobre, et s'habitua à dire avec indifférence: «Oh! moi, je fais ça pour m'amuser», refoulant chaque jour plus profondément son rêve désespéré.

Il connut aussi les matins ensoleillés où l'on se sent si plein de vigueur, et où cela paraît vraiment si court — 100 mètres — que tous les espoirs semblent permis. Il apprit ce que c'est que d'avoir un handicap favorable, prendre un bon départ, foncer sur le poteau d'un tel effort qu'il semble venir à vous, pour voir soudain, à dix mètres du but, le «scratchman» surgir comme un boulet, passer, et gagner sur son élan, en trois foulées souples qui couvrent le terrain sans effort. Il apprit tout cela, et tant d'autres choses du même genre, que son espoir obstiné le délaissa enfin.

Seulement, il ne se contenta pas d'abandonner tout exercice et de se transformer en «compétence» à l'usage des jeunes générations. Il laissa moisir dans un coin le maillot, la culotte de course et les souliers à pointe, et se forgea un rêve nouveau.

*

* *

Il vit une large rivière tranquille, entre deux berges où se tassait la foule endimanchée, et, sur l'eau, au «huit» d'un outrigger, il vit un rameur qui lui ressemblait comme un frère, arc-bouté et tirant furieusement sur l'aviron, avec la perspective de sept larges dos, devant lui, pareillement tendus.

Il commença humblement: rama dans de lourdes yoles dont les «systèmes» étaient uniformément faussés, avec de lourds avirons, qui, après dix minutes de «remonte», lui installaient d'effroyables crampes dans les avant-bras. Il écouta avec déférence un monsieur barbu et ventru lui dire qu'il ne faisait aucun progrès, et parler en hochant la tête de l'époque bienheureuse où les hommes étaient des hommes, et où l'on savait ramer. Il vint passer des soirs à contempler le paysage mélancolique de Courbevoie-Asnières, en caressant le fol espoir que peut-être, s'il y avait un bateau disponible, et des rameurs, et si l'entraîneur avait le temps, on pourrait «sortir». On ne sortait pas; mais il n'en continuait pas moins à croire fermement ce qu'il s'était, une fois pour toutes, appris à lui-même, à savoir que l'Aviron est un dieu, que Lein est son prophète, et que le bonheur sur cette terre consiste évidemment à faire triompher le pavillon bleu et or entre le pont Bineau et le pont d'Asnières.

Il montra enfin une telle bonne volonté, qu'on lui confia, après quelques mois, le poste de remplaçant en titre de l'équipe seconde de débutants, et, plein d'un juste orgueil, il suivit un régime plus strict et se maintint dans une forme irréprochable, pour le cas invraisemblable où l'on pourrait avoir besoin de lui.

Quand l'occasion si longtemps attendue se présenta, il se mit en bateau, pour la course, avec la résolution féroce d'être victorieux. Il «tira» comme un damné, vit son équipe battue, entendit son chef de nage lui dire qu'il avait ignoblement cafouillé, et baissa la tête quand une demi-douzaine de messieurs entre deux âges déplorèrent entre eux, avec une tristesse digne, la présomption de ces jeunes gens qui croyaient tout savoir, et n'écoutaient point leurs aînés. Il pensa avec simplicité qu'ils devaient avoir raison, et recommença à s'entraîner.

*
*   *

Il lui suffisait, comme récompense, de faire parfois office de bouche-trou dans une équipe constituée, et de goûter un quart d'heure l'ivresse sauvage de donner tout son effort à la cadence de sept efforts semblables, quand l'attaque rythmée des avirons mord l'eau avec une précision brutale. Et, à défaut de pareilles joies, il lui suffisait de jouir de la dernière heure de lumière sur la triste banlieue, quand l'obscurité commence à cacher les usines, et que l'île de l'«Artilleur», désertée, ressemble à de la vraie campagne. C'est un paysage peu pittoresque, borné par deux ponts entre lesquels coule un fleuve sale, mais l'approche de la nuit y met parfois une infinie douceur, et il l'aimait. J'ai déjà dit que c'était un étrange garçon.

Il lui arrivait quelquefois, à la fin d'un parcours trop dur, de sentir ses yeux s'obscurcir et son coeur prêt à éclater, et, épuisé, il suivait seulement le rythme du coup d'aviron, suspendant un peu son effort pour reprendre son souffle et reposer ses membres las. En rentrant chez lui, ces soirs-là, pour n'avoir pas tiré jusqu'au bout, il se traitait de lâche tout le long du chemin.

*
*   *

Quand vint l'automne, il se prit à penser que tous ces sports n'étaient guère que des jeux splendides, et que le premier devoir d'un athlète était de cultiver méthodiquement son corps, et de développer ses muscles par des exercices raisonnés.

Il acheta donc des haltères de six livres, et couvrit les murs de sa chambre de photographies qui représentaient Sandow dans toutes les attitudes, musculeux, souriant et frisé, et, plein de mépris pour sa propre image, il «travailla» soir et matin.

Il ne pouvait s'empêcher de trouver que ses progrès étaient un peu lents, et, quand des semaines d'exercice régulier n'avaient amené qu'un développement insensible, il se demandait amèrement pourquoi les inventeurs de méthodes racontent l'histoire en tête de leurs traités de gringalets à qui trois mois d'entraînement ont donné des épaules surprenantes. Mais sa nouvelle chimère avait la vie dure — comme les autres — et, tantôt désespérant, tantôt plein d'ardeur, il continua de suer devant sa glace — soir et matin.

Il trouvait sa récompense dans la joie saine et peu coûteuse d'aller contempler l'Arès Borghèse au musée du Louvre, en songeant à l'époque éloignée mais certaine où il verrait, lui aussi, surgir de lui-même la Beauté.

*
* *

Mon histoire s'arrêtera là, parce qu'il faut bien qu'elle s'arrête. Elle n'est ni neuve, ni belle; mais on a, de nos jours, tant parlé de champions, que j'ai voulu parler un peu de la simple vie d'un garçon médiocrement doué et malchanceux, et pour cela très humain.

Ne le plaignez pas, car il ne s'est jamais plaint lui-même. Vint un jour où il s'aperçut qu'il n'avait pas donné son effort en vain, et que, pour avoir lutté désespérément, faibli parfois, et pourtant continué, il était venu singulièrement près de sa chimère. À défaut de médailles, il avait gagné à sa montée tenace la force tranquille et la simplicité.

Ce ne fut que plus tard qu'il apprit que toutes ces années de sport sans gloire l'avaient quelque peu trempé pour la vie.

Le Vélo, 12 février 1904, p. 1.

Angleterre contre Irlande

Nous étions quelque vingt mille spectateurs, l'autre jour, venus de tous les coins de Londres et d'ailleurs pour assister à la rencontre annuelle des deux pays — la rose rouge d'Angleterre contre le trèfle d'Irlande.

Ô! journées familiales du Parc des Princes où, devant des tribunes maigrement garnies, deux équipes disputent sans conviction l'indispensable lever de rideau, cependant que les capitaines comptent fiévreusement leurs hommes, avec l'amère certitude qu'il doit en manquer! Officiels qui arrivez vers la mi-temps! Journalistes qui expliquez aux jeunes dames les beautés du sport, le dos tourné au terrain! J'aurais voulu vous emmener avec moi vers les hauteurs de Blackheath, deux heures avant le coup d'envoi, pour voir la foule arriver peu à peu, dense et recueilie, et s'entasser autour de l'enceinte, prête à attendre sans murmurer, les pieds dans l'herbe humide, qu'il plaise au «referee» de déchaîner soudain, sur le vert gazon, l'élan de trente jeunes mâles rudement bâtis.

Ils sont tous là, bien longtemps avant l'heure, les mille et un types qui jouent les figurants des grandes parties: aspirants internationaux qui arrivent par groupes, gonflant le cou et carrant les épaules, pour voir jouer le meilleur «quinze» que l'Angleterre ait pu mettre sur pied; — vieux gentlemen qui portent des têtes grises sur de formidables encolures, vieilles gloires ou demi-gloires d'il y a trente ans; — «girls» blondes et roses, rejetons splendides de familles qui comptent avec orgueil trois joueurs de comté; — enfin la foule, la grande foule anonyme — millionnaires et pauvres bougres — qui a échangé sans barguigner ses bonnes espèces sonnantes contre le droit de venir soutenir de ses hurrahs l'élite athlétique de la nation.

Et elle attend patiemment, discutant les joueurs, tandis qu'une musique militaire, au milieu du terrain, attaque à grand renfort de fifres «Les Soldats de la Reine» et qu'un dessinateur-éclair reproduit en trente secondes, entre deux quêtes, les traits du roi Édouard, d'un cricketer fameux ou de Joe Chamberlain.

*
*   *

Enfin, l'on voit poindre quelques maillots verts, et l'équipe d'Irlande fait son entrée, aux acclamations frénétiques de ses compatriotes, qui ont occupé en force un coin des tribunes, et arborent à leurs boutonnières assez de trèfle pour nourrir un âne pendant six mois. L'équipe anglaise la suit de près, et en quelques minutes les hommes sont placés, le coup d'envoi donné, et les avants irlandais chargent furieusement.

Suivent quarante minutes de jeu, que je ne décrirai pas: comment la fougue calculée des joueurs d'Érin vint se briser contre la science impeccable des trois-quarts anglais, et comment ceux-ci, transformant soudain leur défensive en charge désespérée, accumulèrent les essais, sous les clameurs jubilantes de dix-neuf mille cinq cents spectateurs, tandis que les cinq cents autres arrosaient de larmes le trèfle de leur boutonnière — tout cela est déjà une vieille histoire, et je n'ai nulle envie de la recommencer. Je me demandais seulement, tout au long de la partie, s'il me serait jamais donné de voir une équipe française traverser le détroit, et s'aligner victorieusement contre le quinze d'Angleterre, et, tel M. Bergeret, je m'abîmais dans la mélancolie.

*
*   *

Je songeais à tous les gens, choses et idées qui, de par la force de leur solennelle inertie, bloquent la route, et font, de la course au progrès sportif, un pénible «steeple-chase».

Il y a le vieux monsieur que l'âge, une barbe grise et «trente ans de services irréprochables» ont assis à un poste d'autorité, et qui s'oppose à l'exercice sous des noms anglais pour la très simple raison qu'on ne connaissait pas ça de son temps, et qu'une bonne santé, une vigueur normale et des nerfs bien équilibrés ne peuvent entrer en comparaison, comme importance, avec la connaissance approfondie des verbes grecs.

Il y a la tendre mère qui n'a pas couvé son enfant pendant quinze ans pour l'envoyer, se faire estropier ou défigurer dans la banlieue parisienne, qui trouve, d'ailleurs, que le costume d'un footballeur est indécent, et qu'il est préférable pour lui — selon l'âge — de faire tranquillement un tour sur le boulevard ou de jouer aux petits papiers avec les amies de sa soeur.

Il y a le petit jeune homme qui voudrait bien donner des coups de pied dans un ballon, mais qui est sous la dépendance du vieux monsieur ou qui ne veut pas faire de peine à la tendre mère, qui, d'ailleurs, n'est pas habitué à vouloir des choses à lui tout seul, et a, au fond, grand'peur des bleus.

Il y a l'enthousiaste qui passe régulièrement ses journées du dimanche autour des vélodromes et des terrains de football, connaît par coeur la liste des records du monde, parle de Jeffries et de Jarvis comme de vieilles connaissances, et n'a jamais trouvé le temps de pratiquer un seul des sports sur lesquels il discourt passionnément.

Il y a le pauvre garçon qui a fait des rêves de gloire, a payé ponctuellement une cotisation, croit s'être entraîné, découvre qu'il ne sera jamais champion, et trouve la chute si rude qu'il retourne, de dégoût, à ses chères études ou à la terrasse de «l'Américain».

Et il y a enfin l'espèce méprisable de ceux qui furent doués athlétiquement, que leurs qualités naturelles ont fait réussir dans la branche du sport qu'ils ont pratiquée, et qui feraient décidément mieux de rester chez eux. — L'un ne jouera que lorsqu'il y a des tribunes, parce que dans les tribunes il y a des gradins, et parce que sur les gradins il y a des dames, et qu'il est doux de faire des courses brillantes et des arrêts sensationnels sous les yeux du sexe à qui tu dois ta mère et la belle Otero. L'autre arrivera sur le terrain avec un large sourire, et s'excusera de ses fautes en disant d'un air bon-enfant et sans prétention qu'il a fait hier «la bombe» et voudrait bien aller se coucher; et le troisième, qui se fera, une fois sur deux, plaquer sur son ballon plutôt que de laisser marquer l'essai par un autre, a une idée si nette de sa valeur qu'il jouera à telle place, de telle équipe, ou ne jouera pas; et son capitaine manipule avec d'infinis ménagements une susceptibilité qu'il souhaiterait traiter à coups de pied dans le haut des chausses.

*

*   *

Voilà pourquoi je me sentais mélancolique en contemplant, l'autre jour, les quinze hommes qui, mus par un seul désir, chargeaient ensemble vers les buts d'Irlande.

Ces quinze hommes-là ont été triés soigneusement parmi cinq cents qui sont eux-mêmes l'élite d'une génération entraînée dès l'enfance. Ils ont monté patiemment tous les degrés, depuis le quinze de leur école jusqu'aux équipes de comté ou d'université; ils ont dix saisons derrière eux, et fourniront la onzième sans connaître la vanité enfantine qui pousse tant de jeunes hommes, de l'autre côté du détroit, à abandonner à vingt-deux ans les terrains de jeu pour adopter, par souci de leur dignité, la vie verbeusement et pompeusement malsaine qui convient à des citoyens de la troisième République. Ils n'ont pas besoin qu'on leur recommande de s'entraîner et d'«être sages», car leur désir est si fort qu'ils n'ont pas à se défendre contre eux-mêmes; il leur suffit de songer au jour où, choisis pour représenter leur nation dans une bataille où ils risquent l'honneur — et leurs membres, — ils gagneront cette bataille, et recevront ainsi leur récompense. Enfin, si l'un d'entre eux sait commander, les quatorze autres sauront encore mieux obéir.

Et, en regardant les huit avants qui suivaient tenacement leur ballon ou poussaient à plein collier dans la mêlée et les trois quarts qui chargeaient l'un pour l'autre, comme les quatre rouages d'une machine bien réglée, j'ai pensé que nous arriverions peut-être un jour à les égaler, mais qu'il nous faudrait encore recevoir, d'ici là, quelques rudes leçons.

Le Vélo, 24 février 1904, p. 1.

Le record

Quand viennent les premiers souffles embaumés du printemps, l'élite de la jeunesse française arbore des chemises mauves, songe à des modistes, et fredonne «Sourire d'Avril» en se rendant à ses affaires. Une méprisable minorité achète, selon les cas, des «bains de mer» ou des souliers à pointes, et songe à se couvrir de gloire. C'est la minorité qui m'intéresse.

La vie du coureur à pied est un tissu d'énergie et de sacrifices. Il lui faut encourir le large mépris des gens sensés — et obèses — qui objectent avec simplicité qu'il est ridicule de s'exercer à la course puisque dans les cas pressés on peut toujours, pour trois sous, prendre le tramway. Il sait que, si la nature et la chance s'unissent pour le favoriser, il arrivera peut-être à faire une maigre collection de zinc d'art et de médailles d'un métal douteux; que, quels que soient son mérite et ses efforts, il ne viendra jamais que quelques centaines de spectateurs pour le voir vaincre ou tomber; et qu'il est encore plus probable que même cette maigre gloire restera toujours hors de sa portée, et qu'il demeurera perdu dans la foule de ceux qui, obstinément, tels les chevaux de bois de Verlaine, «tournent sans espoir de foin». En vérité, je vous le dis, le coureur à pied est, en son genre, un martyr.

*
*   *

Il y avait une fois un jeune garçon qui avait embrassé avec enthousiasme cette vie de renoncement héroïque, et avait — après tant d'autres! — caressé de douces espérances. Il s'aperçut assez vite qu'elles ne se réaliseraient probablement point, mais il voulut tenter sa chance tout entière, et voir jus-

37

qu'où une saison d'effort continu pourrait le mener sur le chemin de son désir.

Ce que furent les trois premiers mois de cette saison, il devait se le rappeler, par la suite, avec la douleur confuse qui accompagne le souvenir d'un rêve que le matin a chassé: la joie de se sentir chaque jour plein d'une force renouvelée, et de jouir, indifféremment, en bête saine, du clair soleil ou de la fraîcheur d'une pluie de printemps — la vie simple, et surtout la paix, la paix profonde que donnent l'exercice régulier, la bonne nourriture, et la tyrannie consentie d'une seule pensée. Il retrouvait chaque soir les mêmes figures dans le même cadre de vieux arbres et d'herbe drue, et, soir après soir, il s'accroupissait à l'entrée de la ligne droite, puis partait d'un saut brusque, et voyait les cent cinquante mètres de gazon fuir vertigineusement sous ses pieds. Il se plaisait aussi à foncer sur les haies, pour lesquelles il faut couper de sauts heurtés l'élan d'une course furieuse, mais il aimait par-dessus tout le long sautoir empli de terre molle, où chaque bond vient creuser une trace qui est comme la marque irréfutable de l'effort. Il laissait couler les jours l'un après l'autre, tous heureux et tous semblables, et sentait confusément que c'était le meilleur de sa vie qui passait.

*

* *

L'été arriva — lourd soleil et nuits chaudes — et il lui vint... des ennuis. Pourquoi m'appesantirais-je là-dessus? Il faut être un romancier pour délayer en quarante pages la piteuse histoire d'amour d'un simple garçon. Celui-là avait une âme ridiculement tendre, qu'il avait toujours cachée de son mieux: il s'aperçut que des choses qu'il croyait oubliées lui mordaient encore le coeur; il vit qu'il avait été heureux et que c'était fini... Je n'en dirai pas plus long.

Alors vint une longue suite de journées pleines d'ennui, qui semblaient traîner à l'infini leurs heures découragées; et quand la nuit était enfin venue, une fois sur deux son souci descendait sur lui, dans l'ombre chaude, et lui tenait compagnie jusqu'au matin.

Il n'en continua pas moins de s'entraîner. C'était son plaisir et son repos que de quitter tous les jours pendant quelques heures la ville triste, poussiéreuse et chaude, pour la douceur accueillante des ombrages familiers. Il lui semblait qu'il laissait derrière lui tout le poids de son ennui confus, et entrait dans un refuge où il n'y avait place que pour des âmes brutes et paisibles, saines comme des corps. D'autres venaient là comme lui, pour se retremper à la camaraderie facile et rude des terrains de sports, et leur conversation était d'une simplicité rafraîchissante. Ils s'inquiétaient peu de savoir ce que l'un d'eux pouvait faire, dire ou penser en dehors de la portion de sa vie qu'il consacrait à l'athlétisme; une convention tacite les faisait se considérer, entre eux, comme de purs organismes musculaires, assemblés au même lieu par un désir commun, et, à l'écho de leurs paroles directes, sa souffrance lui paraissait mièvre et ridicule comme un roman mal écrit.

*
*　*

Cependant l'été avançait et il vit arriver enfin un jour auquel il avait longtemps songé. Il s'était dit, plusieurs mois auparavant, qu'il se préparerait pendant toute une saison pour ce seul jour; qu'il ferait de lui-même, par un effort inlassablement répété, une machine à courir et à sauter, ferait jouer le mécanisme une fois, rien qu'une fois, et rentrerait dans l'ombre. Mais il n'avait pas prévu les jours découragés et les nuits sans sommeil, et maintenant il avait peur, grand'peur que le mécanisme se refusât à fonctionner.

Il eut, la veille, un étrange cauchemar. Il rêva qu'il était un pantin, un beau pantin vert et rouge, et qu'il s'agitait désespérément sur une table de bois blanc. Il s'en allait par petits bonds ridicules, avec des efforts maladroits; et soudain le toit creva, et il se sentit emporté très haut vers le grand ciel noir; mais à la fin de son élan, il retomba comme une pierre, les membres cassés, et il lui sembla entendre une voix grêle et moqueuse qui disait dans l'ombre: «C'est fini maintenant, il ne sautera plus.» Il s'éveilla pour trouver une nuit sans lune et des pensées sans gaité.

Douze heures plus tard, il était au milieu d'une pelouse inondée de soleil, et calculait méthodiquement ses pas dans l'allée du sautoir. Son indifférence ennuyée s'était évaporée d'un seul coup quand il avait revêtu son costume de course, et il sentait monter en lui de nouveau une poussée d'ardeur violente et le désir exaspéré de la victoire.

*
*　*

Son tour vint: il rassembla toute sa force, se lança dans la longue allée droite, et sauta. Il s'enleva mal et retomba lourdement, au milieu de murmures désappointés. Son second essai fut plus mauvais encore. Alors, il alla s'asseoir dans un coin d'ombre tranquille et attendit la fin. La sueur et la poussière avaient rayé sa figure de sillons noirâtres, il se sentait laid et misérable. Comme le soleil l'aveuglait, il ferma les yeux, et voici qu'une figure lui apparut.

Elle ne lui avait jamais fait que du mal, cette figure. Elle avait tué sa paix et chassé son sommeil; elle était venue au milieu de sa simplicité tranquille pour lui donner tant de doutes, d'angoisses et de soucis que sa force et son repos semblaient l'avoir quitté à jamais. Et pourtant elle lui apparut là, dès qu'il ferma les yeux, comme il fallait qu'elle lui apparût. Il se souvint du beau pantin vert et rouge, qui se trémoussait sans comprendre entre les mains monstrueuses, les mains qui faisaient joujou avec sa douleur et son effort, et... il comprit.

Quand il rouvrit les yeux, il entendit qu'on appelait son nom pour la troisième fois. Alors une force invisible le prit à la nuque, le poussant vers cette piètre chose qui se trouvait être son destin, et il sentit tous les muscles de son corps s'éveiller en même temps et frissonner d'impatience, vifs, puissants et légers.

Il courut comme il n'avait jamais couru de sa vie; passa tous ses points de repère l'un après l'autre, un... deux... trois, vit la terre du sautoir presque sous ses pieds, et s'enleva désespérément. Il perçut qu'il sautait haut et loin, si loin qu'il vit la foule vers laquelle l'emportait son élan reculer avec un remous de peur, et il vint s'enterrer jusqu'aux chevilles dans la terre meuble. Des officiels se précipitèrent, au milieu des hurrahs; mais il ne songeait pas à dégager ses pieds, et restait immobile, regardant autour de lui avec une expression de surprise enfantine, et clignant des yeux au soleil, car la force merveilleuse le quittait déjà.

Quelques secondes plus tard, le porte-voix mugit aux quatre coins du terrain: «Six mètres qua-atre-vingt-on-onze — Reco-ord de France», et les hurrahs recommencèrent. Il se sentait las, mortellement las, triste et étonné, et il s'en alla lentement vers le vestiaire, car son ouvrage était fait.

Le Vélo, 21 mars 1904, p. 1.

À propos d'Oxford-Cambridge

Au moment où paraîtront ces lignes, Oxford-Cambridge sera couru. C'est un des rares événements du sport anglais auxquels le Continent semble s'intéresser un peu. La foule sait que c'est une course de bateaux; les initiés n'ignorent pas que les rameurs sont au nombre de huit et que la couleur de Cambridge est le bleu clair, tandis qu'Oxford porte le bleu foncé. Mais, outre ces notions plutôt générales, tout n'est que mystère et incertitude, sauf peut-être pour quelques rares exceptions, qui confirment la règle. Voilà pourquoi je veux commencer par donner quelques détails sur l'épreuve historique, en attendant que l'inspiration bienveillante me prête enfin des accents propres à remuer la masse routinière des athlètes français.

On s'imaginerait volontiers que les deux Universités soient situées sur des cours d'eau éminemment favorables à l'aviron. Oxford est bien placé au confluent de la Tamise et de la Cherwell, mais la «Thames» à cette distance de la mer est une fort pauvre rivière, et il a fallu creuser, endiguer et couper des tournants pour rendre possible le passage d'un «huit» entre la ville et l'écluse d'Ifflay. Il ne faut pas songer à faire lutter deux équipes de front sur cet étroit parcours en zigzag et toutes les courses qui servent tant à l'entraînement des «huits» de collèges qu'à la sélection de l'équipe d'Université sont des «bumping races». Les bateaux sont placés en file indienne, à quelque cinquante mètres l'un de l'autre, et chacun doit chercher à rattraper et toucher celui qui le précède. Lorsqu'un d'eux a été «bumped» de la sorte, il doit se diriger vers la rive, de manière à laisser libre parcours aux autres, et, la fois suivante, il perd une place et part derrière le bateau qui l'a rejoint. Une semaine ou deux de courses arrivent ainsi à classer les collèges par ordre de valeur; le meilleur bateau est en tête, et n'est jamais rejoint.

À Cambridge, les choses se passent de la même manière, sauf que le passage de la Cam, un peu plus long, permet de mettre entre chaque «huit» une distance supérieure.

Je n'entreprendrai pas de donner la nomenclature des diverses séries de courses par lesquelles le «freshman» qui n'a jamais touché un aviron de sa vie, est graduellement formé, et amené (s'il a de l'étoffe et de la chance) jusqu'au jour solennel où il viendra s'aligner en amont du pont de Putney.

Une fois là, il lui restera encore à donner vingt minutes du plus dur effort qu'on puisse imaginer, vingt minutes de «remonte» entre les berges noires de foule hurlante, minutes scandées seulement par le rythme brutal des avirons, et le souffle des seize hommes haletant de rage et de fatigue.

Ils ont été entraînés sur une étroite rivière aux coudes nombreux, où toute la science du barreur consiste à aller tout droit lorsqu'il a de la place, et couper les tournants; et la course se dispute sur un parcours de longueur démesurée, sur les eaux agitées par le conflit de la marée et du courant, avec deux demi-virages qu'il ne faut pas prendre trop court, sous peine de passer au-dessus de hauts-fonds vaseux qui retardent le bateau sans abréger la distance. Les conditions sont si différentes, que le mois de préparation, à Henley d'abord, puis à Putney, ne forme qu'une transition insuffisante.

*
*   *

Ainsi, voilà deux Universités, disposant de cours d'eau plutôt maigres, sans profondeur et sans lignes droites, et d'un contingent d'hommes évidemment considérable, mais en grande partie accaparée par d'autres sports, qui ont maintenu depuis soixante ans une telle réputation, comme centres d'aviron et pépinières de rameurs, que le monde entier reconnaît comme l'épreuve principale de ce sport la course qui les met aux prises. Et Paris, capitale d'une nation qui depuis quelques années ose se dire sportive, Paris qui jouit d'un fleuve large, profond, à faible courant, offrant pour la course des bassins longs de plusieurs kilomètres sans un coude, et pour la «balade» des rives qui, ressouvenues de Londres semblent les portes du Paradis perdu, Paris possède une demi-douzaine de sociétés d'aviron dont les bonnes volontés s'épuisent dans le vide, et est le centre d'une Fédération dont les championnats ne déroulent, sous les yeux de la foule indifférente, qu'une lamentable parodie.

Et il se trouve précisément que c'est peut-être le seul des sports de plein air qui ait, en France, une tradition; le seul où l'on puisse montrer au débutant des messieurs respectables, grisonnants et robustes, en lui chuchotant à l'oreille qu'ils ramaient dans la fameuse équipe qui gagna tant de choses, vers l'an 1880.

Ce débutant, qui entre dans un club d'aviron après avoir passé dans d'autres clubs, qui a fait quelques saisons de football, de hockey ou de course à pied, et n'est pas tout à fait un novice en matière de sport, aura trois impressions successives et distinctes. Tout d'abord il jettera un regard satisfait sur le garage bien tenu et les camarades fort accueillants, et se dira sans hésitation: «Ils sont très gentils». Sa seconde impression, plus tard, sera: «Quelle pétaudière!»; et la troisième, s'il y regarde à deux fois, se formulera par un regret vague, il songera: «Quel dommage!...» — Quel dommage que le plus beau et le plus sain des sports soit si peu connu! Quel dommage que ceux qui le pratiquent veulent être à la fois président, entraîneur et champion! Et quel dommage qu'il ne puisse pas en être autrement!

*
*   *

Car la faute en est un peu, sans doute, aux rameurs; mais — ceci n'est pas un paradoxe — elle en est surtout à tous ceux qui ne rament pas. Ce qu'il faut à l'aviron, c'est seulement un afflux considérable de nouveaux hommes, déjà entraînés et disciplinés par d'autres sports. Ils apporteront des muscles exercés, un courage à toute épreuve, les deux sciences inséparables du commandement et de l'obéissance. D'infortunés dirigeants n'auront plus besoin de cajoler et de ménager sans cesse une ou deux douzaines de rameurs qui constituent à eux seuls la partie vraiment active du club, et, le sachant, imposent leur volonté. Le nombre triplé des cotisations permettra d'acheter des bateaux et de donner des courses, sans attendre avec angoisse les libéralités d'un donateur. Et surtout les nouveaux venus balaieront bientôt, de par leur indifférence, toutes les mesquines rivalités et les accès de sensibilité suraiguë qui semblent former l'apanage des sports trop français.

Voilà pourquoi j'appelle de tous mes voeux (Que pourrais-je faire de plus?) le jour bienheureux où Doyen ravi verra la foule des footballeurs parisiens s'abattre sur les quais d'Asnières.

*
*   *

Footballeurs, mes frères, écoutez-moi. S'il y a deux exercices au monde qui se complètent l'un l'autre, ce sont bien celui que vous pratiquez déjà et celui que je vous adjure de pratiquer. Ce sont deux rudes sports, qui demandent des membres forts, des coeurs bien attachés, un long et dur apprentissage, et des bonnes volontés qui ne se lassent pas. Vous n'arriverez pas en huit jours à la gloire, et vous vous apercevrez que, dans l'un comme dans l'autre, la force pure et les dons naturels ne sont pas tout. Mais, si vous m'en croyez, il viendra une époque où, d'un bout de l'année à l'autre, hiver comme été, vous goûterez les mêmes joies. Chaque saison ne sera pour vous qu'une étape, par des sports différents, et avec des plaisirs différents, vers la perfection athlétique qui est votre désir; et vous apprendrez un peu mieux, chaque saison, à vous fondre, unités puissantes, dans l'abnégation de l'effort commun, et à donner gaiement votre force et votre souffle, sachant qu'il y a derrière vous d'autres garçons qui travaillent du même coeur. Et si vous vous voyez forcés de renoncer un jour au sport, vous vous apercevrez soudain que vous en êtes venus à aimer la rivière d'un tel amour, qu'il vous sera impossible de l'abandonner tout à fait.

Alors on verra de nouveau, de Puteaux à Meulan, passer, innombrables, les baladeurs qui ne sont pas des «cafouilleux»; les yoles paisibles et les outriggers aux flancs étroits. Alors on verra la foule à Henley acclamer nos équipes victorieuses. Alors... Mais il convient de en pas parler à des hommes de sport avec trop de mots, ni des phrases trop nombreuses. Je vous dirai seulement du fond de mon coeur:

—Footballeurs, mes frères, ramez!

Le Vélo, 2 avril 1904, p. 1.

44

Le clown

Ceci est l'histoire invraisemblable et véridique qui me fut contée, dans un boarding-house de Russell Square, par une Irlandaise aux lèvres peintes, dont je tairai le nom.

C'était une fort jeune et fort jolie fille qui, connaissant le prix de l'indépendance, avait pendant plusieurs années promené sur le Continent, seule, sa coiffure 1830, sa peau douce et ses clairs yeux sans pensée. Un soir, elle descendit de sa chambre, tenant en main une boîte à gants mauve pâle, qui sentait l'héliotrope, et la renversa sur ses genoux. Il en sortit quelques paquets de lettres, liées avec des faveurs de nuances tendres, et des photographies de tous formats. Elle les étala dans le pli de sa jupe, et leur sourit à toutes l'une après l'autre, car c'étaient les portraits de jeunes hommes de toutes nations et de tous âges, qui l'avaient aimée.

Il n'y avait pas de tragédie dans ces figures-là; rien de sombre ni de violent; Anglais, Français, Allemands ou Suédois avaient, devant l'objectif, exhibé les mêmes coiffures soignées et les mêmes redingotes solennelles pour la jolie fille au flirt discret. Ils avaient dû l'aimer gentiment, sans mauvaise humeur et sans désespoir, d'une petite passion honnête et douce: elle les en récompensait en leur gardant à tous le même souvenir plaisant et attendri, et le même sourire. Cinq ou six races y étaient représentées; mais le joyau de la collection, et le plus cher à son coeur, était un Français. Sur ses innombrables talents, le charme de ses manières, sa voix exquise, sa virtuosité de pianiste et de valseur, elle épuisait ses épithètes laudatives. Et puis c'était «un comte, un vrai comte». Le «Comte» offrait aux yeux, de trois-quarts, une jolie figure molle, aux yeux de bébé caressant, rehaussée de moustaches intrépides. Il se tenait très raide, mince, étroit et bien vêtu, et regardait devant lui avec un léger sourire.

Elle avait entamé, devant un auditoire complaisant mais jaloux, le chapitre de ses grâces, et portait aux nues notre nation, qui produit de si jolis garçons, et de si bonnes manières; mais, ingrat, j'avais cessé de prêter l'oreille, et regardais un autre portrait.

*
*   *

Celui-là n'était, certes pas, d'un Français. La figure glabre aux traits durs, d'expression simple et violent, la mâchoire de dogue, la tête petite sur un cou puissant, clamaient l'Anglo-Saxon de race pure.

Pourtant, des yeux étranges, troublés et anxieux, mettaient une note de faiblesse dans ce masque primitif; mais la bouche surtout m'avait frappé. C'était une large bouche de dessin très pur, mais qui semblait avoir perdu l'habitude du repos — une bouche aux lèvres tendues, aux coins abaissés, dont on eût dit qu'elle grimaçait de tristesse, après avoir trop ri. Une bouche comme on en voit... mais où donc avais-je vu cette bouche-là?

Je questionnai la jeune Irlandaise, qui interrompit son panégyrique pour me répondre quelques paroles vagues, d'un air distrait. Le souvenir de cette figure, évidemment, ne pouvait ni la flatter ni l'attendrir. J'insistai, et elle n'ajouta rien; mais la mémoire me revint tout à coup. J'avais déjà vu des bouches semblables ricaner dans des visages blanchis de farine, sous les ampoules électriques ou les quinquets fumeux, quand l'impeccable gentleman en bottes molles demande, en faisant claquer un fouet dédaigneux: «Allons! môssieu le clown, vôlez vô venir faire l'imbécile avec môa?» J'avais déjà vu cette grimace-là tordre une bouche douloureuse, quand «Môssieu le clown», écartant des deux mains comme une voile sa large culotte de soie aux fleurs bizarres, se fait fouailler pour faire rire la foule, et rit, avec elle, sans desserrer ses lèvres sanglantes, d'un air d'indéfinissable mépris.

Je sentis donc qu'il y avait une histoire, et je finis par l'obtenir; mais ce fut si long — car la conteuse la considérait comme vulgaire et sans intérêt — et si confus, — car elle n'avait qu'à moitié compris, — que je préfère prendre cette histoire à mon compte, puisqu'aussi bien il faudrait, de toute façon, que je mente un peu. Je vais donc vous la dire telle que je l'ai comprise,

46

sinon telle qu'elle est arrivée.

*
*   *

Elle se passa à Londres, dans un de ces «boarding-houses», où vivent les sans-logis et les sans-famille, les voyageurs de ressources minces et les commis de banque de la Cité. L'héroïne de cette aventure y avait élu domicile depuis quelques mois, et coulait des jours paisibles, quand survint le «comte», dont les yeux doux et les fières moustaches lui prirent le coeur. Ce fut un «flirt» désespéré, qui se déroula, soir après soir, dans l'étroit salon aux meubles miteux. Lui, tantôt s'asseyait au piano, et ténorisait avec un sentiment infini chansonnettes et romances, tantôt, près d'elle, achevait de la conquérir au charme de sa personne soignée et de ses manières polies et caressantes.

Un jour, leur tête-à-tête fut quelque peu troublé par la présence d'un nouveau venu, large garçon très bien habillé, sobre de mouvements et de paroles, qui paraissait prendre son plaisir à regarder les choses autour de lui sans jamais s'y mêler. Mais ils se firent vite à son immobilité silencieuse, et finirent par l'oublier tout à fait.

Malheureusement, le sort voulut que, à force de voir sourire devant lui cette jeune fille de sa race, fardée et naïve, Joe Hitchins, clown, se prit à l'aimer. Comment il l'aima, et combien, c'est ce que lui seul aurait pu dire; mais je sais au moins une chose, c'est qu'il essaya de l'amener à lui. Il alla s'asseoir près d'elle, lui aussi, dans les longues soirées d'hiver, quand le froid brouillard emplit les rues, et lui conta des histoires merveilleuses. Aventures singulières survenues dans des recoins du monde où il avait passé; peintures d'îles perdues où, entre les collines et la mer, la vie semble s'arrêter, pour se fondre au grand repos des choses inanimés; récits surprenants, tragiques ou moqueurs; tout ce qu'il avait vu et entendu dire sur les mers et les continents — il raconta tout cela, pour elle, et elle s'étonna sans saisir. Elle l'écouta avec un joli sourire indifférent et s'empressa de retourner à l'autre, qui chantait si bien, et ne lui parlait pas de choses étranges.

Il comprit de suite, retourna à son coin tranquille, et — condamnez-le — s'adressa au dieu Whisky, qui en a consolé tant d'autres.

Un soir, «le Comte» avait, pour son amie aux cheveux dorés, exhibé ses plus notables talents. Il avait joué, causé, chanté et bostonné dans l'étroit salon, tant qu'elle s'était enfin abandonnée sur son épaule, ployante, énivrée et douce. Alors, Joe Hitchins, clown, se leva et sortit. Peut-être qu'il avait vu le regard, tourné vers l'aimé, de ses yeux idolâtres, et que cela le rendit fou — peut-être était-ce la revanche du dieu Whisky — peut-être enfin qu'il voulut, simple, lui montrer, lui aussi, ce qu'il savait faire de mieux pour la conquérir. Je ne sais pas; mais quelques minutes plus tard, la porte se rouvrit, et il reparut à la lumière, vêtu de son costume de soie aux fleurs éclatantes, masque plâtré de farine que barrait la grimace amère de la bouche rouge aux coins abaissés.

*

*   *

C'était un grand clown, splendide, habile en son métier, et la fièvre d'amour, l'alcool, la colère, avaient préparé jusqu'à l'exaspération ses muscles de métal; de sorte que, dès le premier bond, il sentit qu'il allait donner ce soir-là le meilleur de lui-même, et offrir en holocauste à la jeune vierge fardée le chef-d'oeuvre de sa vie de clown, en des cabrioles surhumaines.

En quelques instants, il avait tout oublié. Il se souvenait d'une seule chose, c'est qu'il devait montrer à une personne chère la beauté de son art, la grandeur de son amour et la souplesse de son corps, et il commença de tournoyer désespérément. Tout ce que peut exécuter un clown virtuose, honneur de sa profession, il le fit ce soir-là mieux qu'il ne l'avait jamais fait. Sauts périlleux, roue volante, saut du singe et saut du lion, il montra en vérité tout son savoir, et, dans ses culbutes ailées, il sembla que les fleurs éclatantes de son habit dansaient, s'ouvraient et jaillissaient dans l'espace en un miracle continu.

Il se sentait beau, maintenant. Il se rappelait confusément que, à des époques lointaines, il n'avait été qu'un pauvre homme déçu, qui cachait sa douleur; mais tout était changé, de par la détente merveilleuse de ses membres, et c'était un être de force surprenante et un athlète incomparable qui donnait en spectacle à sa bien-aimée le meilleur de son effort.

Il oublia les oripeaux grotesques qui lui couvraient le corps, et la farine qui blémissait sa face contractée. Comment pourrait-elle ne pas l'aimer? Il était un grand clown admirable — nul ne pouvait l'égaler — toute la beauté des bêtes était en lui, et il sentait les muscles de ses épaules se gonfler de colère, et ses pieds agiles poser une seconde à terre et l'envoyer de nouveau culbuter en plein rêve. Il n'entendait qu'un bourdonnement continu, large comme un chant de cloche, qui montait en lui, et, pourtant, emplissait l'espace, et, porté sur les ailes du son, il tournoyait une minute sans reprendre haleine, ou bien s'enlevant tout droit, après deux bonds brefs, et tournait ses sauts périlleux à deux mètres de terre.

Il cabriola longtemps, longtemps... Mais voici que soudain le son se tut, et il s'arrêta au milieu de son élan, pour retomber lourdement à terre.

Il perçut deux personnes qui le regardaient, et, dans leurs yeux froids et étonnés, il vit, non pas ce qu'il s'était cru, mais ce qu'il leur avait montré — un pitre, haletant, agile et grotesque, qui pirouettait dans la lumière.

Alors, il gagna la porte en trébuchant, trop triste pour éprouver aucune honte, mais se sentant amèrement pesant, et vieux... vieux... vieux...

Le **Vélo**, 19 avril 1904, p. 1.

Les canotiers

J'imagine qu'ils sont vieux comme le monde. Le premier homme a dû, un jour que l'été dorait les forêts vierges des bords de la Seine, enfourcher un tronc d'arbre qui descendait le courant, et, pagayant gaiement avec un bâton, voguer entre les rives inexplorées jusqu'à Chatou, ou peut-être jusqu'à Saint-Germain. Heureux premier homme! Il a vu se dérouler lentement le panorama des berges accueillantes et des douces collines baignées de soleil; il a vu l'Île des Ravageurs enfouie sous une végétation sauvage, il a régné en souverain sur le bassin d'Argenteuil, et le remous des remorqueurs ne l'a certes pas gêné. Heureux premier homme! Mais il a dû remonter à pied.

Dans des temps plus modernes, à une époque où, pourtant, le football, le cross-country et le tennis n'avaient pas encore fait leur apparition, les canotiers étaient les représentants du sport français et se voyaient chantés en vers et en prose. Maupassant les a maintes fois célébrés — «les canotiers aux bras nus» — «les mâles aux forts poignets» — générations débordantes de santé qui passaient leurs dimanches dans les environs de Joinville ou d'Asnières, partageant la journée entre les yoles d'acajou et les délices d'un bal-musette. Le mot «sport» leur était moins familier qu'à nous, la question d'entraînement les laissait singulièrement froids, et l'aviron leur servait de prétexte pour couvrir de maillots décolletés et multicolores de très discutables anatomies, chanter haut, boire sec et accompagner en d'échevelés quadrilles des «barreuses» aux robes claires.

Ils ont vécu. On parle encore dans les garages, entre vétérans, de la Grenouillère et des soirées épiques qui suivaient parfois une dure «remonte»; il reste bien quelques isolés qui,

51

fidèles aux traditions d'un autre âge, vont chaque dimanche prendre, à Nogent ou ailleurs, un peu d'exercice et une «cuite» monumentale; mais ils sont rares et les beaux jours sont passés pour eux. Je néglige, bien entendu, les irréguliers qui, pendant la belle saison, s'entassent à l'occasion six dans un bachot et s'efforcent de le faire mouvoir en agitant les rames dans l'eau suivant un style qui leur est spécial: ceux-là sont des cafouilleux et ne méritent que le mépris; ils ne sont pas des canotiers.

*
* *

Les canotiers — les vrais — ne sont pas morts; seulement ils ont beaucoup changé. Ils changeront, je crois, encore plus d'ici quelques années, et, surpris, les patrons des guinguettes riveraines verront se multiplier les incursions d'une espèce inconnue, les canotiers nouveau jeu.

Ceux-là, d'abord, sauront ramer. Ils ne se contenteront pas de «tirer» à peu près ensemble, pliant le dos et baissant la tête: ils auront encore dans les oreilles la voix paternelle de l'entraîneur leur énonçant les principes de la science: «Renvoyez les mains; lentement sur l'avant, et de l'attaque»; la plupart d'entre eux seront, en même temps que canotiers, rameurs. J'entends qu'ils auront fourni une ou plusieurs saisons de courses, et connu les rigueurs de l'entraînement, qui leur aura appris, entre autres choses, les avantages d'une saine modération. De sorte qu'ils sauront, à l'occasion, rejoints par quelque pétrolier à faible moteur, forcer l'allure et lutter bord à bord l'espace d'un kilomètre ou deux — «histoire de leur montrer».

Ensuite, ils se tiendront un peu mieux que leurs aînés. Oh! sans austérité, croyez-le bien: un «huit» en balade, de même qu'une équipe de football en déplacement connaît son devoir, et ne manque jamais de laisser dans les patelins paisibles le souvenir d'une gaieté un peu brutale, point raffinée et de goût douteux, mais qui, somme toute, pour les âmes pourvues de quelque bienveillance, fleure bon le muscle jeune et la saine virilité. N'exigez pas, ô pères de famille, que des jeunes hommes qui, deux heures durant, ont tiré sur le bout de bois au long de la libre rivière, débarquent avec les manières paisibles et douces d'un congrès scientifique; consolez-vous avec des axiomes indulgents: — Il faut que jeunesse se passe — On ne s'amuse pas tous les jours, — et ne vous montrez pas si sévères si l'épanouissement d'une bonne humeur athlétique donne à leur pacifique promenade l'apparence d'un raid de barbares.

*
* *

Les canotiers nouveau jeu seront donc tout aussi gais que leurs aînés; seulement, ils oublieront moins facilement que le port d'un costume élémentaire n'empêche pas qu'ils se meuvent, en somme, en pays civilisé; et ils cesseront de considérer comme l'accessoire indispensable du sport nautique la présence de jeunes dames qui ne répondent en rien aux conditions essentielles de l'amateurisme.

Et, une fois ce sacrifice fait, ils s'apercevront que la rivière leur réserve encore assez de délices pour remplir de pur contentement les plus longues journées: partir dans le clair matin, et s'en aller joyeusement entre les berges connues, mais que huit jours d'absence et la lumière nouvelle semblent avoir miraculeusement changées; s'emplir les poumons du bon air frais qui a dormi sur la rivière et tirer sur l'aviron de tout son coeur en écoutant les autres avirons, derrière soi, battre dans l'eau la même chanson nette et courageuse; s'attabler au bord de l'eau, sous les feuillages gris de banlieue, à des repas souvent bizarres, mais dévorés avec un appétit et une gaieté également sauvages; enfin rentrer lentement parmi la descente de l'ombre, vers un horizon [mots manquants] que les trois arches d'un pont découpent en un surprenant triptyque. — Ô Rivière, que ma prose est pâle quand j'essaie de te célébrer!

Je veux pourtant vous conter deux courtes choses, des souvenirs de «sur l'eau», qu'il m'est impossible d'oublier.

*
* *

La première est l'histoire lamentable d'une pauvre équipe qui n'avait jamais pu se former tout à fait. Ils étaient quatre, comme dans la chanson, remplis d'une infinie bonne volonté et du grand désir d'apprendre; mais le sort cruel s'était acharné sur eux. Tantôt l'un et tantôt l'autre ne pouvait ramer — absences, maladies, malchances de toutes sortes les avaient frappés — un entraîneur pourtant bienveillant les avait condamnés en termes définitifs — tant qu'ils avaient enfin, de guerre lasse, laissé à de plus dignes le soin de ramer pour les couleurs, et, ne pouvant, cette année-là, être rameurs, ils s'étaient contentés d'être canotiers. Chaque dimanche les voyait donc partir pour la classique balade, mais ils n'avaient pas encore renoncé à la gloire, et, lorsqu'ils passaient un autre bateau, «tiraient» leur yole de sapin d'un tel style que les cafouilleux se sentaient pleins de respect.

Or, un jour qu'ils étaient partis par un temps douteux, la pluie survint vers midi; ils avaient été fort loin, et il leur avait fallu remonter le courant trois heures durant, sous l'averse battante, pour retrouver enfin le garage protecteur. Je ramais au «quatre» de cette yole-là, et j'eus pendant ces trois heures le spectacle monotone des trois hommes qui se penchaient ensemble, se redressaient du même effort, et se penchaient de nouveau, allongeant suivant un seul rythme leurs corps trempés par la pluie. Nous étions tous quatre en piteux état, humides, raides et fatigués; mais je me souviens qu'il m'est venu à la longue, en les voyant peiner devant moi, résignés et blagueurs, une sorte d'exaltation fraternelle, une impression forte de camaraderie d'armée, montée lente de la rude affection qui doit unir les hommes qui ont connu le même désir et souffert à la même tâche.

Je ne les reverrai peut-être jamais, mais je ne suis pas prêt de les oublier.

*

*   *

Mon second souvenir est encore un souvenir de pluie. C'était à l'automne: un jour gris, froid et venteux, coupé de rafales tristes qui mettaient de petites lames sur l'eau grise. J'étais remonté avec un ami au-delà de Suresnes, et je vous assure que par cette après-midi d'octobre les berges du fleuve n'évoquaient guère la gaieté des fêtes de banlieue. Nous nous arrêtâmes pour déjeuner au Bas-Meudon, humide et désert, et j'ouvris la porte d'une salle dont les fenêtres donnaient sur l'eau. J'ai ouvert cette porte et ne suis pas allé plus loin. Il y avait un piano contre le mur, et une femme, assise au piano, détournant la tête pour regarder par la fenêtre les nuages blancs qui passaient; elle jouait sur un air quelconque, un air de romance, alangui et traînard, et il y avait, dans un fauteuil près de la fenêtre, un petit homme maigre et chétif, la tête dans ses mains, qui pleurait. Peut-être était-ce la triste journée grise coupée de rafales, ou peut-être la grande salle vide où entrait le vent froid du fleuve, mais je ne me souviens pas d'avoir jamais vu rien d'aussi poignant et d'aussi lamentable que cette femme qui jouait un air de romance, et ce petit homme aux épaules étroites qui pleurait.

Nous avons déjeuné ailleurs, loin de l'eau, et parlé d'autre chose; mais toutes les fois qu'il fait un temps semblable, je ne puis m'empêcher de penser aux étranges choses qu'on voit parfois, à l'automne, dans les guinguettes du Bas-Meudon.

*

*   *

Mais tous les jours ne sont pas des jours de pluie, et pour un souvenir mélancolique, je retrouve vingt souvenirs de gaieté. Je ne les rappellerai pas, mais je songe à tel de mes camarades qui lira ces lignes et s'en souviendra comme moi. En vérité, je crois bien que certaines de ces heures passées sur l'eau comptent parmi les meilleures que j'aie jamais connues, parmi celles où j'aie joui le plus pleinement de ma jeunesse et de la douceur des choses envisagées avec simplicité.

C'est pourquoi je me plais parfois à penser que s'il m'arrivait de vivre vieux, très vieux, impotent et rabougri, j'aimerais passer mes dimanches d'été quelque part, au bord de la rivière, où je pourrais chauffer au soleil mes membres raides, et réchauffer mon vieux coeur à regarder passer les canotiers.

Le Vélo, 12 mai 1904, p. 1.

La défaite

Le cinquième item sur le programme était un «contest» en six rounds entre Geo Moere, de Barking, et Bert Adams, de Bloomsburg.

Bert Adams est mon ami. Il est généralement vêtu, à la ville, d'un complet gris sur un sweater couleur moutarde et drape autour de son cou un foulard de soie cerise dont la teinte vive a été ternie par les ans; mais je l'aime pour son admirable simplicité, qui lui fait considérer la vie comme un vaste «ring» où se déroulent d'innombrables assauts, qu'organise et que juge un «referee» tout-puissant et invisible. Il est ordinairement taciturne et son vocabulaire est énergique et restreint; mais il perçoit vaguement la beauté de son métier et il lui a sacrifié gaiement toutes ses dents de devant et la plupart de ses illusions. C'est enfin dans ses bons jours, à 9 stones 6 livres, un des meilleurs hommes de Londres et, pour toutes ces raisons, je m'enorgueillis de son amitié.

J'étais donc allé à Whitechapel pour l'applaudir dans l'exercice de son art et j'eus la douleur de le voir battu. Il prit dès le premier round un avantage marqué, accumula les points et bouscula son adversaire tout autour du ring, au milieu de hurlements de sympathie; mais il oublia de ménager son souffle et, sûr de la victoire, vint se jeter sur un «cross-counter» qui l'étendit sur le dos, les bras en croix, insensible et pitoyable.

Il revint à lui trente secondes plus tard, encore étourdi, fort étonné, et battu.

*
*   *

57

Je quittai aussitôt la salle et, quand il sortit, m'en allai avec lui. Je n'essayai pas de le consoler avec de vaines paroles, mais le conduisis vers le Sud, à travers Stepney, vers un refuge de paix infinie que nous connaissions tous deux. C'est un «saloon bar» dans Commercial Road, respectable et peu fréquenté, qui s'orne d'une banquette de velours rouge et de boiseries noircies par le temps et la fumée. On y trouve également un piano mécanique qui, moyennant l'introduction d'un penny, joue avec une lenteur attendrissante «Somebody's sailor boy» ou la «Valse bleue». De l'autre côté du double comptoir, s'agite la foule assoiffée et bruyante, pour qui coulent incessamment d'innombrables robinets à bière; mais elle recule devant la magnificence des boiseries et la banquette de velours et, quand la fumée de quelques pipes a obscurci l'air, le tumulte vague qui vient de l'autre bar se fait confus et distant et tout le monde se limite à cette salle de dix pieds sur quinze, qui devient un asile de paix et de recueillement.

C'est là que je menai Bert Adams et quelques verres de Burton ale lui firent retrouver la sagesse résignée que donne une longue expérience. Il devint même très loquace et, ému par l'audition de la «Valse bleue», commença de me raconter des histoires de défaites.

Hélas! je puis bien traduire les mots qu'il m'a dits; mais comment rendrais-je le brouhaha distant des buveurs, la chute mate des pièces d'argent sur le comptoir de bois, le bruit des tramways dans Commercial Road et les coups de sifflet lointains qui venaient du côté des Docks? Et comment pourrais-je vous faire voir, comme je l'ai vu, Bert Adams penché sur son verre, les coudes sur ses genoux; son regard fixe de boeuf au pâturage et, au-dessus du foulard cerise, la pâleur de sa face brutale aux yeux fatigués. Il parlait lentement, avec de nombreux silences, troublé par le conflit perpétuel entre la force de ses souvenirs et la pauvreté des mots familiers, et voici son histoire telle qu'il me la conta:

*

*   *

«C'était tout à fait au commencement, quand j'apprenais le métier; et c'était Maloney, Fred Maloney, qui me l'apprenait. Il avait vu de suite que j'avais de l'ambition et que je supportais bien les coups, et pour faire plaisir à ma soeur, qui était jolie, il m'avait pris en main. Il me donnait des leçons tous les soirs, dans une arrière-cour de Bethmal Green, où il y avait une lanterne, et les gens se mettaient aux fenêtres — c'était pendant l'été — et nous encourageaient. Je suis le seul boxeur que j'aie jamais connu qui ait appris son métier dans une cour, mais c'était Maloney qui voulait ça, à cause d'un vieil homme qui aimait à nous regarder faire et souvent l'invitait à boire, après.

«Il n'était pas méchant et il me disait quelquefois que j'arriverais sûrement, avec de la patience; mais il y avait des jours, quand beaucoup de monde nous regardait et que j'avais trop bien réussi, et placé des coups un peu durs, où je le voyais serrer les dents et regarder le bon endroit sur ma mâchoire, et je savais ce que ça voulait dire, et je me battais de mon vieux. Un jour qu'il m'avait poursuivi par toute la cour, avec des swings du droit qu'il n'arrivait pas à placer, j'ai vu qu'il était fatigué et quand j'ai pu trouver une ouverture, j'ai frappé de toute ma force, comme il venait vers moi; il est allé s'étendre de son long par terre et sa tête a sonné sur le pavé — tenez! exactement ce qui m'est arrivé tout à l'heure, car celui qui réussit un coup comme celui-là peut être sûr qu'il viendra plus de dix fois où on le réussira sur lui.

«Quand il a pu remuer, après quelque temps, j'ai vu le regard qu'il avait dans les yeux et j'ai cru qu'il allait me tuer; mais il est resté encore un peu à réfléchir, toujours assis par terre, et il a fini par me dire que j'étais à peu près au point et qu'il ne me restait plus qu'à m'engager à Wonderland, la première fois qu'il y aurait une épreuve ouverte pour les hommes de mon poids. C'est arrivé trois semaines plus tard et je l'ai gagnée, et Fred Maloney a dit partout que j'étais son élève et m'a donné des tapes dans le dos, car au fond, comme je vous l'ai dit, c'était un «brave garçon».

*
*   *

«C'est à ce moment-là que j'ai fait la connaissance de Lydia. Son père, qui était veuf, avait un magasin de comestibles dans Bromley Street et comme il avait boxé un peu, lui aussi, dans le temps, et qu'il savait que j'étais un garçon tranquille, il ne disait trop rien quand il me trouvait là. Après mon début, j'avais eu encore deux «contests», à Wonderland, et je les avais gagnés tous les deux. Ça avait suffi pour me faire croire que je me trouverais un jour dans la peau d'un champion du monde, et j'avais commencé à être sérieux et à m'entraîner terriblement.

«Je restais quelquefois dans la boutique des heures entières, à la regarder aller et venir, servant les clients, et, quand il n'y avait personne, je lui parlais de ce qui arriverait plus tard, quand je serais champion d'Angleterre à mon poids et que j'irais faire une tournée en Amérique pour ramasser des tas d'argent.

«Il y avait d'autres jours où je me sentais fatigué et où le métier semblait terriblement dur; ces jours-là je restais sans bouger dans un coin; j'appuyais ma tête contre le comptoir, à côté d'une cage où il y avait des serins, et, de la voir s'occuper des pratiques, un ruban bleu dans les cheveux et toute en sourires, ça m'était encore une consolation. Depuis, j'ai appris pas mal de choses, évidemment, mais je n'ai jamais été tout à fait un champion et il y a encore des soirs, quand il fait beau temps, où je me sens las du métier, et triste, et je ne peux pas m'empêcher de penser à cette petite place sur le comptoir, où je pouvais appuyer ma tête pour la regarder.

«Ça a duré comme ça quelque temps; j'avais fini par passer le plus clair de mon temps dans la boutique, je m'entraînais dur et je n'étais pas malheureux. Mais un autre est venu gâter l'histoire, le frère d'une amie à elle, qui était soldat. C'était un grand beau garçon, avec une petite moustache bête qu'il était tout le temps à friser; je voyais bien qu'il lui plaisait et il a dû commencer à s'occuper d'elle un peu trop pour mon goût. Ça ne m'a pas empêché de fréquenter chez elle tout comme avant et elle était toujours très douce avec moi; mais je ne lui parlais plus de mes espérances. Un soir que son père n'était pas là, elle m'a invité à prendre le thé dans l'arrière-boutique. Il y avait là, en plus de moi, son amie et l'autre — le soldat. Après qu'on avait pris le thé, on se met à causer de toutes sortes de choses et Lydia leur dit que je boxais pas trop mal, et que je commençais à être connu. Alors, je vois l'autre qui me regarde et qui dit très poliment: — Ah vraiment! Je boxe aussi un peu — qu'il dit — et si vous voulez, on pourrait avoir trois rounds ensemble, pour s'amuser. — Alors, on a rangé la table et nous avons mis les gants.

«Nous nous comprenions très bien, tous les deux, et nous n'avons pas perdu de temps en fioritures. Il faisait très tranquille, dans l'arrière-boutique, et je n'entendais rien, excepté le souffle de l'autre et les petits cris que Lydia poussait quand un de nous deux était touché. J'en savais plus long que lui, évidemment, mais dans cette petite salle je manquais de place pour les esquives, et puis il était trop lourd pour moi, trop lourd... trop lourd.»

Il se tut, mélancolique et resta quelques minutes à ruminer son souci. «Et — lui demandai-je — qu'est-ce qui est arrivé?» — «Ce qui est arrivé — je vous dis qu'il était trop lourd pour moi; je ne me rappelle pas combien de temps ça a duré; mais quand ça a été fini, ils m'ont assis sur une chaise et Lydia m'a essuyé la figure avec son mouchoir, pendant que l'autre se frisait la moustache en essayant d'avoir l'air ennuyé. Elle ne m'en a pas voulu, je ne crois pas, mais j'avais mon orgueil, et je n'y suis jamais retourné.»

«Et voilà. — Ça été ma première défaite.»

Le Vélo, 27 mai 1904, p. 1.

Marches d'armée

J'ai toujours rêvé de jouer quelque jour le personnage du vétéran qui fume, au coin du feu, des pipes méditatives et raconte aux écoliers des aventures de guerre. Encore faut-il avoir quelque chose à raconter; et la troisième République s'est montrée ridiculement pacifique depuis que je suis en état de porter les armes. D'autre part, deux printemps seulement ont passé sur mon expérience militaire et s'il me prenait fantaisie de colorer l'histoire, je serais certain de voir quelque contemporain surgir d'un coin sombre et me traiter de... littérateur — expression pénible entre amis.

La Marche de l'Armée, pourtant, a fait en moi l'effet d'un coup de bâton dans la vase, et voici que remontent à la surface, comme des bulles, des souvenirs de routes interminables, d'épaules meurtries et de sueurs héroïques: et ce sont mes campagnes de Beauce.

Ne riez pas! Les marches d'épreuve sont de ces plaisanteries que l'on ne goûte que beaucoup plus tard, lorsqu'elles sont finies depuis longtemps et qu'on en évoque les péripéties, assis à l'ombre, avec un ami, devant un «demi blonde» sans faux-col aucun. Tant qu'elles durent, ce sont des facéties amères, infiniment trop prolongées pour être drôles, et qui appellent irrésistiblement le cri de «la classe!» — cri généralement accompagné d'expressions idiomatiques, où intervient le nom du Seigneur, curieusement associé.

Je dois avouer, d'ailleurs, que la plupart de ces marches ne sont pas beaucoup plus dures que bien des journées de sport que je me suis imposées par plaisir, et qu'il faut infiniment moins de courage pour suivre pendant six ou huit heures le troupeau qui vous encadre que pour courir, par exemple, un 400 mètres sans entraînement, ou un cross-country au début de la saison. Seulement, dans le sport de la marche militaire, on n'est pas poussé par le désir sauvage d'arriver coûte que coûte, et il n'y a au bout du parcours ni public ni médailles, de sorte que le temps paraît long et le sac, lourd, et on s'efforce de tuer le temps et d'oublier le sac en répétant avec obstination, sur un air connu que «la route est belle», ce qui est, en Beauce, un hideux mensonge. Le même exercice change totalement de caractère dès qu'on y introduit une dose, même minime, de libre initiative, et les mêmes hommes qui se traînent au long des grand'routes en invoquant le jour bienheureux de la libération sont susceptibles de fournir joyeusement un effort bien plus grand, dès que le sport intervient.

*

* *

Voilà pourquoi je ne partage pas entièrement l'opinion du chroniqueur qui, écrivant de Paris à un journal anglais, prenait en pitié les pauvres soldats que l'on envoyait disputer une épreuve tout comme on les aurait envoyés à l'exercice. Je sais parfaitement que, lorsqu'un colonel bien intentionné émet le désir de voir son régiment représenté dans une marché, les gradés inférieurs ont une fâcheuse tendance à traduire cela par la formule connue: «Vous marcherez ou je vous mets quat'jours», mais je ne crois pas qu'il soit nécessaire d'avoir recours à cette douce persuasion. Rien que l'espoir vague des quelques jours de permission qui récompenseront les hommes de bonne volonté que servira la chance doit suffire pour animer d'un zèle ardent Pitou et Dumanet; et d'ailleurs l'idée de l'émulation physique et le désir de la lutte naissent si naturellement parmi des jeunes gens de bonne santé réunis ensemble que l'on pourrait à la rigueur se passer de récompenses.

Dans le corps où j'ai eu l'honneur de servir (le numéro est sans importance), je dois avouer que les sports athlétiques n'étaient pratiqués que par une infime minorité et que les encouragements d'en haut faisaient absolument défaut. Et pourtant, il suffisait d'une après-midi de liberté pour faire organiser sans plus de formes des épreuves pas très classiques, mais disputées âprement.

Je passerai sous silence le sport essentiellement militaire qui consiste à donner des formes anormales au lit et au paquetage d'un collègue, et cet autre qui se pratique avec des cruches d'eau, dont le contenu doit être projeté, suivant certaines règles, dans une direction qui coïncide généralement avec la tête d'un dormeur; mais nous nous livrions souvent à d'autres jeux plus réellement athlétiques, et parfois curieux. Il me serait, par exemple, douloureux de passer sous silence le championnat de course à quatre pattes, que je remportai dans une allure assurément plaisante, car elle eut le don de provoquer l'hilarité et même les propos discourtois de spectateurs insuffisamment initiés. Intéressantes également, les épreuves de saut qui mettaient aux prises, dans le jardin de l'infirmerie, les malades dits «au régime spécial» — malades atteints de rhumatismes bizarres et de maladies de coeur problématiques, qui ne nuisaient en rien à la valeur des performances.

*

* *

En dehors des manifestations sportives de ce genre, louables évidemment, mais sans consécration officielle, il est de nombreux moments dans la vie militaire où les avantages d'un entraînement préalable sont vivement ressentis.

Lorsque, par exemple, un facétieux général, pressentant que la cavalerie ennemie va occuper un village auquel on suppose flatteusement une importance stratégique, donne à une troupe d'infanterie l'ordre simple et concis d'y arriver avant elle, il n'est pas besoin d'être augure pour prédire quelques heures de sport. On commence généralement par un certain nombre de kilomètres à un pas vif, comme assouplissement préparatoire; on continue par l'adoption d'une allure mixte, mi-marche et mi-course, dans laquelle, à mesure que l'heure s'avance, la dose de marche se réduit dans des proportions amères. On clôture la première partie par un sprint général, qui amène les athlètes à portée du point convoité, juste à temps pour le voir occuper par les cavaliers, dispos et gouailleurs. La seconde partie du programme comprend généralement un déploiement à travers champs, le saut de quelques haies, un peu de maniement d'armes et un 400 mètres final dans la terre labourée qui amène les cracks — la sélection s'est faite en route — devant les murs du village, si parfaitement essoufflés qu'il leur serait impossible de faire le moindre usage de leurs armes.

C'est un des nombreux cas où le sage bénira les années de sports variés qui lui ont fait de bonnes jambes, les reins forts et le souffle long, et étendra sa large compassion à tous les bons jeunes gens très convaincus et peu préparés, qui brûlent du désir de reprendre les provinces perdues, mais ne savent point courir dans la terre molle.

*
*   *

Je terminerai en relatant ici un fait d'armes qui, sans moi, resterait fort probablement dans les marais de l'oubli. C'est la charge exécutée, en l'an de grâce 1902, par une compagnie que je ne nommerai pas contre un village dont j'ai oublié le nom.

Les réservistes qui formaient le plus clair de l'effectif avaient été amenés au degré d'excitation convenable par le mystérieux appareil d'une marche de nuit, et quand nous arrivâmes, une heure avant l'aube, devant les murs blancs qui abritaient la quiétude d'une troupe ennemie, ils étaient prêts à tous les héroïsmes. Un coup de feu très hâtif donna l'alarme et il nous fallut couvrir à une allure rapide les huit cents mètres de la fin.

Au commandement de «En avant!» tous les réservistes, efflanqués ou bedonnants, partirent en bondissant, assoiffés de gloire et de carnage. Leur enthousiasme les emporta à travers deux cents mètres de gazon et un champ de betteraves; au-delà s'étendait une large bande de terre arable, détrempée par la pluie, qui aggloméra en quelques secondes aux brodequins réglementaires des masses glaiseuses de plusieurs kilos. Ils luttèrent désespérément, mais les années passées derrière le comptoir ou le bureau leur furent un handicap trop lourd et la plupart d'entre eux n'allèrent pas plus loin... Les survivants arrivèrent épuisés dans un autre champ de betteraves, qui fut leur tombeau. Congestionnés et râlant, ils buttèrent tous l'un après l'autre, et restèrent étalés, incapables de se relever — larges taches bleu et rouge dans le vert tendre des feuilles écrasées.

*
*   *

Il ne sortit de ce champ redoutable que trois héros: le lieutenant, votre serviteur et un autre que je crois suffisamment désigner en disant qu'il est presque mon homonyme, et, sur deux cents mètres plat, le meilleur homme que nous ayons jamais eu. Je dois avouer que j'étais bien prêt d'être «fini», et songeais avec envie au sort de ceux qui, derrière nous, reprenaient lentement leur souffle au milieu des betteraves, lorsque le cri connu de «Allez Racing» me rendit un peu d'ardeur. Je répondis par un cri semblable — dépense de souffle qui me fut douloureuse — et, nous encourageant l'un l'autre derrière le lieutenant étonné, nous arrivâmes enfin sur l'ennemi qui sortait du village en se frottant les yeux.

Une fois là, nous esquissâmes vaguement une menaçante

66

attaque à la baïonnette, et, la conviction nous manquant, nous nous assîmes par terre pour nous reposer. Heureusement que les manoeuvres ne sont qu'une image lointaine de la guerre, et l'arbitre prononça que le village était pris.

Et voilà comment un régiment — à qui je ne veux pas faire honte en le nommant — fut amèrement défait par un officier suivi de deux hommes, qui chargeaient au cri de «Racing Racing, tap tap tap», importé directement de la Croix-Catelan.

Le Vélo, 25 juin 1904, p. 1.

Le combat sur la grève

Comme c'était une belle journée d'été, chaude et claire, et que le soleil dans Whitechapel Road nous rendait mélancoliques, nous étions, Bert Adams et moi, descendus jusqu'à la mer. Tant que le steamer, parti de London Bridge, circula entre les quais et des wharves couleur de brouillard, mon compagnon garda l'air paisiblement heureux d'un bourgeois qui s'accorde des vacances. Il s'était orné d'un faux-col et de souliers jaunes et fumait à bouffées lentes un cigare ceint d'une bague rouge et or. Il jouissait avec un orgueil tranquille, sans isolence, de l'effet avantageux produit par ces accessoires et croyait fermement avoir l'air d'un gentleman, conviction qui mettait sur sa dure face, si souvent martelée, une expression singulière. Il était, selon sa coutume, assez taciturne, mais regardait avec intérêt le trafic de la Tamise passer des deux côtés de notre sabot, et exprimait en monosyllabes appréciatifs sa fierté d'Anglo-Saxon.

Nous passâmes successivement devant Greenwich, Gravesend et Tilbury, et quand la brise salée qui avait passé sur les bancs de vase vint nous souffler à la figure, elle balaya de Bert Adams l'accent de l'East-End, le contentement repu et la vanité inspirée par le faux-col et les souliers jaunes. Il se leva et, plantant fermement sur les planches du pont ses pieds écartés, il commença, à chaque mouvement du bateau, de rouler sur ses hanches, fixant sur l'horizon des yeux où renaissait l'âme lointaine des ancêtres venus du Nord. Il resta silencieux jusqu'à l'arrivée, et, débarqué, n'eut que des regards de mépris pour les étalages où des objets anormaux, sculptés dans des coquillages, annonçaient en lettres d'or: «A present from Margate» ou «For Auld Lang Syne».

Deux heures plus tard, après un déjeuner qu'il dépêcha d'un air de sombre résolution, nous allâmes nous étendre au soleil sur le sable chaud. Il envoya en l'air trois couronnes de fumée bleue et s'allongea sur le ventre, la tête entre les coudes, avec un soupir de volupté. Suivirent de longues heures tranquilles, scandées seulement par le bruit doux des vagues courtes qui venaient s'écraser sur la grève, et Bert Adams, pénétré de bien-être, détendit sa bouche dure, oublia le ring, Wonderland et Whitechapel Road, et, accroupi sur le sable, regarda la mer, tandis que sa figure prenait une expression innocente, anacréor.tique et douce. Quand le soir vint, il me raconta cette histoire.

«Voyez-vous, monsieur, ce qu'il faut dans notre métier, c'est de la conviction. Tant qu'un homme s'entraîne comme il faut, a de l'ambition et ne pense pas à autre chose, ça va bien pour lui; mais quand il commence à réfléchir sur les raisons et les causes, et qu'il se demande dix fois par jour s'il est dans le vrai, de celui qui méprise le noble art ou de celui qui en fait son gagne-pain, c'est un homme battu d'avance, croyez-moi. Je le sais parce que je l'ai vu.

«C'était la seconde année que je boxais, et j'avais été tantôt vainqueur et tantôt vaincu, comme les autres, mais je n'avais pas fait grand'chose pour me distinguer. Voilà qu'on présente au public, un soir, à Wonderland, un nègre qui arrivait d'Amérique avec une petite réputation; pour être aimable avec lui on a voulu le faire débuter par une victoire, et on a arrangé un «contest» en six rounds entre lui et moi, qui étais presque un inconnu. Le nègre n'était pas bien fort et il s'est trouvé que j'étais, ce soir-là, trop bien disposé pour lui. Il n'a jamais pu aller plus loin que le quatrième round et on l'a sorti du ring encore évanoui, ce qui, naturellement, m'a valu un commencement de gloire. Trois semaines plus tard, j'ai été matcher contre Jack Palmer, qui avait fait match nul avec Lampey qui était alors champion. Je l'ai battu et on a arrangé que je ferais dix rounds contre Lampey, au National Sporting Club, pour une bourse de 25 livres et la ceinture de champion.

«C'était une grosse affaire pour moi, et si j'avais gagné j'étais sûr d'avoir de bons engagements pour toute l'année, outre le titre de champion; de sorte que j'ai été passer la dernière quinzaine dans un endroit tranquille, au bord de la mer, avec Dick Golding pour m'entraîner. Vous savez comme moi ce que c'est que de sentir qu'on arrive tout doucement en condition, quand on sait que tout va bien et qu'on a des espérances; mais il m'a semblé pendant toute cette quinzaine-là que je n'avais jamais su auparavant ce que je valais, tant j'étais content de moi. Avec ça le bon air et de la nourriture de choix, si bien que j'étais obligé de travailler dur pour ne pas dépasser le poids.

*

* *

«Tous les matins je courais trois milles et je faisais une demi-heure de punching-ball et de saut à la corde avant le bain; je boxais cinq rounds avec Golding et dans l'après-midi j'avais encore quelques minutes avec les gants, en revenant d'une longue promenade pour me donner de l'appétit. Et, le soir, bien couvert pour ne pas prendre froid, j'allais faire un tour le long de la grève, respirer le bon air frais avant de dormir.

«Un soir, comme j'allais rentrer, je passai près d'une maison dont les fenêtres donnaient sur la mer et je m'arrêtai en entendant chanter. C'était une voix de femme, une grande voix douce; elle chantait des mots que je ne comprenais pas et la voix semblait tantôt s'éloigner et tantôt revenir, selon qu'il venait du large de grandes bouffées de vent qui l'emportaient. Je n'avais jamais rien entendu de pareil. J'ai été des fois dans des music-halls du West-End, et j'ai entendu des actrices et des chanteuses couvertes de diamants qui touchaient des dix livres par soirée, mais... je n'avais jamais rien entendu de pareil. Je ne suis parti que quand elle s'est tue, et j'ai pris l'habitude de venir toutes les nuits sous ses fenêtres pour l'écouter.

«Le temps passait et j'ai fini par voir plusieurs fois, sur la plage, une jeune fille qui habitait dans cette maison. Elle n'était guère jolie, mais chaque fois que je la rencontrais je ne pouvais m'empêcher de penser à sa voix, quand elle chantait dans la nuit, et... j'y pensais un peu trop. Je l'ai revue le dernier jour que j'ai passé là, et j'aurais donné cher, sur le moment, pour que ça ne soit pas arrivé.

*

* *

«Il m'avait pris fantaisie, ce jour-là, d'avoir comme une répétition générale avant de rentrer à Londres, et j'avais emporté les gants pour avoir un dernier assaut avec Golding, sur la grève, où on traçait le ring réglementaire dans le sable avec le talon. Nous avions déjà fait deux rounds et nous nous étions arrêtés pour souffler, assis chacun dans notre coin sur le sable, quand j'ai vu à cinquante pas de nous, derrière Dick, la jeune fille en question qui nous regardait. Elle était assise sur une sorte de dune où il poussait des herbes et des chardons, et comme sa figure était tournée vers le soleil je pouvais la voir aussi clairement que si j'avais été sur la plate-forme, au National Sporting Club, et elle aux places réservées. Juste à ce moment-là Dick s'est levé, et moi aussi, et quand nous nous sommes avancés l'un vers l'autre je me suis rappelé les soirs que j'avais passés à écouter sa voix, sous les fenêtres de la maison près de la mer, et je me suis dit que j'allais lui montrer que je n'étais pas n'importe qui, et que je savais mon métier.

«Golding n'était pas mauvais du tout pour son poids, mais ce jour-là je crois que j'aurais descendu Ben Jordan en moins d'un round, même s'il avait été aussi lourd que moi. Ma première rentrée l'a renvoyé dans son coin, et avant qu'il ait vu de quoi il retournait j'étais sur lui, tirant serré du gauche à la mâchoire et suivant avec des coups du droit au corps, et tout mon poids sur chaque coup. En moins d'une minute et demie je l'avais descendu et il s'est relevé la figure pleine de sable; il n'était plus bien solide sur ses jambes, et quand il m'a vu revenir sur lui, il a reculé de deux pas en disant: «time», car il voulait se reposer. Mais je pouvais voir par-dessus son épaule la jeune fille qui nous regardait et j'ai fait celui qui n'entend pas. Lui ne voyait rien, mais il a compris qu'il se passait quelque chose et que je frappais pour de bon, et il s'est mis à tirer dur, lui aussi, et à montrer tout ce qu'il savait, car c'était un garçon courageux. Mais il n'avait aucune chance contre moi, et une demi-minute plus tard j'ai trouvé une ouverture, touché, doublé du droit sur la mâchoire, et il est resté sur le dos.

*
*   *

«Tout de suite j'étais à côté de lui d'un saut, pour le cas où il se serait relevé, mais il ne se releva pas, et j'ai regardé vers la dune pour voir ce qu'elle pensait de mon travail. Elle est restée tournée de notre côté l'espace de quelques secondes; le soleil donnait sur sa figure et j'ai vu les coins de sa bouche qui faisaient une grimace de dégoût. Et puis elle s'est levée doucement et s'en est allée en nous tournant le dos, et dans tous ses mouvements, et ses gestes, et l'expression de sa figure, il y avait tant de mépris que j'ai senti que je rougissais comme une petite fille. Je sais bien que je ne suis pas un gentleman, mais si un homme m'avait jamais dit la moitié de ce qu'elle m'a fait comprendre sans rien dire, je... j'aurais fait de mon mieux pour le tuer.

«Quand je suis rentré avec Dick, un peu plus tard, il m'a dit: «Ma parole, Bertie, je mettrai tout mon argent sur vous, vous n'avez jamais été si bon.» Mais l'autre, avec son regard de dégoût, elle m'avait fait comme tourner le coeur, et je sentais bien que je serais battu. Et je l'ai été.»

Le Vélo, 15 juillet 1904, p. 1.

La peur

Je vais, suivant la phrase d'un personnage de Kipling, le naturaliste Hans Breitmann, vous raconter une histoire que vous ne croirez pas.

Elle concerne un homme qui vécut fort paisiblement de ses rentes, fut considéré toute sa vie comme parfaitement normal et bien équilibré, jouit jusqu'au bout de l'estime de ses égaux et du respect de ses fournisseurs, et mourut étrangement.

Je fis sa connaissance à Hastings, ville qui donna son nom à une bataille célèbre, plage élégante qui est à peu près, de tous les endroits que je connais, celui où l'homme a le plus scientifiquement défiguré la mer. Il serait coûteux et peu pratique d'amener la mer dans Piccadilly, mais il est une solution très simple, c'est de transporter Piccadilly près de la mer. Le résultat est une admirable promenade longue de cinq milles, large comme les Champs-Élysées, bordée d'un côté par des villas, des hôtels et des boutiques de toutes sortes, et de l'autre côté par un mur en très belle maçonnerie qui, à marée basse, forme pour la grève un «fond» très satisfaisant et, à marée haute, maintient dans l'ordre les vagues, tour à tour humiliées et rageuses. C'est un endroit sans pareil pour fumer un cigare dans un complet de flanelle de bonne coupe, entre le clapotis des flots domestiqués et les accords d'un orchestre hongrois; mais pour les gens qui aiment l'eau libre et les coins de falaise tranquilles, «ça n'est pas ça».

«Ça n'était pas ça», évidemment, pour un homme d'élégante apparence que je rencontrais jour après jour sur cette grève-boulevard, et ce fut probablement ce qui nous attira l'un vers l'autre. Nous échangeâmes, une après-midi, des opinions sévères sur la localité et ses habitants, et, le lendemain, nous trouvant ensemble à l'heure du bain, nous allâmes de compagnie, à brasses tranquilles, vers le large où la mer, loin des petits enfants qui jouent sur le sable, des jeunes dames trop bien habillées et des orchestres à brandebourgs, ressemble vraiment à la mer et reprend son indépendance.

Il nageait dans la perfection: ce n'était ni le style impeccable d'un Haggerty, ni le coup de pied formidable d'un Jarvis, mais l'allure d'un homme qui a l'habitude de l'eau et s'y trouve à son aise. Dès lors, nous prîmes régulièrement nos bains ensemble. Il n'était pas bavard et j'étais encore moins curieux, de sorte que plusieurs semaines s'écoulèrent sans qu'aucun de nous deux se souciât d'apprendre sur l'autre autre chose que ce qu'il avait bien voulu raconter. Il m'annonça un matin qu'il partait le soir même, et quelque peu à ma surprise, ajouta qu'il habitait une petite propriété du Devon, et qu'il serait heureux de me voir, si je pouvais trouver le temps d'aller passer quelques jours avec lui. Il fit miroiter à mes yeux les délices des pipes fumées à plat ventre dans l'herbe drue et me parla d'une pièce d'eau qui lui appartenait, auprès de laquelle la mer, à Hastings, n'était qu'un bassin malpropre et sans charme. J'acceptai son invitation et je m'y rendis un mois plus tard.

Il vivait dans une maison absolument quelconque, brique et plâtre, assise au flanc d'un coteau. Il me fit voir, derrière la maison, un jardin qui descendait le long de la pente et indiqua d'un geste vague la vallée au-dessous de nous, en me disant que c'était là que se trouvait l'eau. Je proposai un bain immédiat, mais il me répondit d'un ton un peu embarrassé, qu'il était préférable d'attendre le soir et que, d'ailleurs, c'était l'heure du thé. Nous rentrâmes; son thé se composait de brandy et soda, mélangés par moitié. Il en but trois verres et nous parlâmes de bains et de natation. Les courses et les records ne l'intéressaient pas; il nageait l'«over-arm stroke» dans la perfection, — je l'avais vu à l'oeuvre, — mais il n'en savait même pas le nom. Il me raconta d'un air rêveur que tous les hommes de sa famille avaient beaucoup aimé l'eau: son père était mort d'une congestion à l'âge de soixante-douze ans, en se baignant dans les environs de Maidenhead, et son frère, encore enfant, s'était noyé dans les herbes, — il ne désigna pas l'endroit. Je voulus, par politesse, donner aussi mon histoire, et lui parlai d'un homme que j'avais connu, qui nageant dans une crique sur la côte d'Irlande, avait distinctement vu, à quelques mètres de lui, une pieuvre de six pieds d'envergure collée contre un rocher. Il en conçut une si effroyable peur qu'il revint vers la terre, à brassées affolées, voulut se hisser sur une pierre, qui tourna en lui cassant la jambe, et resta un quart d'heure dans l'eau, cramponné à la roche, incapable de remuer et hurlant d'épouvante.

Mon hôte m'écouta avec des yeux égarés, la bouche ouverte et les deux mains crispées sur la table. Je lui demandai s'il était nerveux; il me répondit que non, se versa deux doigts de brandy, — sa main tremblait un peu, — les but et regarda par la fenêtre d'un air idiot.

Le soleil était sur le point de se coucher lorsque nous descendîmes vers la vallée. Il nous fallut traverser un taillis inculte, puis dévaler le long d'un talus en pente raide pour arriver à l'eau. C'était une grande mare d'aspect sauvage, complètement entourée de fourrés et de broussailles et de forme assez curieuse. Elle était longue de cent cinquante mètres environ et, en face du point où nous étions, large d'au moins soixante. Mais l'autre extrémité allait en se rétrécissant progressivement et se terminait par une sorte de canal, mesurant à peine quatre ou cinq mètres d'un bord à l'autre, et complètement obscurci par le feuillage d'un bouquet d'arbres qui le surplombait. L'eau paraissait parfaitement propre et pourtant singulièrement peu transparente, si bien que, sauf sur le bord, il était impossible de distinguer le fond.

Je commençai à me dévêtir tranquillement, savourant d'avance la volupté d'une demi-heure dans l'eau froide, après une chaude journée. Mon hôte resta quelques secondes immobile, puis défit brusquement ses vêtements, les jeta à terre, enfila son caleçon et se tint de nouveau immobile, debout, tourné vers la mare et haletant un peu. J'attribuai à l'influence du brandy son évidente nervosité et ne pus m'empêcher de songer qu'il avait de grandes chances de finir quelque jour par la fâcheuse congestion, comme son père avait fini.

J'entrai dans l'eau d'un saut, et quelques minutes plus tard, il m'y suivit. Après avoir hésité un peu, il s'avança d'abord lentement, par enjambées prudentes, puis, quand la profondeur fut suffisante, il se laissa aller doucement, sans bruit ni éclaboussure et se dirigea aussitôt vers la partie resserrée de l'étang, nageant avec une force et une précision singulières. Il s'arrêta devant l'entrée de cette sorte de couloir dont j'ai parlé et pendant quelques instants se tint presque immobile, ne remuant dans l'eau qu'avec d'infinies précautions et la figure tournée vers la surface, sous laquelle il semblait scruter quelque chose d'invisible pour moi. Ses manières me parurent si étranges que je lui demandai ce qu'il pouvait bien y avoir à cette extrémité de l'étang.

Il me répondit très bas: «Il y a... il y a une source», et se tut de nouveau. Je m'efforçai, moi aussi, de distinguer ce qui se trouvait au-dessous de nous et ne tardai pas à m'apercevoir que la profondeur était beaucoup plus grande que je ne l'avais d'abord supposé.

On ne voyait du fond que l'extrémité de hautes herbes, qui s'arrêtaient à environ un mètre cinquante de la surface et ondoyaient perpétuellement, bien que l'eau fût parfaitement calme en apparence. L'existence d'une source au fond de cet étroit canal, qui pouvait avoir huit à dix mètres de long, expliquait en effet le mouvement qui les agitait. Elles s'écartaient parfois et laissaient alors entre elles une sorte de chenal, dont il était difficile d'évaluer la profondeur, et qui se continuait comme une voie soudainement tracée, jusqu'à la rive verticale du fond où je pouvais discerner vaguement un trou — la source fort probablement — qu'un nouveau mouvement des herbes dissimulait un moment plus tard. C'était bien le plus étrange coin de mare que j'aie jamais vu.

Je tournai la tête pour faire une observation à ce sujet à mon compagnon, mais la vue de son visage me fit instantanément oublier ce que j'allais dire. Il était pâle — ce qui pouvait s'expliquer par l'extrême froideur de l'eau — mais surtout tiré et plissé de rides soudaines et portait une expression curieusement affairée et inquiète. Je le regardai encore quand il nagea lentement vers moi, toujours à brasses prudentes, et me demanda dans un chuchotement effaré: «Il n'y a rien, hein?» J'allais lui répondre avec douceur qu'il n'y avait rien du tout et que nous ferions peut-être bien de nous habiller, lorsque je sentis les couches profondes de l'étang remuées par une mystérieuse poussée. Les longues herbes du fond s'ouvrirent brusquement, comme écartées par le passage d'un corps, et mon hôte se retourna d'un brusque coup de reins, et, poussant une sorte de gémissement, fila vers l'autre bout de la mare, s'allongeant dans l'eau comme une bête pourchassée. Son affolement devait être contagieux, car je le suivis aussitôt avec la même hâte, mais j'avais conservé assez de sang-froid pour observer qu'il nageait le «trudgeon» («double-over-arm-stroke-single-kick»), nage que je ne l'avais jamais vu employer auparavant, et cela avec tant de puissance et d'habileté que, loin de le rattraper, je le voyais, malgré mes efforts, gagner sur moi à chaque instant. Quand j'arrivai à la berge, il était déjà sorti de l'eau, et assis sur l'herbe vaseuse, la bouche ouverte, haletait et râlait de telle manière que je crus qu'il allait mourir sur place.

Il se remit pourtant et, un quart d'heure plus tard, ayant repris nos vêtements, nous retournâmes vers la maison.

Je m'abstins de poser aucune question sur les incidents de la journée à celui que j'avais déjà catalogué comme un alcoolique, affligé de troubles nerveux, et me contentai de l'observer à la dérobée. Il fut pendant toute la soirée parfaitement calme et normal, ne but que quelques verres de bière en dînant, et bien que peu bavard, causa sur divers sujets de la manière la plus raisonnable.

La matinée du lendemain fut également paisible. Après le lunch, je lui demandai s'il ne serait pas préférable de prendre notre bain un peu plus tôt dans la journée que nous ne l'avions fait la veille. Il acquiesça, mais trouva par la suite quelque futile prétexte, et il faisait presque sombre, quand nous partîmes. Il était, comme le jour précédent, non pas positivement ivre, mais déséquilibré par la surexcitation continue de l'alcool et donna, en approchant de l'étang, des signes de nervosité maladive; il exécuta devant le trou obscur où se trouvait la source la même pantomime de peur abjecte et de curiosité, et s'avança plus près, puis plus près encore, jusqu'à ce que, devant le recul soudain des herbes, il exécutât dans l'eau un brusque soubresaut, avant de se retourner pour s'enfuir.

Mais j'avais eu soin de me placer un peu en arrière de lui, et, le saisissant au passage par le bras, je l'arrêtai net. Je le tenais encore quand l'eau parut s'agiter derrière lui, et avec une sorte de halètement, il donna un coup de pied brusque qui le jeta contre moi. Alors je sentis distinctement sur ma jambe le frôlement d'une chose longue et rapide qui passait près de mon corps — une chose qui semblait avoir surgi d'entre les herbes épaisses et secouait de son élan brusque les couches profondes de l'étang. Je suis peu impressionnable et aucunement nerveux, mais, à ce simple contact, la peur, l'effroyable peur me bloqua soudain la gorge. Je ne puis me rappeler rien d'autre qu'une fuite affolée, côte à côte avec un homme qui laissait échapper à chaque brassée un gémissement d'angoisse désespérée. Je me souviens confusément qu'il nageait encore le «trudgeon» — nage qu'il m'avait toujours dit ignorer — et la puissance de son effort laissait derrière lui dans l'eau trouble un sillage profond; mais cette fois, la même force nous poussait tous les deux et j'arrivai à la berge avant lui.

Quand nous fûmes habillés, je me retournai une seconde pour regarder la mare, avant de retraverser les fourrés. La surface en était merveilleusement calme et luisait sous la lumière mourante comme une plaque d'étain, mais il me sembla voir à l'autre extrémité, les inexplicables remous qui faisaient osciller les herbes du fond.

Pas un mot ne fut prononcé entre nous sur ce qui s'était passé, ni dans la soirée, ni le lendemain; mais quand vint le soir, je refusai net de l'accompagner à l'étang et lui laissai entendre que, vu l'état de ses nerfs, il ferait mieux de m'imiter. Il secoua la tête sans rien dire et partit seul. Pendant qu'il était absent, je fus saisi par l'énorme ridicule de la situation et, lui laissant un mot, je bouclai ma valise et partis sans plus de formalités.

*

*　*

Un mois et demi plus tard, le hasard me fit passer sous mes yeux un bref «fait divers» qui annonçait que M. Silver, de Sherborne (Devon), avait été trouvé mort dans un étang qui lui appartenait. Lorsque le cadavre fut découvert, il était à moitié sorti de l'eau; les mains étaient cramponnées désespérément aux branches d'un saule qui surplombait, et la figure était figée dans une grimace d'effroyable horreur. La mort était attribuée à un accident cardiaque.

Ma version à moi... était légèrement différente; mais je n'ai pas cru devoir la donner sur le moment, pour la simple raison que l'on ne m'aurait pas cru, pas plus que vous ne me croirez.

Le Vélo, 15 octobre 1904, p. 1
[reproduit dans **la Belle que voilà**, Paris, Grasset, 1921, p. 65-73].

Jérôme

C'était un grand chien de berger — race de Brie — dont le poil rude et souillé de boue, s'étageait en touffes emmêlées. Son collier ne comportait qu'une étroite courroie, pelée et racornie par la pluie, et une plaque de zinc sur laquelle un graveur malhabile avait tracé, à la pointe du couteau, les six lettres qui constituaient son nom. Les côtes saillaient sous la peau, il portait sur l'épaule gauche une large plaie à peine cicatrisée et ses jambes aux forts tendons tremblaient de fatigue; mais ses yeux jaunes disaient une parfaite sérénité. Des semaines de vagabondage sur les grand'routes lui avaient évidemment enseigné l'impression que peut produire sur une humanité hostile, l'exhibition soudaine de deux rangées de crocs aigus.

Comment il avait, en traversant la ville, échappé à l'attention sévère de la police municipale, restera un mystère. Il avait évité toutes les embûches, éludé tous les contrôles, et, assis sur ses hanches, au milieu de la cour d'honneur de la Préfecture, il attendait.

M. le Préfet venait de quitter les bureaux et le personnel, le chapeau sur la tête, se préparait à en faire autant. C'est ainsi que Jérôme fut aperçu simultanément par le Chef de Cabinet et le Secrétaire particulier, qui se trouvaient dans une salle du rez-de-chaussée, et par un groupe de commis qui sortaient. Le Chef du Cabinet, à la fenêtre, fit: «Oh!» et fronça les sourcils d'un air mécontent. Un des commis observa son attitude et, plein d'un zèle servile, se baissa pour ramasser un caillou; mais le Secrétaire particulier, qui était un très jeune homme, enjamba la fenêtre avec simplicité et marcha vers le chien.

Jérôme se laissa tapoter le flanc d'un air de dignité simple et ne fit aucune objection lorsqu'on examina son collier. Un des commis, qui s'était approché, prononça avec importance: «C'est un chien perdu. Il faut l'emmener à la fourrière.» Le Secrétaire particulier, qui méditait depuis un instant, répondit: «S'il n'est à personne, il est à moi, et je l'emmène. Voilà longtemps que j'avais envie d'un chien. Allons, Jérôme, à la maison!» Et Jérôme, flairant la soupe possible, se leva d'un bond et le suivit.

*
*   *

Le Secrétaire particulier occupait deux pièces au rez-de-chaussée d'une petite maison dont la propriétaire, fière d'un locataire en aussi belle position, l'entourait d'un bonheur à sa façon, fait de couvertures épaisses et de substantielle nourriture. Devant ses fenêtres s'étalait un petit jardin trop bien entretenu, tout en plates-bandes ornées de géraniums et de buis; mais au delà c'était la campagne, la vraie campagne — champs, bois et fossés.

Jérôme, lavé, peigné et bien nourri, se comporta pendant trois jours en bête civilisée. Le troisième jour, ou plutôt dans la nuit qui suivit, il arriva une chose curieuse. Le Secrétaire particulier, qui dans la vie privée s'appelait tout simplement Jean Grébault, fut réveillé vers minuit par un bruit insolite. Il avait laissé sa fenêtre ouverte en s'endormant et vit qu'un clair de lune splendide inondait de lumière une partie de la chambre; une forme étrange se dessinait en bloc sombre sous la clarté, et, regardant avec plus d'attention, il s'aperçut que c'était le chien, qui, debout, deux pattes posées sur l'appui, le considérait sans bouger. Il eut un éclat de rire contenu et appela à voix basse: «Jérôme!» Et Jérôme, franchissant la croisée d'un saut, vint s'asseoir au pied de son lit.

Après cela, il lui fut impossible de dormir. C'était une belle nuit de printemps, tiède et claire, et, par la fenêtre grande ouverte, entraient, pour peu qu'on prêtât l'oreille, toutes sortes de bruits confus: cris lointains d'oiseaux nocturnes, bruissement des feuilles sous le vent, craquements dans les fourrés; les mille frémissements de la vie mystérieuse qui, la nuit venue, s'agite dans les taillis sombres et au revers des fossés. Il sortit de son lit et s'avança jusqu'à sa fenêtre. L'étroit jardin dormait au clair de lune, figé dans ses alignements mesquins; mais, au delà, la lumière pâle semblait avoir transformé le monde en un décor de féerie; elle faisait danser sur le sol l'ombre découpée des feuillages, illuminait un bouquet de hêtres, changeait en opale une mare minuscule, sertie de roseaux, d'où montaient des appels de grenouilles.

Alors, il lui vint un grand désir d'être au milieu de tout cela; de ne pas rester enfermé entre des murailles, à côté de la splendeur d'une nuit, et, revenant vers son lit, il commença à s'habiller. Il n'enfila que les vêtements indispensables, et, tête nue, sortit en enjambant la fenêtre, le chien sur ses talons. Dès qu'il eût gagné la vraie campagne, il se sentit envahi par une joie démesurée de bête soudainement libre, et appelant Jérôme d'un claquement de langue, partit en courant. Il n'avait pas fait dix mètres que le chien était venu se placer devant lui et d'un long galop paresseux l'emmenait à travers la nuit. Leur course les emporta dans des prairies coupées de ruisseaux étroits, où le sol mou fondait sous le pied; puis plus haut, entre des bouquets d'arbres dont l'ombre épaisse, après la lumière blafarde, semblait une voûte d'église; plus haut encore, jusqu'au sommet d'un coteau herbeux dont le flanc dégarni montait, montait vers la clarté comme une route triomphale, et le jeune homme, ivre, grisé par l'air tiède et les senteurs de la nuit, l'enleva d'un dernier effort et descendit l'autre flanc sur sa lancée, suivant toujours Jérôme qui galopait, tête basse, flairant au passage les touffes d'herbe où fuyaient des bêtes apeurées.

Enfin il se laissa tomber au pied d'un talus, épuisé, à bout de souffle, et Jérôme se coucha à côté de lui dans une posture de sphinx, haletant et joyeux, fouillant l'obscurité de ses yeux jaunes. Ils restèrent immobiles jusqu'à ce que le grand silence qui semblait s'être abattu sur la campagne eût fait place de nouveau aux bruits divers de la vie qui s'agitait invisible autour d'eux; puis ils rentrèrent, las et contents, comme l'aube montait.

*
* *

Le lendemain, Jean Grébault bouleversa quelques tiroirs et mit à la lumière, l'un après l'autre, différents articles d'habillement qu'il n'avait pas portés depuis longtemps. Il y avait une courte culotte de toile, ornée de taches et d'accrocs; des souliers à semelles de caoutchouc qui avaient connu de meilleurs jours et un épais sweater, jadis blanc, devant lequel il resta longtemps rêveur. Ce jeune homme avait été un athlète, en son temps; mais six mois de situation semi-officielle dans une petite ville de province lui avaient appris qu'il est convenable de sacrifier l'hygiène à l'avancement et d'éviter les initiatives excentriques qui vous attirent des haussements d'épaules de quelque supérieur obèse et les: «Vous ne serez donc jamais sérieux!» d'un protecteur découragé. De sorte qu'il s'était peu à peu accoutumé à restreindre sa vie au cercle fastidieux que bornent: au Nord, l'opinion publique; — à l'Ouest, les Principes républicains; — à l'Est, la Déférence hiérarchique; — et au Sud, la Sagesse intangible d'une bourgeoisie mal lavée.

*
*   *

Quelques jours plus tard, il fut pour la seconde fois réveillé au milieu de la nuit, et, étendant la main au hasard, trouva sous ses doigts le poil rude de Jérôme, qui s'impatientait. La nuit était venteuse et fraîche et la fuite incessante des nuages sous la lune jetait dans la chambre des alternatives d'ombre et de clarté. Il se sentait singulièrement paresseux et resta une demi-heure encore entre ses couvertures, plein d'indécision. Il se leva pourtant et marcha jusqu'à la fenêtre. La première bouffée de vent qui lui souffleta la figure lui rendit tout son courage et il sentit monter en lui en même temps la vigueur de ses vingt-cinq ans et le dégoût de la servitude. Il saisit les vêtements qu'il avait exhumés trois jours auparavant et le contact de la laine rude sur sa peau, en lui rappelant le passé, l'emplit d'une fièvre joyeuse. Tout en s'habillant ainsi, il parlait à voix basse au chien, qui suivait des yeux tous ses mouvements! «Vois-tu! Nous avons trop attendu, Jérôme, mais il est encore temps. Je ne me rappelais plus à quoi ça ressemblait, la liberté, et voilà que je me souviens. Tu n'as pas lu le livre de la «Jungle», Jérôme? Nous aussi, nous allons avoir notre course du printemps.»

Le Secrétaire particulier avait sans doute, dès ce moment, rompu tous les liens de conscience qui pouvaient l'attacher encore au monde civilisé, car il sortit, non pas en enjambant la fenêtre, comme il faisait parfois en certaines heures d'abandon, mais en la franchissant d'un saut, ainsi que, cinq ans plus tôt, il passait les haies dans sa foulée, sur une piste au gazon ras. Son élan l'emporta au milieu d'une plate-bande de géraniums qu'il écrasa sans remords, et, d'un autre bond par-dessus, la barrière du jardin.

Ce fut la première d'une longue série de nuits sauvages, au cours desquelles le jeune homme, toujours suivant le vieux chien, redescendit, degré par degré, vers la simplicité de la création primitive. Du matin au soir, Jean Grébault, secrétaire particulier du Préfet des Deux-Nièvres, accomplissait machinalement son labeur minutieux et futile, mais du soir au matin, il n'y avait plus qu'un garçon qui venait de redécouvrir le patrimoine laissé intact par cent générations et s'émerveillait d'avoir pu se passer si longtemps de son héritage.

*
*   *

84

Le dénouement de cette histoire se trouve rapporté, non sans commentaires, dans la chronique scandaleuse de Pont-sur-Nièvre. Il eut pour décor le jardin de la Préfecture, et les figurants comprenaient l'élite de la société locale. Les hommes sérieux, notables et fonctionnaires, s'étaient réunis en groupe, loin du tennis et des toilettes claires, autour de celui qui présidait aux destinées du département. Il laissait tomber une à une, dans le silence respectueux, des paroles profondes et définitives — tirées d'un journal du matin — et ses auditeurs, songeant aux petits fours, l'écoutaient avec des moues graves. Le Secrétaire particulier, assis sur une table de fer, balançait ses jambes au-dessus de la tête de Jérôme, qui couché à terre, fixait sur le Préfet ses yeux jaunes et bâillait insolemment.

Le Préfet, n'ayant plus d'idées, annonça, pour remplir un silence, que M. Jean Crébault allait le quitter. Alors un haut fonctionnaire des Finances, apoplectique et décharné, prévint le jeune homme avec solennité qu'il s'en repentirait quelque jour et se souviendrait avec regret, plus tard, du temps qu'il avait consacré à un labeur utile à la République, adouci par la bienveillance intelligente de ses chefs et l'accueil affable d'un cercle à la fois intègre et cultivé. Jean cligna de l'oeil à Jérôme et rit doucement. Puis il prit la parole et leur dit en termes de choix ce qu'il pensait d'eux, de leur cercle et de leur labeur.

Il leur dit qu'il s'en allait, chassé par la peur qu'il avait conçue de devenir quelque jour semblable à l'un d'eux. Il leur dit qu'ils étaient difformes et ridicules, certains squelettiques, certains obèses, tous pleins de leur propre importance et de la majesté des principes médiocres qu'ils servaient; que leur progéniture hériterait de leurs tares physiques et de leur intellect rétréci, et qu'ils s'en iraient à la mort sans avoir connu de la vie autre chose qu'une forme hideusement défigurée par les préjugés séculaires et de mesquines ambitions...

L'Inspecteur d'Académie sourit avec une méprisante indulgence, le Receveur particulier ouvrit la bouche sans rien dire et le Préfet, plissant avec autorité son crâne chauve, étendit une main impérieuse.

Mais son ex-secrétaire, ne lui laissant pas le temps d'exprimer son courroux, dit indolemment: «Vous savez qu'on peut aller au Canada pour cinquante francs?» Et Jérôme, sous la table, ferma ses yeux jaunes en signe d'approbation.

Le Vélo. 26 octobre 1904, p. 1
[reproduit par Daniel Halévy dans sa préface à **Battling Malone, pugiliste,** Paris, Grasset, 1925, p. VII-XIV et dans Damase Potvin, **le Roman d'un roman. Louis Hémon à Péribonka,** Québec, Éditions du Quartier latin, 1950, p. 177-187].

Sportsmen et Athlètes

J'ai vu avec un sensible plaisir que l'on discutait encore, dans les colonnes du **Vélo**, le mot «sport», ses applications et son origine. Je me garderai soigneusement de prendre parti dans les discussions, mais toutes mes sympathies sont pour M. Davin de Champclos lorsqu'il s'efforce de délimiter les cas où l'on peut appliquer à des gens le mot de «sportsmen» sans en faire un éloge banal et immérité.

Il sera toujours difficile de faire comprendre au bon public, qui adore employer des mots anglais — spécialement quand le sens lui en est inconnu — qu'un homme qui couvre soixante mètres en courant, au bois de Boulogne ou à Montrouge, fait du sport, alors que celui qui marche 600 kilomètres pour occuper ses vacances n'en fait pas. Tel est pourtant le cas. D'autre part, M. Ciavelli de Sérans est rigoureusement dans le vrai en estimant qu'un homme qui suit les diverses épreuves sportives et qui s'y intéresse, sans pratiquer aucun sport, est un sportsmen. J'entends qu'il mérite ce titre tel qu'il est compris aujourd'hui, dans le sens élargi par complaisance qu'il a assumé peu à peu. Quoi qu'il en soit, vous pouvez être certain que l'individu du type en question se pare sans hésitation, et avec une parfaite bonne foi, du titre de sportsman; ses soeurs, cousines et amis l'en décorent, et c'est pour lui une satisfaction si inoffensive que je n'ose même pas la discuter.

*
*   *

Les «sportsmen» appartenant à cette catégorie et à une autre catégorie analogue que je dénoncerai un peu plus loin, se sont multipliés dans des proportions avantageuses sans doute pour les organes spéciaux dont ils forment la clientèle, mais qui ne laissent pas de m'inquiéter. L'exemple le plus frappant en est offert par la foule qui se presse régulièrement autour des vélodromes parisiens. Une partie de cette foule — j'estime que c'est une minorité — remplit sa mission. Tout d'abord, elle remplit la caisse des directeurs; puis, quand son éducation sportive a été faite par le spectacle des courses, elle s'efforce d'imiter dans une mesure modeste ceux qu'elle a encouragés de ses clameurs et nourris de son argent. Que cette imitation consiste en une randonnée de 200 kilomètres ou une lente promenade de Paris à Versailles et retour, elle n'en est pas moins louable au même titre, bien qu'à des degrés différents. Mais la plus grande partie de cette foule se contentera de rentrer chez elle — en chemin de fer, — de passer le reste de la semaine dans la routine familière et de revenir au vélodrome le dimanche suivant, sans que son enthousiasme sportif se soit manifesté autrement que par l'achat du **Vélo**, dont la lecture, pour intéressante qu'elle soit, n'a pas les mêmes effets hygiéniques qu'une journée d'air pur.

On peut faire les mêmes réflexions en contemplant les spectateurs qui, dans un music-hall, se passionnent pour les matches de lutte. Même en laissant de côté la science de la lutte proprement dite, nul ne peut nier que les hommes offerts en spectacle soient, sauf quelques exceptions par trop adipeuses, de beaux mâles, des hommes forts, puissamment musclés, présentant même parfois une certaine beauté de lignes. Eh bien! sur cinq cents hommes encore jeunes, de bonne santé, qui sont montés sur leurs chaises pour acclamer Constant le Boucher ou Hackenschmidt, combien, rentrés chez eux, vont essayer d'améliorer une anatomie piteuse et de développer quelque peu les muscles que toute l'habileté du tailleur ne peut que simuler? Combien? Peut-être cinq. Leur nombre n'a d'ailleurs pas grande importance, car aucun d'entre eux n'ira jusqu'au bout.

*

*   *

Il y a une autre catégorie de gens qui, plus consciencieux, s'imaginent qu'il leur faut faire quelque chose pour mériter le titre rêvé. À cet effet, ils vont deux fois par semaine, vêtus de flanelle, brutaliser une balle inoffensive en des terrains soigneusement clos, ou bien ils recommenceront éternellement le même combat simulé et hebdomadaire contre un prévôt souriant, moustachu et pointilleux; ou encore ils s'ornent de fourrures ou de peaux de phoque et vont gaiement se faire dresser des contraventions sur la route de Chartres à Ablis.

Ces dernières années ont été exceptionnellement favorables

à la foule innombrable de ceux qui désirent vivement être considérés comme des hommes de sport, mais ne consentiront à aucun prix à prendre de l'exercice. On a inventé pour eux toutes sortes d'appareils qui, produisant l'effort, ne réclament de leur propriétaire d'autre dépense d'énergie qu'une attentive surveillance. L'automobile est la plus remarquable de ces inventions. Des milliers de jeunes hommes malingres et atrophiés ont accueilli avec des transports de joie cette création miraculeuse. Ils étaient trop faibles pour faire de la lutte ou des poids, trop douillets pour faire de la boxe, trop paresseux pour l'aviron ou la course, mais ils avaient subitement trouvé bien mieux. Ils avaient trouvé une mécanique qui les dispensaient de faire jouer leurs muscles veules et dont la seule obsession les sacrait «sportsmen». Car il n'en faut pas douter: le monsieur qui porte une peau de bique et descend d'une bruyante six-chevaux est aux yeux de la foule le sport incarné, et son opinion aura plus de poids en ces matières que celle du piéton, fût-il athlétique et compétent. Lorsque tous ces hommes, jeunes ou vieux, eurent adopté la locomotion nouvelle et acquis ainsi leur prestige, la déférence attentive du reste de l'Univers leur donna la confiance qui leur manquait. Ils se constituèrent «compétences» pour le sport en général, dans toutes ses branches et variétés. Ils allèrent voir les championnats d'athlétisme au Racing, les matches internationaux au Parc des Princes, les «Ceintures» diverses au Casino de Paris, et, de cela, personne ne songera à les blâmer.

Mais dans cet enthousiasme, facilement excité et facilement évanoui, dans cette promptitude à acquérir sur chaque sport des notions superficielles, et surtout dans cette tendance si explicable à parler, souvent fort bien, de choses qu'ils ne feront jamais, il y a dans tout cela quelque chose d'éminemment français, et c'est grand dommage.

*
*   *

Voilà pourquoi ma tendresse secrète va vers ceux qui ne se verront jamais décerner le nom de «sportsmen» dans les colonnes du **Vélo**, et qui s'en moquent, car ils méritent un titre plus beau. On les trouve dans tous les clubs, dans tous les gymnases, dans beaucoup de salles d'armes et même chez eux, où, dédaigneux du sport, ils s'exercent, loin du public, et n'ayant en vue que leur intime satisfaction. Ceux-là ne se targuent pas de compétence universelle, ils s'occupent peu des champions et beaucoup d'eux-mêmes, et, s'ils se refusent les joies du spectacle, ils connaissent du moins la joie plus haute de marcher sans cesse vers leur désir. Ils ont un idéal défini, clair et restreint, qui leur suffit.

89

Et si quelques-uns d'entre eux se laissent enfin toucher par la grâce du sport, ils trouveront leur place naturelle parmi les athlètes aussi bien que dans les rangs des spectateurs. Ils créeront de la beauté et sauront en jouir, et mériteront ainsi d'être doublement loués.

Le Vélo, 8 novembre 1904, p. 1.

L'éducation de M. Plume I

Le printemps descendait sur Paris, humide et tiède, et M. Plume se sentait envahi par un flux de tendresse vague et de projets incertains. Son commerce allait mal: le public demeurait insensible aux appels discrets d'un étalage savamment édifié, et tout laissait prévoir l'achèvement probable de la décadence et des bilans désastreux. Mais Avril avait mis des bourgeons aux arbres des squares et M. Plume, issu d'une longue lignée de bourgeois entêtés et robustes, tout en déplorant son mauvais sort, évitait d'accuser le destin.

Le Club Olympique de la Bastille avait terminé sa saison et Jean Plume, assoiffé de sports nouveaux, s'était mis à l'aviron sans un instant de retard. Il venait seulement de redécouvrir ce sport antique et que d'aucuns jugent suranné, et l'initiative avait été pleine de charme. Pour le moment, il n'en était encore qu'à l'apprentissage, mais se promettait déjà, de la poursuite de cet art, un grand profit et des joies inespérées. M. Plume avait vu avec plaisir l'ambition athlétique de son fils prendre cette direction nouvelle. Tout d'abord, c'était un sport essentiellement français: le vocabulaire n'en avait pas été fourni à la hâte par des traducteurs, mais amassé lentement par une suite de générations amoureuses de l'eau. Il avait, sur sa demande, barré tout un jour une yole dans laquelle son fils et trois camarades de club avaient longuement descendu la rivière, et la ballade l'avait attendri. Il avait déclaré aux jeunes gens qu'il n'était pas absolument un novice en ces matières et que les loueurs des bords de la Marne l'avaient jadis compté parmi leurs clients assidus. Avant le départ, il examina en connaisseur le matériel de la Société, manifesta son admiration et, une fois en route, tint à donner aux rameurs dont il dirigeait le parcours quelques conseils qui ne laissèrent pas de les étonner. Le temps, d'abord indécis, se mit résolument au beau, et M. Plume, rajeuni de dix ans, s'attabla au bord de l'eau en chantonnant, mangea bien, but mieux, et raconta à son auditoire quelques anecdotes dont il plaça la scène à Joinville, et dont Mme Plume n'avait jamais eu connaissance.

* *

Ils rentrèrent lentement. Le soir descendait comme un manteau sur l'eau trouble et sur les berges misérables; il venait de Saint-Ouen des échos de fête foraine — explosions de pétards et lamentations d'orgues à vapeur — et M. Plume, songeant à sa jeunesse, redevint silencieux. Mais il prit l'habitude de revenir sur les quais d'Asnières, aussi souvent que ses préoccupations le lui permettaient. On ne saurait croire ce qu'un ponton vermoulu sur la rivière peut contenir de repos et de consolation pour un homme plus très jeune, pas très heureux, qui s'est débattu tout le jour entre les détails d'une routine fastidieuse et le spectre de la liquidation prochaine. Il marchait de la gare au bord de l'eau à pas rapides, par le plus court chemin, et, une fois sur la berge, s'en allait plus doucement jusqu'au garage, plein d'une sagesse mélancolique, et reposant son regard sur le fleuve qui, jour après jour, roule dans un calme éternel ses eaux désabusées.

Certains soirs, il détachait de la rive un bachot à fond plat, méprisé par les générations nouvelles, et remontait paresseusement le courant jusqu'à Puteaux. Il longeait des berges sans grâce, dévastées et stériles, où les bosquets des guinguettes dressaient leurs treillis mélancoliques; de l'autre côté, c'étaient les maisons de Courbevoie, où les lumières s'allumaient une à une avant que la nuit fût tombée; un pont de pierre en amont, un pont de fer en aval et la rivière entre les deux, peuplée d'herbes sales qui s'étiraient au courant... Le clapotis des rames dans l'eau faisait une musique humble de douceur et de réconfort, et M. Plume regardait le soleil se coucher du côté de Suresnes, et la nuit descendre, qui lui apportait le repos.

D'autres fois, il restait devant le garage et s'asseyait sur une balustrade en bois au bord de la route pour regarder les jeunes s'entraîner. Il avait fait promptement connaissance avec d'autres hommes de son âge, officiels du club, anciens rameurs alourdis par les années, qui devaient maintenant se contenter de regarder faire leurs remplaçants. Il y avait là l'entraîneur, un gros homme plein d'expérience et de sagesse, qui partageait son temps entre sa pipe en terre et d'inexplicables méditations; le président, qui dépensait sans compter son temps et son argent, débordant d'ardeur molle et de bonne volonté stérile; et bien d'autres qui voyaient s'approcher l'époque de la retraite et, refusant de vieillir, se cramponnaient désespérément au sport qui les répudiait. Il y avait, d'autre part, la foule des nouveaux venus qui s'étaient promis la gloire et s'indignaient innocemment contre tout ce qui pouvait les arrêter en chemin. Vieux rameurs pleins d'indulgence, mais qui refusaient de se laisser détrôner; jeunes gens trop prompts à se dépiter, fils d'une race impatiente et légère — deux générations réunies sous les mêmes couleurs et séparées par des malentendus sans nombre, voilà ce que M. Plume voyait pensivement, chaque soir, s'agiter entre le garage et la rivière.

*
*   *

L'été vint, et les jeunes rameurs de la Société semblèrent plus pâles et plus fatigués. Le soleil chauffait sans relâche le grand fleuve lent et il montait de l'eau trouble des vapeurs chaudes et fétides. Le soir, l'air était lourd et sans fraîcheur, et les athlètes trop nerveux s'emportaient en d'enfantines querelles. M. Plume venait moins souvent maintenant, et lorsqu'il venait, il restait des heures entières assis sur la balustrade, attendant que la descente de l'ombre douce chassât l'image des feuillets de son Grand-Livre, qui dansait devant ses yeux. La morte-saison était venue et chaque échéance était précédée pour lui de longues insomnies; mais il trouvait encore parfois assez de loisirs pour venir retrouver son siège au bord du fleuve. Il regardait les équipes descendre sur le ponton l'une après l'autre et s'éloigner vers Suresnes, les rames surgir ensemble et planer un instant sur l'eau comme des ailes, et il suivait au loin le rythme qui, toutes les deux secondes, pliait, puis rejetait en arrière les corps pareillement balancés. Et la douceur mélancolique des soirs de banlieue lui gagnait le coeur.

Il se trouvait seul sur la berge, à la fin d'une journée pluvieuse, quand on vint lui demander de remplir un office auquel il se sentait peu préparé. Une équipe avait été formée pour la plus importante épreuve de la saison et des esprits conciliants avaient pensé mettre fin à toutes les rivalités en choisissant ses membres en nombre égal parmi les jeunes et les anciens. Le «huit» se composait donc de quatre rameurs éprouvés, lourds et forts, et de quatre autres hommes plus légers, qui devaient apporter l'appoint de leur vigoureuse souplesse. Mais la discorde s'en était accrue. L'équipe ainsi formée de deux parts hostiles, et qui se dédaignaient l'une et l'autre, n'avait naturellement pas cette homogénéité fraternelle qui fait la puissance de l'effort commun, et l'entraîneur répétait chaque jour: «Ça n'est pas ça» — et tirait sa pipe avec tristesse. Le soir dont il s'agit, le temps triste et pluvieux avait découragé tout le monde, et les huit hommes à l'entraînement se trouvaient seuls au garage, attendant l'arrivée d'un barreur. Comme la nuit allait tomber, de guerre lasse, ils s'adressèrent à M. Plume, qui acquiesça. Il prit place sur le siège étroit à l'arrière du bateau, qui s'enfonça sous son poids, et les rameurs, considérant sa personne massive, froncèrent des sourcils mécontents.

Ils remontèrent jusqu'à Suresnes par étapes successives, puis tournèrent leur bateau et se reposèrent un instant. Ils étaient mécontents les uns des autres et se le disaient en termes aigres et polis. M. Plume regardait le ciel sans mot dire. Les nuages s'écartaient au-dessus des hauteurs de Saint-Cloud et découvraient un espace plus clair, d'un vert très tendre, qui s'agrandissait lentement; bien que le soleil fût déjà couché, la lumière se faisait plus vive et les berges égayées semblaient célébrer une tardive aurore. M. Plume considérait toutes ces choses, et, bien qu'il sût la faillite prochaine, il se sentait plein de douceur.

*
* *

L'écho de paroles désobligeantes l'arracha à sa contemplation. Deux des rameurs avaient entamé une querelle longtemps couvée et concluaient en disant ensemble qu'ils allaient «tout plaquer». M. Plume leva la tête et dit pensivement: «Vous avez tort.»

«Tout le mal vient de ce que vous venez au sport avec une ardeur trop exigeante. Vous vous en apercevrez plus tard et vous comprendrez que vous avez gâché les meilleures heures de votre vie. La plupart d'entre vous n'ont rien de ce qu'ils désirent: leurs journées sont occupées par un travail qui peut-être leur déplaît; ils ont peu d'argent, peu de liberté, leurs vies sont gâchées par la médiocrité et l'envie, et les souvenirs de leur jeunesse ne représenteront à leurs quarante ans qu'une chaîne d'illusions déçues et d'ambitions frustrées. Eh bien! ils pourraient se faire une autre vie à côté de celle-là, une vie qu'ils façonneraient eux-mêmes, et dont l'image leur resterait plus tard comme une consolation et un soutien. Si vous étiez sages, jeunes gens, vous vous efforceriez d'appliquer entre vous toutes les vertus qu'il est trop dur d'appliquer ailleurs. Non pas par amour du bien ou pour mériter d'illusoires récompenses; mais parce que l'existence que vous aurez ainsi façonnée vous consolera de l'autre existence, et parce que c'est le meilleur moyen d'être heureux.

«Je connais un vieil homme qui a découvert cela trop tard et qui s'en désolera jusqu'à la fin. Il n'a jamais eu qu'une vie, laquelle a été dure et peu ornée, et il se lamente maintenant de n'avoir jamais connu une maison au bord de l'eau, où il aurait rencontré journellement d'autres hommes comme lui et accumulé pour sa vieillesse des souvenirs qu'il aurait fait agréables à force de tolérance et d'amitié. Quand il veut échapper à ses soucis, il lui faut venir promener son crâne chauve parmi des jeunes gens qu'il ne connaît pas, et il a encore le chagrin de voir que vous ne savez pas vous ménager le bonheur possible et de savoir que vous vous en repentirez plus tard comme il se repent.

«Si vous êtes forcés par l'existence journalière d'être jaloux, méfiants et durs les uns aux autres, vous devriez comprendre mieux la douceur d'avoir une autre existence d'où la rancune et l'âpreté seraient bannies. Sinon, vous ne trouverez dans votre club qu'une autre forme de la vie qui vous est dure, et ce n'est qu'arrivés à mon âge que vous vous apercevrez de ce que vous avez perdu. Et maintenant, nous allons faire un parcours, si vous le voulez bien. Sur l'avant...»

Mais les huit hommes restèrent encore quelques instants immobiles, appuyés sur leurs rames, à méditer ces paroles inattendues.

Le Journal de l'automobile, 27 novembre 1904, p. 1.

L'éducation de M. Plume II

Monsieur Plume avait appris peu à peu, par l'intermédiaire du journal qu'il lisait chaque matin, qu'une industrie nouvelle nous était née. Il n'avait que peu de sympathie pour les précurseurs, et reçut les débuts de l'automobile avec une méfiance ironique. Ça sentait mauvais; ça se détraquait tout le temps; ça avait l'air d'attendre perpétuellement le cheval qui en compléterait la silhouette bâtarde, enfin, c'était dangereux et laid. Il collectionna avec une joie maligne les entrefilets qui relataient en termes émus les vieilles dames bousculées et les petits enfants morts de peur, et, grattant avec amerturme les taches de boue sur son pantalon, prononça: «Ça déshonore Paris», et invoqua le gouvernement.

Mais rien ne dure en ce monde, pas même l'indignation des citoyens éclairés et M. Plume apprit à tolérer les engins nouveaux. Il se targuait de vues politiques avancées, et considérait avec une sereine indifférence les querelles des nations; pourtant la nouvelle qu'une voiture française était entrée victorieuse dans Berlin fit vibrer en son coeur des fibres inavouées. Il posa son journal sur la table et dit: «Je n'aime guère ces machines-là, mais tout de même c'est un commencement de revanche», et il examina avec reconnaissance le portrait de Fournier. Puis les records de vitesse, brutalement assaillis, cédèrent par fractions de secondes, et M. Plume, supérieur, pronostiqua qu'on ferait bientôt du 150 et refusa de s'étonner. Paris—Vienne le laissa moqueur: «Beaucoup de partis et peu d'arrivés», remarqua-t-il avec sarcasme, et: «Je vous l'avais bien dit que ça se détraquerait»; mais il ne pouvait retrouver l'animosité des premiers jours. Les mois passèrent, l'été revint, et, absorbé de plus en plus par ses soucis et ses craintes, il cessa d'accorder la moindre attention aux machines méprisées.

Il était assis, un soir, sur le balcon du Club Nautique dont son fils faisait partie et découvrait sa tête lourde au vent frais qui venait de l'eau, quand il entendit plusieurs jeunes gens parler ensemble d'une expédition projetée. Il s'agissait d'aller voir le passage de la course Paris—Madrid, sur un des points du ruban de route entre Versailles et Rambouillet. M. Plume s'informa de l'heure et, invité à se joindre à la bande, accepta sans hésiter.

*
*   *

L'énorme cohue de la gare le surprit. Il rit de voir la foule subitement libérée couvrir les quais d'un grouillement affolé et s'entasser dans les wagons, et, une fois dans Versailles, remarqua en considérant les rues noires de monde, qu'il ne devait plus rester personne dans Paris. Ils s'en allèrent allégrement jusqu'à Saint-Cyr, persuadés qu'ils trouveraient la campagne déserte à quelques kilomètres de là, passèrent Trappes, et finirent par s'arrêter à un coude de la route, désespérant de jamais voir la fin des deux rangées de curieux qui garnissaient les talus.

Ils avaient encore une heure à attendre: les jeunes gens se promenèrent en groupe, fumant des cigarettes, et M. Plume, qui avait assez marché, s'assit au revers du fossé, le dos au public, posa son chapeau sur ses genoux et ferma les yeux. Il avait ruminé tout le jour le pour et le contre d'une affaire de velours qu'on lui proposait et n'avait pu se décider. L'affaire était bonne, mais il fallait pour la lancer débourser des frais nouveaux: ce pouvait être le salut; mais que la réussite se fit attendre, et c'était le Tribunal de Commerce — salle des faillites — et M. Plume, les yeux fermés, voyait nettement dans une encoignure un homme qui lui ressemblait, spectateur de sa propre débâcle, gros, pâle, râpé, sans argent, trop vieux pour commencer autre chose...

Il s'avisa soudain que l'air de la nuit était chargé d'une odeur d'ail singulière, et, rouvrant les yeux, vit qu'un groupe s'était installé à côté de lui. Ce groupe se composait de deux apprentis en cotte bleue qui, ayant étalé sur leurs genoux des journaux de couleur tendre, dépêchaient un souper tardif de pain et de cervelas. Ils parlaient de la course, naturellement, et y mettaient une passion réconfortante. M. Plume apprit en quelques instants que les Mercédès avançaient salement, mais que les Panhard étaient là pour un coup, n'est-ce pas? et quant aux Mors, elles étaient loin d'avoir les jantes molles. Cette dernière expression lui parut obscure, mais il l'enregistra sans discuter. Le cervelas étant achevé, la conversation tourna, effleura des sujets plus intimes, se fit crue, et M. Plume, songeant à ses vingt ans, poussa un grognement d'amertume et ferma de nouveau les yeux.

Il s'assoupit quelques instants, fut réveillé par un bruit de voix excitées et vit confusément que la foule semblait attendre quelque chose et que l'aube approchait : le ciel prenait lentement une teinte grise sale, et il faisait froid. Nul doute que pour les âmes d'élite le lever du soleil sur la campagne ne soit un spectacle vivifiant, plein de grâce et de majesté; mais quand on a concentré toute sa vie et toutes ses espérances dans un magasin de quinze mètres de façade dont la clientèle disparaît, les grisailles de l'aube dans la plaine forment un fond propice aux mélancolies. M. Plume vit le ciel s'éclaircir lentement et les détails du paysage surgir l'un après l'autre. Chaque arbre, chaque fossé, chaque maison s'implanta dans sa tristesse et lui suggéra un regret nouveau, et il se sentit plus que jamais vieux et fatigué.

*
* *

Une clameur confuse le sortit de son rêve, une clameur qui arrivait de l'horizon encore embrumé et filait le long de la route, comme une trombe de bruit. Elle se rapprocha, puis se noya soudain dans un ronflement furieux, et M. Plume se leva juste à temps pour voir la première voiture passer. Elle surgit d'un seul coup dans la lumière blafarde et disparut, précédée de la longue clameur grêle qui s'en allait vers l'horizon. Il n'avait rien prévu de pareil : il s'était vaguement figuré des véhicules à machinerie compliquée qui rouleraient très vite, mais la simplicité de lignes du monstre et la vitesse de sa fuite à peine entrevue avaient, en l'étonnant, troué sa torpeur. Il se frotta les yeux et monta sur le talus pour mieux voir. Elles passèrent toutes l'une après l'autre, dans le ronflement furieux des moteurs, certaines, d'un élan puissant et sûr, semblables seulement à de belles machines bien bâties, d'autres qui rageaient et grondaient, arc-boutées dans leurs carapaces de tôle, en brutes, ivres de leur force. La foule avait cessé d'avoir peur et s'entassait maintenant au milieu de la route pour les voir arriver de loin et enregistrer à loisir la silhouette des chauffeurs qui passaient à pleine allure, cramponnés d'une main au volant et gesticulant de l'autre pour demander la route libre. Puis ce furent les voitures légères, les voiturettes, les motocyclettes et M. Plume, debout sur son talus, le col relevé et les mains dans ses poches, continuait de regarder sans rien dire et ruminait des aperçus nouveaux.

Une voix le héla et, se décidant à descendre, il alla rejoindre les jeunes gens qui l'attendaient. L'un d'entre eux lui demanda : « Eh bien ! Qu'en dites-vous ? » — Il n'en disait rien ; et marcha en silence jusqu'à Versailles, les yeux à terre et hochant la tête pensivement. Une fois dans le train, il posa quelques questions : « À qui appartiennent toutes ces voitures ? » — Ah ! aux constructeurs ! Et qu'en font-ils après la course ? — Rien ! — Combien valent-elles, l'une dans l'autre ? — Cinquante mille francs pièce ! — Alors les constructeurs dépensent 150 à 200 mille francs pour rien ? » — « Ce n'est pas pour rien, c'est la réclame. » — « Oui, si elles gagnent ; mais celles qui ne gagnent pas ? » — « Elles auraient pu gagner. Il faut risquer pour avoir. » — Il se tut quelques instants, et ajouta d'une voix un peu étranglée : « Et ils ne font pas... faillite ? » — « Il paraît que non ; il y en a même qui font fortune. »

M. Plume prit un air grave et dit d'un ton définitif : « C'est un commerce bien hasardeux » ; puis il tourna la tête pour regarder par la portière et se dit à lui-même, à voix basse : « Je crois bien que je vais lancer cette affaire de velours. »

Le Journal de l'automobile, 22 décembre 1904, p. 1.

L'éducation de M. Plume III

M. Plume eut un automne laborieux. L'affaire qu'il venait de lancer semblait réussir au delà de ses espérances, mais réclamait tout son temps et tous ses soins. Il fut trop heureux de se consacrer entièrement à cette tâche: la vision du succès encore possible avait rallumé soudain toutes les ardeurs de son coeur désabusé, et il se retrouva, après des semaines de travail et d'application constante, retrempé et rajeuni. L'hiver vint, apportant des rentrées satisfaisantes; il eut désormais quelques loisirs et la vie lui sembla bonne.

Il goûta la douceur de n'avoir, du soir au matin, ni préoccupation ni terreur. Il s'attarda à toutes les petites joies de l'existence: le feu clair à la fin des journées d'hiver, la simplicité succulente d'un plat bien fait, l'excellence d'un demi-londrès, très blond, au cours d'une lente promenade. Il fit don à Mme Plume d'une fourrure de choix, fit prendre des leçons de musique à sa fille, admit son fils à partager ses cigares et l'emmena parfois dans les music-halls, le samedi. C'est ainsi qu'ils virent pour la première fois Arès Sampson.

*
*   *

Quand le rideau du music-hall se leva, il était debout sur un piédestal, les bras croisés sur la poitrine, les lignes de son corps nu se détachant sur un fond de velours sombre. Il demeura une minute figé dans son immobilité puissante, puis s'étira lentement, et le marbre lisse de ses membres se mua soudain en faisceaux de câbles tendus. La poussée subite des muscles avait gonflé les cuisses monstrueuses, creusé le ventre, dilaté la poitrine profonde, accentué les saillies redoutables des épaules; des bras pliés, les biceps surgirent en boules, et la torsion des avant-bras dessina aux poignets un réseau de tendons semblables à des cordelettes hâlées. Il fit courir sur son corps des frissons rapides, vagues de muscles qui montaient des genoux aux épaules, dessinant au long du torse des reliefs aussitôt disparus; il plia un peu les genoux et tendit les épaules, comme arc-bouté sous le poids d'un invisible fardeau; puis détendit soudain ses muscles épais et resta de nouveau immobile, blanc, redoutable et tranquille, ainsi qu'un marbre figé dans sa gloire.

Le public laissa échapper un murmure étranglé, des hommes intelligents haussèrent les épaules, et M. Plume tendit le cou sans rien dire. Il suivit le reste de la performance sans souffler mot, et, un peu après, tâta à la dérobée ses propres bras. Puis il rentra chez lui et n'y pensa plus. Mais quelques jours plus tard, voyant sur la couverture d'une revue athlétique la photographie de l'athlète, il l'acheta par curiosité. La lecture de cette revue lui enseigna une foule de choses surprenantes: que l'Allemand américanisé, qui se dénommait Arès Sampson, n'était pas un phénomène, mais simplement un homme vigoureux développé par un exercice régulier; que tout individu de bonne santé était capable de suivre son exemple et de s'acheminer vers la grâce balancée des marbres anciens et qu'il trouverait sur la route les dons additionnels d'une santé meilleure et d'une plus forte volonté.

M. Plume plissa les lèvres et dit: «Des blagues!»; mais il feuilleta la revue jusqu'au bout et s'attarda à regarder les gravures. Certaines représentaient des adolescents enthousiastes, étalant d'un air résolu des muscles imperceptibles; d'autres, des vétérans aux cheveux rares, avec des torses épais au-dessus de ceintures un peu trop rebondies; quelques-unes pourtant reproduisaient des corps réellement beaux qui révélaient, par l'exactitude harmonieuse des proportions, qu'un homme avait apporté à la sculpture lente de leurs formes le soin d'un ouvrier travaillant à son chef-d'oeuvre.

*

* *

M. Plume se renversa dans son fauteuil et vit l'univers sous un jour nouveau. Il n'avait guère considéré l'humanité que comme une collection de créatures à peu près semblables, dont la plastique n'avait pas grande importance, puisqu'elle était recouverte de drap et rarement dévoilée. Il avait jadis conduit son fils dans les musées pour lui faire admirer des gladiateurs de marbre ou de plâtre; mais c'étaient là des statues et non des hommes; et qu'importait l'anatomie d'un citoyen de la troisième République, pourvu qu'il remplit ses devoirs d'époux, de père et de Français? Il formula cette pensée à haute voix et en fut satisfait. Pourtant, en s'éveillant le lendemain, il se souvint avec quelque confusion d'avoir rêvé qu'il occupait un piédestal au musée du Louvre et que, ayant conscience d'avoir un peu trop de ventre et pas assez d'épaule, il attendait avec angoisse l'arrivée des visiteurs. Il qualifia ce rêve d'idiot et songea que c'était probablement la faute de son estomac, qui paraissait quelque peu fatigué.

Deux jours plus tard, trouvant dans sa caisse un décime étranger, il le voua à la fente d'une bascule automatique. L'aiguille s'arrêta sur 92 kilos, et M. Plume fit une moue grave en continuant son chemin. Le même soir, au moment de rejoindre Mme Plume dans le lit conjugal, il se ravisa et, la lampe à la main, passa sans bruit dans la salle à manger. Il se hissa avec précautions sur une chaise et, grelottant un peu dans son gilet de flanelle, considéra quelques instants l'image que la glace lui renvoyait. Il redescendit en soupirant et alla se coucher.

Une semaine ne s'était pas écoulée que M. Plume était possesseur d'une paire d'haltères, qu'il maniait gauchement, matin et soir, dans un coin de sa chambre à coucher; mais il se rendait compte que d'un travail si peu méthodique il ne pourrait tirer grand profit. Il s'énervait aussi d'entendre incessamment, pendant qu'il exécutait ses exercices, la voix molle de Mme Plume qui lui disait d'entre ses couvertures: «Adrien, tu vas te fatiguer!» De sorte qu'il se mit en quête d'un lieu plus favorable à son dessein.

*
*   *

Il arrêta son choix sur le gymnase Alessandri qui, humide et désert, dissimulait sa décadence dans une rue étroite du quartier. Le patron, ancien acrobate raidi par l'alcool et les années, l'accueillit avec une joie évidente. M. Plume lui expliqua qu'il désirait éliminer les tissus adipeux qui défiguraient sa plastique, fortifier sa santé hésitante et développer, s'il était encore temps, un système musculaire trop longtemps négligé. M. Alessandri hocha la tête d'un air convaincu et lui assura que c'était chose aisée: dès le lendemain, il mensura son nouvel élève de façon minutieuse, puis surveilla son entraînement. Et les mois passèrent.

M. Plume avait pour compagnon, dans ses exercices journaliers, un grand jeune homme étroit et blême qui, à la fin de chaque séance, contemplait longuement dans la glace les reliefs

103

douteux de ses bras et disait, d'une voix plaintive, dans le silence morne du gymnase: «Encore trois centimètres et je n'en demanderais pas plus; trois centimètres, seulement trois.» Et M. Plume s'irritait de lui entendre répéter, semaine après semaine, ces paroles désolées. Les progrès du premier mois avaient été surprenants; ceux du second, moindres, au troisième ils furent presque insensibles, et, malgré les encouragements incessants de M. Alessandri, qui lui faisait observer qu'en somme il avait perdu quatre centimètres de tour de taille et qu'on commençait positivement à deviner quelque chose comme des muscles au haut de ses bras, M. Plume se sentit découragé.

Lorsque, à l'issue du troisième mois, il eut constaté qu'il était toujours ventru et que ses épaules étaient encore noyées de graisse, il s'assit dans un coin sombre et s'abandonna à la mélancolie. Il avait pourtant fait tout son possible. Il avait encore dans les oreilles la voix intéressée de l'ex-acrobate, lui répétant sans se lasser: «C'est cela: biceps, triceps et deltoïde, puis les abdominaux.» Il contempla dans la glace accolée au mur d'en face le résultat de tous ses labeurs et se sentit plein d'amertume. L'obscurité descendit lentement sur le gymnase et le patron, armé d'une mèche et d'un tabouret, alluma deux becs de gaz.

La clarté soudaine ranima M. Plume qui, considérant de nouveau son image dans la glace, écarquilla des yeux surpris. Positivement, l'attache des épaules, sous la lumière jaune du gaz, révélait des contours presque imposants. Il se leva et, posé de trois quarts, souleva lentement un haltère pour tâcher de percevoir le jeu des muscles sous la peau; puis il gonfla la poitrine, et sa taille en parut amincie.

Le jeune homme blême, qui venait de mesurer ses biceps pour la cinquième fois, avait, de désespoir, recommencé ses exercices: balançant le torse avec un «han!» de boulanger, il levait à l'épaule, l'un après l'autre, ses haltères de six livres, en songeant aux trois centimètres qu'il poursuivait depuis un an. Alors M. Plume sentit se réveiller en lui la ténacité sauvage qui lui avait permis d'éviter vingt faillites et de conserver, d'année en année, en dépit des sociétés anonymes, un commerce moribond. Toute la lignée des Plume, marchands de drap ou d'épices et bourgeois de Paris, race raisonneuse et entêtée, émergea des limbes et l'insulta pour avoir pensé défaillir, quelque étrange que fût son dessein. Il s'abstint de paroles inutiles et ne fit aucun serment. Mais il reprit ses haltères en main et, les pieds dans la sciure, continua la série commencée: «Biceps, triceps et deltoïde, puis les abdominaux», — inlassablement.

Le Journal de l'automobile, 22 janvier 1905, p. 1.

Anglomanie

Le péril anglais remonte évidemment aux temps bienheureux de Jeanne d'Arc et de Duguesclin, mais je n'entreprendrai de signaler aujourd'hui que ses manifestations les plus récentes. Les habitants du Royaume-Uni, avant d'envahir la France par l'intermédiaire de l'agence Cook, dépêchèrent en avant-garde leurs tailleurs et leurs chemisiers. La mode prit et les vieilles barbes se lamentèrent. C'était la fin de tout. La jeunesse française, oublieuse des gloires du passé et des traditions saintes, abandonnait le port des sombreros et des cravates Lavallière, les dieux s'en allaient.

Ils s'en allèrent et emportèrent avec eux la vieille galanterie française, la politesse traditionnelle, le véritable esprit et le jeu de paume. L'on vit des adolescents transformés soudain en brutes féroces ou en doux maniaques jouer au «foutboule» ou au «hoquet», courir le «crosse-country», faire du «roving», et la cohorte imposante des mères apeurées répandit des larmes et dit aux vieilles barbes: «Ah! comme vous aviez raison!»

La partie la plus considérable du public se prononça résolument contre ces innovations dangereuses. Sur une grande, sur une immense échelle se tint le raisonnement bien connu: «Gustave, je ne te comprends pas. Voyons! est-ce que j'ai jamais joué au «foutboule», moi? Non! eh bien! est-ce que ça m'a empêché de me faire un nom dans le commerce des pois de senteur?» Et Gustave ne put que baisser la tête. Une minorité astucieuse et patriotique parla ainsi: «Ah! oui, les sports anglais, parlons-en! Ce sont de vieux exercices français, monsieur, qui nous reviennent avec des noms baroques. Le football! mais c'est la soule, monsieur, la soule. Le cricket! c'est la thèque, rien d'autre;

quant à la course à pied et à la boxe, elles datent du premier homme et de sa compagne, monsieur. Vous me faites rire avec vos sports anglais.» Ce genre de nationalisme m'a toujours attendri. Je n'ai jamais tenté d'expliquer à l'orateur que, même en admettant la véracité de son dire, la soule et la thèque, abandonnées à l'initiative de la race gallo-latine-franque, seraient restées ce qu'elles étaient et ce qu'elles sont encore: des jeux rudimentaires, datant de l'âge de la pierre taillée et spéciaux à aucune contrée. Il y a entre la soule et le football précisément le même rapport qu'entre une pierre de taille et une statue — est-il vraisemblable que, sans l'intervention de la perfide Albion, il y aurait aujourd'hui quelque 10 000 jeunes gens jouant à la soule tous les dimanches? Je n'insisterai pas; la forme du patriotisme qui consiste à découvrir que tout a été inventé par des Français est attendrissante, sans plus.

*

*   *

Mais l'adoption des sports d'outre-Manche n'a été qu'une étape dans le mouvement qui pousse les générations nouvelles à s'angliciser, ou plutôt à s'anglosaxonniser sous tous les rapports. J'ai déjà parlé plus haut des tailleurs anglais; ils méritent leur réputation; mais que dire des malheureux qui, esclaves d'un idéal obscur, se font blanchir à Londres? Le blanchissage anglais, amis lecteurs, est une blague, une blague amère. La moindre petite repasseuse de la rue Lepic ou du quartier des Bons-Enfants fait son travail plus soigneusement que ses collègues britanniques. Cela est si vrai que le chic, à Londres, consiste précisément à faire laver son linge en France, voire sur la côte d'Azur. Cette réciprocité de la mode est un critérium sûr de la faiblesse intellectuelle d'une certaine portion de l'humanité. Le «chic» n'est qu'une question de distance, simplement, et j'engage les sportsmen qui nourrissent des prétentions en ces matières à répondre à la question: «— Vous vous faites blanchir à Londres, naturellement? — Non...! j'envoie ça à une petite blanchisseuse très bien, qui ne travaille que pour moi, à Tombouctou.»

Pour en revenir à la question qui nous intéresse plus particulièrement ici, celle des sports, il est indiscutable que les Anglais sont et seront pendant longtemps encore nos maîtres, en admettant même que nous puissions arriver jamais à les égaler. Ils nous sont supérieurs non seulement par leur pratique plus ancienne et plus assidue, mais surtout par l'intérêt naturel et par la forte ténacité qu'ils y apportent, par l'amour si enraciné chez eux du «fair play», par leur calme obstiné devant la défaite et par leur inaltérable patience. Tous ceux qui les ont réellement connus leur ont rendu cette justice, et je la rends à mon tour comme un hommage naturellement dû.

*
*   *

Nous n'en sommes plus, pourtant, au temps où le moins bon des athlètes anglais était supérieur au meilleur des athlètes français; je doute même qu'un pareil état de choses ait jamais existé, mais bien des âmes simples sont encore convaincues que c'est là une pure question de nationalité et que le seul titre de citoyen du Royaume-Uni confère à ses porteurs des qualités physiques anormales en même temps que la connaissance approfondie de tous les exercices du corps. Me trouvant récemment encore sur une obscure plage française, je fus un jour interpellé par un bon jeune homme qui habitait le même hôtel que moi. Il avait vu sur ma malle l'étiquette de Londres, et remarquant, au cours d'un bain, que je nageais (sans grande prétention), l'«over-arm-stroke», il me demanda respectueusement quelques indications. Je les lui fournissais de mon mieux, quand il m'interrompit pour me dire, d'un ton flatteur, que je parlais vraiment fort bien le français. Je lui expliquai doucement que j'avais passé le plus clair de ma vie entre l'Observatoire et le pont Saint-Michel, et sa face revêtit aussitôt une expression de profond mépris. Je me préparais à compléter mes explications sportives, mais il m'arrêta pour dire avec simplicité: «Oh! non. Je ne savais pas que vous étiez Français. Il y a à l'hôtel un véritable Anglais, — je vais lui demander.»

Ledit Anglais, qui ne savait pas nager, mais comprenait fort bien la plaisanterie, lui enseigna avec croquis à l'appui une nage si surprenante, que les essais qu'il en fit mirent en joie jusqu'aux petits enfants qui jouaient sur le sable. Il était d'ailleurs plein de persévérance et ne s'arrêta qu'à deux doigts de l'asphyxie.

*
*   *

Il est un autre point que je ne veux pas négliger, et je pourrais intituler cette face de la question: «De l'anglomanie des Anglais». Le monde spécial se rend compte, depuis quelque temps déjà, qu'il existe en France un mouvement assez marqué vers l'adoption des sports pratiqués en Angleterre; mais une certaine partie de la population ne se fait que difficilement à cette idée, et, pour la classe moyenne, le Français est resté jusqu'à ces dernières années un individu doué de manières suaves et d'une barbe en pointe et remarquable surtout par l'emphase de ses paroles, l'abondance de ses gestes et une inaptitude singulière à tous les exercices. Dans les magazines à neuf ou douze sous, on voit reparaître périodiquement la même petite histoire toujours populaire. Il y a la jeune fille, le héros et le Français. La jeune fille est charmante, le Français est entreprenant et le héros, indigné; il empoigne le Français — que les gravures représentent naturellement comme petit, chétif et maniéré — lui administre une phénoménale râclée et tout le monde est content. Les données varient parfois, mais l'issue est toujours la même.

Toutes les fois que je retrouve, sous une forme nouvelle, ce fabliau britannique, je suis obsédé par le désir d'écrire la contre-partie de l'histoire. Qu'arriverait-il, si, une fois par hasard, le héros tombait sur Raoul le Boucher, Charlemont ou Maspoli? Si, une fois par hasard, l'Anglais se trouvait être malingre et le Français «costeau»? Mais tous les magazines de Londres refuseraient cette version de l'aventure, comme n'étant pas vraisemblable. Et je continue à lire dans les périodiques l'histoire du Français qui reçoit des coups, en rêvant à des temps meilleurs.

Le Journal de l'automobile, 4 février 1905, p. 1.

Mon gymnase

Vous le trouverez au coeur du pays latin, en une rue étroite qui descend vers la Sorbonne. Un lavoir et une librairie l'encadrent, et cette association est symbolique car, dirait M. Prudhomme, la culture du corps, la culture de l'esprit et leur propreté sont les plus essentielles des vertus. Nul portique ne l'orne; mais sur son mur s'étalent, si j'ai bonne mémoire, des fleurets, des cannes et des haltères qu'un peintre habile a semés à profusion. Vous tournez le bouton, un timbre sonne, et quelqu'un s'avance vers vous.

Ce peut être le patron, ce peut être la patronne, ce peut encore, si les dieux vous sont propices, être la fille de la maison, qui est brune et non sans beauté. Elle a dès sa plus tendre enfance contemplé quotidiennement la folie d'hommes de tous âges et de toutes statures qui, lassés sans doute par la monotonie de la vie, se réunissent en ce gymnase pour prendre ensemble ou séparément des positions anormales. Ils tournoient autour d'une barre accrochée dans l'espace; passent d'un trapèze à l'autre; montent sans aucun but tout le long d'une corde pendue et, s'apercevant qu'il n'y a rien au bout qu'une solive, sont contraints de redescendre aussitôt; même ils ne craignent pas de violer toutes les lois naturelles, et s'établissent solidement sur les mains, élevant les pieds là où devrait se trouver leur tête. Elle a vu tout cela, cette jeune fille; elle a vu aussi Bonnes travailler les poids, Sabès et Pytlasinski tirer la bourre; elle a vu des adolescents duveteux et décharnés venir s'exercer deux fois la semaine, pendant des années et des années, sans jamais perdre l'espoir; elle a vu les beaux garçons qui entre deux voltiges étudient dans la glace l'effet de leur maillot sans manches et de leur moustache en pointe — de sorte qu'elle connaît l'humanité, et que je ne l'ai jamais considérée qu'avec respect, tant son expérience est grande.

D'autres fois vous serez accueilli en ouvrant la porte par la descente soudaine d'une massue sur votre chapeau. C'est un instinct inné chez le manieur de massues de se placer le plus près possible de l'entrée; il est sans haine et incapable d'une mauvaise plaisanterie; mais il faut qu'il fasse voltiger ses massues devant la porte; c'est plus fort que lui, et rien ne pourra l'en empêcher. Dès qu'il prend ses instruments en main une sorte d'atavisme sauvage se réveille au fond de lui et, fort de son innocence, inconscient et terrible, il attend les arrivants.

*

* *

Si c'est le soir, vous trouverez là des Roumains. On ne peut se faire une idée du nombre de Roumains qu'il y a sur la rive gauche quand on ne fréquente pas mon gymnase; ils sont tous étudiants en droit, moustachus et musclés; ils font des barres à fond, des poids et, naturellement, de la lutte gréco-romaine; après quoi ils bombent la poitrine et se racontent, entre eux, des histoires de femme, des histoires énormes, avec des sourires simples et des airs d'enfants étonnés.

Au fond, il y a ceux qui font des poids. Ils ne font que cela, et méprisent les appareils. Ils se tiennent en groupe et causent en se caressant rêveusement les deltoïdes. De temps en temps, l'un d'entre eux, se détache du groupe et va essayer la barre de 175. Il la manque, et revient en disant négligemment: «Je ne me suis pas mis assez dessous», puis il retourne vers la barre en fronçant les sourcils: il se cale les pieds dans la sciure, essuie ses mains sur son pantalon, la soulève deux fois, puis s'arc-boute... et la laisse retomber avec un geste de dégoût. «Je ne suis pas en train ce soir, je ne la ferai pas.» Les autres regardent, très graves, et hochent la tête. Il se venge sur le 90 qu'il arrache trois fois de suite, d'abord d'une main, puis de l'autre avec une impressionnante aisance. Après quoi le groupe se reforme, et la conversation reprend.

Au milieu du gymnase il y a un fil de fer tendu, et sur le fil de fer un homme évidemment rachitique qui tient un parasol japonais à la main et se balance avec grâce. Celui-là a découvert vers sa trentième année que l'acrobatie était la plus belle chose du monde et s'est, depuis, exercé sans répit. Il est chétif et raide, et s'agrippe au trapèze avec des doigts flasques de vieux singe décrépit; mais la joie de réussir — quelquefois — un tour élémentaire est la seule douceur que la vie puisse lui donner, et la candeur enfantine avec laquelle il sollicitera votre admiration ne pourra manquer de vous attendrir. Un jour ou l'autre il se fracturera la colonne vertébrale et

110

mourra là, dans la sciure, la tête sur le genou du professeur et au coeur le regret unique de n'avoir jamais fait le saut périlleux.

*
* *

Mais si vous m'en croyez vous irez de préférence le matin: on y est en famille. Il n'y a là que quelques habitués qui travaillent posément, sans hâte; et le seul bruit qui vienne troubler le silence est le froissement éraillé des fleurets ou le heurt clair des épées, qui descend de la salle d'armes. Depuis que je le connais — et voilà bien près de quinze ans — le maître d'armes n'a pas changé. Un peu épaissi, peut-être, mais toujours souple à merveille, accueillant et courtois, avec des moustaches relevées de ferrailleur sur un masque paisible de brave homme — qu'il est. Une fois que vous avez franchi l'escalier en colimaçon qui monte du gymnase, vous êtes son hôte: il s'en souviendra, et son fleuret vous sera clément.

En bas, de dix heures à midi, règne le professeur. Avant dix heures, il enseigne le latin, la grammaire et plusieurs autres choses dans un lycée du voisinage; mais après dix heures, il revêt une culotte de toile, les souliers blancs traditionnels et le maillot collant, et prend des équilibres. Il en prend sur les barres parallèles, sur la barre fixe, sur l'échelle, sur une chaise ou même par terre; il semble que, contraint par la force des usages de se tenir sur ses pieds tout le reste du jour, il vienne en ce gymnase pour revendiquer ses droits d'homme libre et donner cours à son indignation. Ce n'est qu'à regret que, de temps à autre, il reprend pour quelques secondes la position vulgaire.

Ce sentiment est si fort chez lui que, deux ou trois fois la semaine, il prononce ou plutôt chante publiquement son Credo: le Credo du monsieur qui **veut** marcher sur les mains. À cet effet, il se hisse au haut d'une ingénieuse pyramide, y installe une chaise, se met en équilibre sur la chaise et, la tête en bas, mugit le Miserere du **Trouvère**, à moins que ce ne soit le début de l'**Iliade**, l'«Hymne russe» (en russe), ou quelque fragment d'un poème hindou. Car il est d'un polyglottisme redoutable: en ses jours de gaieté il fait des calembours en sept ou huit langues, et je ne me souviens de ces moments-là qu'avec terreur. Il passe, je crois, une partie de son existence à chercher de malheureux petits garçons qu'il veut tenir en son pouvoir, afin de leur enseigner conjointement la gymnastique et les déclinaisons latines. Il les amène au gymnase; les initie aux mystères du «temps allemand» ou du divin équilibre, puis les agrippe fermement par l'oreille et leur fait réciter **rosa** — la rose ou un verbe irrégulier anglais. C'est ce qu'il appelle la culture complète.

Mais je suis maintenant hors de portée de ses calembours et je

111

me sens la force de pardonner. Même quelque jour je retournerai vers mon gymnase: je ferai sept coups de bouton avec le maître d'armes, j'enseignerai à quelque éphèbe innocent et débonnaire les secrets de la vraie boxe anglaise; puis je m'assoierai sur une banquette et j'écouterai le professeur discourir sur les acrobates des temps passés.

Et je revivrai mes très jeunes années.

Le Journal de l'automobile, 22 février 1905, p. 1.

Pour Gringalet

M. de Pawlowski invitait l'autre jour dans ces colonnes tous les sportsmen à accorder leur pitié et leurs conseils au nommé Gringalet. Il nous traçait un tableau touchant de l'universitaire Gringalet, nourrissant au fond de son âme débile des rêves confus de force et d'agilité; de Gringalet assoiffé de sport et n'osant l'avouer; de Gringalet se réfugiant sur le rond de cuir ou dans la chaire pour éviter le contact brutal d'une humanité méprisante.

Je crains fort que M. de Pawlowski ne considère avec trop d'indulgence le nommé Gringalet. Le plus souvent, Gringalet ne tire pas orgueil de sa faiblesse; mais il n'en éprouve aucune honte. Il lui arrive bien de considérer parfois avec une nuance d'envie les belles brutes musculeuses; mais même au plus fort de son envie, il ne peut dépouiller l'orgueil immense de connaître à fond deux langues mortes et la partie morte d'une troisième langue. Gringalet a recueilli pieusement l'héritage de dix siècles de «bluff» religieux et d'un siècle et demi de «bluff» politique. Il a appris, entre autres choses, à considérer le corps comme la «guenille» sans importance qu'il est intelligent de négliger et pour laquelle trente générations d'hypocrisie ont inventé une honte nouvelle — la nudité. Il s'occupe de cette guenille toutes les fois qu'il en est forcé, c'est-à-dire toutes les fois qu'elle se détraque; mais il ne songera pas un instant à suivre le régime élémentaire qui l'empêchera de se détraquer.

Surtout Gringalet a appris, comme tout bon Français, à remuer journellement dans ses discours les axiomes les moins sûrs et les idées générales les plus vides de sens. Il ne daigne accorder son attention à un principe qu'autant que ce principe affecte une portion importante de l'humanité. Il aime les phrases bien écrites, qui cachent sous des apparences de précision énergique leur incalculable futilité. Il aime les doctrines composées comme des dissertations latines, méthodiques et vaines. Il désire sincèrement annuler tout le travail du monde et recommencer l'humanité au haut de la page pour l'établir, cette fois, parfaite, en soixante paragraphes et deux codicilles. Bref, il s'est si bien accoutumé, en homme intellectuel et civilisé, à ne manier que les idées générales et les hautes pensées, à discuter du haut de sa culture la marche du monde, un théorème métaphysique ou une nouvelle version d'un auteur obscur que, si vous lui proposez de consacrer une partie de son temps à la pratique d'exercices naturels et à la culture de ses forces, il repoussera l'idée avec un sourire, la jugeant enfantine et méprisable.

On a parfois reproché à la nouvelle génération d'être dépourvue d'idéal, sceptique et blagueuse. Si l'on veut dire par là qu'elle a renoncé à l'habitude, chère à ses devancières, d'exprimer à tous propos, en mots sonores, les opinions ou les idées des autres, — fragments de philosophies mal digérées ou de politiques réputées intelligentes — on lui fait là un compliment dont elle peut être fière; mais je n'ose assurer qu'il soit mérité.

Gringalet est une génération incarnée, une génération qui a tant parlé de grandes choses qu'elle s'est oubliée elle-même et si vous cherchez là des hommes de sport, ce sera du temps perdu.

*
*   *

Les autres, ceux qui, mal doués et malchanceux, considérant leurs faiblesses, rêvent pourtant de sport et reculent devant des difficultés qu'ils s'exagèrent, oh! ceux-là, toute ma tendresse va vers eux. Je voudrais pouvoir les prendre par la main et les mener sur la bonne route, sur la route où ils trouveront à l'étape plus que les joies promises et où ils s'apercevront encore une fois qu'il est bon d'exister.

Mais beaucoup d'entre eux n'ont jamais vu dans un sport que les champions; ils ont vu des bras aux lourds biceps, des poitrines démesurées, ou bien des hommes à qui des années et des années d'expérience dans un jeu ont donné une habileté qui paraît miraculeuse, et ils se sont découragés.

Il leur est facile d'entrer dans un club et de pratiquer un sport; mais il leur suffit de regarder dans la glace leurs muscles atrophiés pour comprendre que, s'ils essayent du football, ils moisiront cinq ans en des équipes quatrièmes; s'ils essayent de la boxe, ils pourront mettre les gants toutes les semaines, sans jamais apprendre autre chose qu'une série d'attitudes et de simulacres inoffensifs et s'ils essayent de l'aviron, ils passeront toute leur vie à pagayer faiblement et à regarder ensuite du balcon d'un garage les heureux qui rament pour de bon. Ils devinent tout cela, les Gringalet, et c'est ce qui les décourage. Ils ont peur d'être ridicules, de paraître trop chétifs sous le maillot collant et la culotte courte, et ils sentent qu'il leur faudrait un apprentissage.

Le remède n'est pas infaillible, mais il est simple. La fonte ne coûte guère que huit sous le kilogramme et il existe une quantité de méthodes, établies par des gens de bonne foi, au moyen desquelles un individu chétif peut, en maniant quarante minutes par jour des haltères de six livres, commencer seul la route qui le mènera plus tard sur les terrains de sport, plus vigoureux et sûr de ses membres. Si l'on vous raconte l'histoire d'un enfant débile, qui fut plus tard un adolescent souffreteux et que l'«exerciseur machin» a transformé en un Thésée, vous pouvez écouter l'histoire; mais ne la croyez pas. Si à vingt ans vous ne mesurez que quatre-vingts centimètres de tour de poitrine, vous ne serez jamais un Hackenschmidt. La culture physique est mal servie par les marchands et les professeurs qui enseignent aux débutants à mettre trop haut leurs espoirs. Mais si vous vous sentez la force d'âme de conserver pendant un an le même désir et de ne pas demander à la nature plus qu'elle ne peut donner, vous aurez découvert au bout de cette année que vous avez fait l'apprentissage qui vous manquait. Vous aurez découvert en outre plusieurs autres choses, dont je parlerai ici un peu plus tard.

Le Journal de l'automobile, 22 mars 1905, p. 1.

Le muscle et le sport

L'Angleterre a vu dans ces dernières années un énorme développement de cette forme spéciale de l'exercice qui, se rattachant également au sport et à l'hygiène, est connue sous le nom de culture physique. Il semble naturel, à première vue, que la patrie par excellence de toutes les manifestations sportives, fût aussi le pays où cette branche du sport s'est le plus vigoureusement implantée. Mais pour qui connaît l'état des choses, l'Angleterre apparaît le terrain le moins favorable qu'on pût trouver pour y jeter la semence nouvelle, en raison même de la popularité dont y jouissaient et dont jouissent encore tous les exercices de plein air. Personne n'est plus ignorant de la science raisonnée du développement physique que l'athlète moyen, celui qui joue au football ou au cricket ou pratique plus ou moins régulièrement la course à pied, l'aviron ou la boxe. Celui-là se fie à son sport favori pour lui donner à la fois la dose d'exercice qui lui est nécessaire et le développement progressif qu'il désire.

Or, c'est un fait indiscutable qu'aucun sport, même de ceux qu'on qualifie de sports complets, comme l'aviron ou la boxe, ne met en action au même degré les innombrables muscles du corps humain. Encore les sports dits complets sont-ils l'exception; la plupart des autres, pratiqués exclusivement, tendent à produire un type d'athlète musculairement déséquilibré et hideux.

La course à pied est du nombre, et la majorité des grands coureurs de fond — Shrubb par exemple — exhibent d'assez pauvres anatomies. Voilà pourquoi je me sens rêveur quand un facétieux journaliste conseille aux étoiles de Montrouge, de Saint-Cloud ou d'Ivry de consacrer leurs loisirs à quelque autre sport mâle et gracieux, comme le billard ou le bilboquet. Et certains suivent le conseil et continuent, d'année en année, à promener à dix-huit kilomètres à l'heure, sur les pistes ou dans les bois, des pectoraux misérables et des biceps de vingt-trois centimètres — contractés! Si un sport entre tous exige d'être complété par un autre sport plus producteur de muscle, c'est bien celui-là; quand cette vérité sera reconnue, on cessera de voir les Grands Prix et Championnats remportés par des «athlètes» piteusement décharnés.

Le football, qu'on décore aussi parfois du titre de sport complet, ne peut que gagner à être complété par un entraînement judicieux aux haltères. Quelques saisons de rugby apprendront à un jeune garçon à se servir de ses membres et l'endurciront suffisamment; mais, il ne faut pas s'y tromper, elles ne produiront qu'un développement insensible, et en dehors d'un accroissement probable de la capacité thoracique, il se trouvera au bout de deux ou trois ans aussi peu avancé qu'au début en ce qui concerne la puissance musculaire. L'entraînement avec les poids légers, en développant plus rapidement qu'aucun autre exercice les muscles des cuisses et des épaules, lui donnera plus de sûreté dans les plaquages, plus de force dans la mêlée et le délivrera en outre des courbatures du dimanche au mercredi qui suivent les premiers matches de la saison.

Un autre sport qui m'intéresse tout particulièrement est la boxe — j'entends la boxe anglaise. La plupart des compétences repoussent absolument l'emploi des haltères comme préparation et moyen d'entraînement, en donnant comme raison que la pratique constante des poids, même légers, ralentit et raidit le boxeur. Je suis persuadé que ce n'est là qu'un vieux préjugé. Il y a encore quelques années, tous les entraîneurs anglais assujettissaient leurs hommes à un code de règles aussi antiques que vénérées, dont les moindres devaient être observées scrupuleusement. Les progrès modernes et surtout les succès répétés des grands pugilistes américains leur ont enseigné à écouter un peu plus la science et un peu moins la tradition. La condamnation des haltères légers comme mode d'entraînement est un reste de routine auquel on renoncera bientôt, comme on a renoncé à la suralimentation carnée et aux drogues enfantines des «soigneurs» d'il y a cinquante ans. Entraîner un boxeur aux poids lourds serait absurde; mais le maniement d'haltères de trois à six livres, pourvu qu'on y joigne une dose suffisante de «punching ball», doit fortifier et développer un homme sans le raidir aucunement.

*
*   *

118

Je n'ai parlé jusqu'ici de la culture physique qu'en tant que complément d'un autre sport; mais il existe une foule d'individus pour qui elle est non pas un moyen, mais une fin. Leur exercice journalier les maintient en bonne santé: ils voient leurs muscles et leur force croître lentement, et, ne pouvant pas ou ne voulant pas se livrer aux jeux de plein air, ils ont la consolation de se savoir physiquement supérieurs à ceux qui s'y livrent. Ils n'en demandent pas plus, et s'ils ont une ambition, c'est d'atteindre une force plus grande et des formes plus proches de la beauté par les moyens qui leur ont déjà réussi.

Toutes les fois que j'ouvre un des magazines consacrés à la culture physique, — ils sont ici nombreux et, détail non négligeable, très bon marché — je lis avec attendrissement les pages réservées à la correspondance, sûr d'y trouver chaque fois les mêmes lettres naïves et courageuses. Il y a bien, en Angleterre comme ailleurs, ceux à qui il faut sans cesse un appui ou un aiguillon; ceux qui, par ignorance ou par faiblesse, ayant mis leurs espoirs trop haut, se lassent ou se désespèrent; mais pour qui sait lire, combien de lettres qui racontent une histoire de volonté, de longue patience et de fort désir! Ouvriers et manoeuvres qui, leur ouvrage fait, corrigent avec leurs haltères les effets malsains d'un travail trop spécial ou trop dur; employés de la Cité à qui une demi-heure d'exercice devant leur fenêtre ouverte doit tenir lieu de sport, de grand air, de liberté, de tous les biens qu'ils n'auront jamais; pauvre garçon chétif et tenace, avide de secouer le joug de la faiblesse atavique, mais qui se décourage parfois et à qui il faut répéter le bon évangile, l'histoire merveilleuse des trois fées, Santé, Force et Beauté... qui n'ont pas été ses marraines...

Et si vous ne faites pas cas de ces biens; si vous ne regardez leur chimère que comme une enfantine manie, veuillez considérer qu'elle est parfaitement inoffensive et qu'elle sert de joie et de consolation à bien des gens qui n'en ont guère connu d'autres.

Le Journal de l'automobile, 12 avril 1905, p. 1.

600-chevaux.
Récits des temps probables[1]

Le King **Edouard VII** passa à trois cents mètres environ de mon épave, filant seize noeuds, et la houle de son sillage vint me heurter par trois fois. Je sentis la pauvre carcasse agonisante qui me portait gémir, osciller et craquer sous le choc: l'étrave submergée laboura par à-coups le fond de sable, une cloison sauta, et je me trouvai dans l'eau jusqu'aux hanches. Le cuirassé poursuivit sa route vers l'est, escorté d'un destroyer qui filait au ras de l'eau devant lui, et je ne pensai plus qu'à crisper mes mains meurtries sur le câble pour résister à la houle et tâcher de vivre encore un peu. Le soir descendit lentement, lentement, et la côte de Bizerte se fit plus lointaine et plus basse, sous un ciel aux nuances d'agonie. De l'autre côté du promontoire, on entendait encore les gros canons de **la Marseillaise** répondant au croiseur anglais: les batteries de la côte s'étaient tues; il ne venait plus du large que de longues lames arrondies qui me balançaient sans relâche; et malgré les épaves dispersées et les détonations lointaines, il semblait qu'une grande paix fut venue avec la fin du jour. La mince cordelette d'acier me coupait l'aisselle et mes poignets étaient enflés et douloureux; mais j'étais encore plein de force et je comptais bien ne pas mourir avant la nuit. Un peu plus tard la mer balaya vers moi d'autres épaves. Je vis flotter au loin la coque d'un torpilleur, couchée sur le flanc et presque submergée. Elle oscillait lourdement au gré des longues lames douces; les cheminées avaient disparu et par une crevasse du

---

1. Même s'il est très peu question de sport, hormis la résistance et le courage du narrateur, nous avons pensé inclure ce texte pour ne pas qu'il demeure seul, inédit, perdu dans les pages du **Vélo.**

pont montait un mince filet de fumée. Plus près passa une masse de poutres et de câbles métalliques enchevêtrés. Au milieu se trouvait un cadavre décapité: un des câbles lui faisait une ceinture; le corps était replié en arrière, les jambes et les épaules ballottant dans l'eau. Je le suivis du regard pendant que le courant l'emportait et quand je détournai les yeux je vis que le **King Edouard VII** revenait vers moi. Sur l'horizon aux nuances pâles grossit sa silhouette de sombre machine de guerre. Il passa si près que je pus nettement voir un groupe de matelots qui s'affairaient autour d'un des canons de douze pouces, dont la glissière avait dû être faussée au combat: rien d'autre ne décelait qu'il avait quelques heures auparavant accompli sa part de carnage et aidé à couler onze bâtiments français. À peine avait-il dépassé mon épave que je le vis ralentir sa vitesse, ralentir encore, et s'arrêter. Cinq cents mètres à peine me séparaient de lui et je dus rire de moi-même, haussant les épaules pour narguer la force de mon espoir soudain réveillé. Comme c'était vraisemblable qu'un cuirassé de quinze mille tonnes s'arrêtât pour recueillir un homme qui vivait ses dernières heures de vie, cramponné aux débris demi-submergés d'un bateau ennemi! Pourtant, je vis une embarcation descendre, venir vers moi, et l'angoisse de l'attente me serra la gorge. Elle passa à cinquante mètres au large et les matelots qui ramaient tournaient la tête et me regardaient curieusement. Je me retournai aussi, remuant avec peine mes jambes raidies, et m'aperçus qu'un grand croiseur, jusqu'alors insoupçonné, se trouvait derrière moi à quelque distance. L'embarcation allait vers lui.

Alors, ma grande fatigue, la froideur de l'eau, le frottement du câble humide entre mes paumes pelées, la douleur qui m'enserrait la nuque retombèrent sur moi très lourdement, et je crus défaillir de lassitude et de misère. Je demeurai quelque temps les yeux fermés, attendant la fin. Mais ma jeunesse fut la plus forte et je rouvris les yeux. C'était les mêmes lames aux croupes rondies, se suivant sans fin sous un ciel aux teintes très douces: la ligne basse de la côte disparaissait au loin. Je n'aurais jamais cru qu'il fût si dur de mourir.

Le canot revenait. Quand je vis qu'il allait encore une fois passer au large, l'irrésistible désir de vivre balaya d'un seul coup tout mon orgueil; levant le bras, je les hélai de toutes mes forces: «**Help! oh boys, help!**» et je vis l'homme qui tenait le gouvernail arrêter d'un geste les rameurs. J'eus à ce moment l'idée très nette qu'il ne fallait pas leur permettre de m'interroger avant de me recueillir, et lorsque le canot ne fut plus qu'à quelques brasses, je me laissai aller dans l'eau. J'aurais été incapable de l'atteindre, mais un dernier coup de rame l'amena sur moi et des mains me hissèrent à bord en un instant. C'était un officier qui tenait la barre, un tout jeune officier qui me regardait d'un air étonné, et j'essayai de le regarder aussi quand il me demanda: «What the D... were you doing there? Are you English?»

Le sort m'épargna de mentir. Il me sembla que tout le sang de mon corps s'en était allé. Ma tête se fit vide, vide et légère, et, étendant les mains dans le vide, je me laissai tomber en fermant les yeux.

Quand je revins à moi, la nuit était venue. Les projecteurs du King Edouard VII trouaient les ténèbres, fouillant au loin la mer, et la grande carcasse d'acier vibrait doucement sous l'effort des machines. J'étais tombé au pied d'un mur de tôle: devant moi s'ouvrait une étroite fenêtre à demi-obstruée par une plaque d'acier, à travers laquelle la gueule d'un Maxim pointait dans la nuit; derrière moi, c'était l'ombre où des ampoules électriques, fixées au plafond bas, jetaient de vagues lueurs. Autour du canon, plusieurs hommes s'agitaient; l'un d'eux était vêtu d'un tricot d'étoffe grise qui lui laissait les bras nus: sa tête aux cheveux ras, pelée par places, s'inclinait sur le métal bruni; il tenait à la main un chiffon et une bouteille. Deux autres étaient penchés au-dessus d'une caisse métallique où ils semblaient disposer des munitions. Je vis tout cela d'un seul regard et reposai doucement ma tête sur la tôle en évitant de faire aucun bruit.

C'était bon de n'avoir plus à craindre l'eau terrible, de sentir le dur métal sous soi et de pouvoir s'abandonner sans crainte; mais tout mon corps était raide et meurtri, mes mains écorchées brûlaient, des douleurs au moindre frisson couraient du dos à la nuque et par-dessus toutes les peines de la chair me poignait surtout la honte amère des vaincus. La tristesse de ce réduit blindé de toutes parts; la solidité redoutable de l'énorme carapace qu'agitaient des chocs réguliers; l'attitude de confiance tranquille de ces hommes qui préparaient les armes pour un nouveau combat et s'agitaient sans hâte, tout me remplissait d'une rancune vaine et me rappelait ma défaite, et le souvenir des désastres du matin m'arracha un hoquet de désespoir et de colère. L'homme à la tête pelée regarda par-dessous son épaule et me demanda avec un rire: «Hallo! young one, how do you feel now?» Je me retournai sans répondre et fermai de nouveau les yeux. Il rit encore et se remit à son ouvrage.

Je ne songeai pas un instant à me demander pourquoi l'on m'avait déposé là, ni à deviner si ces hommes voyaient en moi un prisonnier ou un camarade. Je ne cherchais qu'à trouver sur la tôle une position convenable pour reposer mes membres las. Un temps passa, scandé seulement par le spasme sourd des machines qui faisaient vibrer la coque entière. Par l'étroit intervalle entre le bouclier d'acier du Maxim et la paroi, je pouvais suivre la ronde lente des projections électriques qui fouillaient la nuit. Un des hommes, qui était sorti quelques instants, reparut et m'appela. Je me levai avec un effort, montai derrière lui une échelle métallique, et je vis le ciel au-dessus de moi.

Il m'emmena vers une sorte de réduit à ciel ouvert où se trouvait un autre Maxim, protégé par des plaques épaisses; plusieurs matelots étaient accroupis dans l'ombre et un officier, le dos tourné, suivait de sa lorgnette le fuseau de lumière des projecteurs. C'était une nuit splendide, calme et profonde comme une nuit d'été, pleine de souffles frais, de clapotis et de rumeurs douces; une nuit de tendresse et de paix, que je ne suis pas près d'oublier. Mon compagnon regarda l'officier qui nous tournait le dos, puis s'arrêta et caressa de sa main son crâne pelé avec un air de béatitude.

Tout à coup, l'officier leva le bras et poussa un cri: un des hommes se leva d'un saut et vint se jeter sur la crosse du Maxim, et des sonneries électriques éveillèrent le navire d'un bout à l'autre pendant que l'une après l'autre, toutes les pièces légères de tribord entraient dans la danse. Le projecteur oscilla un instant, puis se fixa, et une voix derrière nous, perdue dans l'ombre, cria des ordres brefs entre chaque crachement des canons. Quelques secondes plus tard, ceux de bâbord leur faisaient écho et soudain un tonnerre se déchaîna, nous creva les oreilles; le cuirassé frémit et résonna comme une enclume quand les grosses pièces de douze pouces commencèrent à tonner aussi. Le jet de clarté qui baignait au loin la mer révéla quelques points sombres, disséminés, indistincts, qui venaient vers nous d'une vitesse terrible. Je ne les avais entrevus qu'une seconde, mais il ne m'en fallait pas tant pour comprendre.

Ils arrivaient, les 600-chevaux, surgis tout à coup dans la lumière. Sous la poussée formidable de leur douze cylindres, les coques d'acier de dix-huit mètres volaient d'une lame à l'autre, et quand le grondement des canons se tut une seconde, il me sembla entendre un autre bruit qui se rapprochait comme la foudre — le crépitement affolé des moteurs. Ils avaient dû se dissimuler le long de la côte, en bêtes sournoises et meurtrières, derniers débris d'une flotte écrasée, et maintenant ils avaient rejeté toutes les ruses, déchaîné leur force et chargeaient aveuglément les vainqueurs, semblables aux traits inimitables de la Némésis. Ils venaient chercher leur baptême, ces derniers-nés de la Science de la guerre. Il ne restait plus qu'eux: la force d'une nation presque anéantie, deux cents millions d'argent français détruits en un jour, trois mille vies sombrées dans l'eau terrible; il avait fallu tout cela pour les faire venir. Mais ils venaient.

Les hommes qui s'agitaient autour du Maxim poussèrent ensemble une clameur de triomphe qui monta, grêle et joyeuse, dans la tourmente du combat: à quelques centaines de mètres de nous, à l'extrême limite de la zone de lumière, un des canots se balançait mollement, grossi par son immobilité soudaine. Il sembla baisser sur l'eau, disparut derrière une vague et ne reparut pas. Mais presque aussitôt une trombe d'eau monta dans l'air; un choc ébranla le navire, et tandis que les canons continuaient avec une sorte de rage, le King Edouard VII entra dans son agonie.

Les râles d'un mécanisme frappé à mort et du merveilleux équilibre détruit; les hoquets inexpliqués qui le secouaient faiblement; le tonnerre des canons qui s'entêtaient sans espoir; et un autre bruit qui résonna bientôt jusqu'en son coeur — le heurt des masses liquides contre les cloisons d'acier — tout cela se fondit pour moi en une voix qui me criait à la fois l'approche de la mort et la joie de la victoire retrouvée. Le monde se réduisit à quelques pieds carrés de tôle et l'eau qui montait.

Ce coin du navire s'était fait presque désert; il ne restait plus à côté de moi que le matelot à la tête pelée, qui s'agrippait à une plaque d'acier pour lutter contre la pente du pont d'instant en instant plus menaçante. Il me regarda et cria quelques mots que le vent emporta, puis il fit un geste d'abandon. Les canons se taisaient l'un après l'autre; le jet de clarté des projecteurs s'inclinait sur la mer, la nuit fut presque silencieuse, profonde et douce. Le King Edouard VII pencha, pencha encore, et la mer monta d'un saut jusqu'à nous.

Alors l'homme à la tête pelée, qui était un Irlandais du comté de Kerry, lâcha son soutien et glissa dans l'eau, en se couvrant les yeux de ses mains.

Le Journal de l'automobile, 6 mai 1905, p. 1.

La bataille du cuivre

Pour cette histoire, et pour celles qui suivront — peut-être, — j'aurais dû forger le cadre traditionnel cher aux raconteurs: mise en scène d'un après-dîner entre hommes, kummel et cigares, et le médecin-aliéniste jeune, mais déjà célèbre, l'avocat à la mode, l'artiste et l'explorateur échangeant à bout portant, sans effort, les plus ingénieux récits.

Je ne m'en sens pas le courage, et je les reproduirai simplement telles qu'elles me furent racontées par C. B. Sherrington, précédemment citoyen de Denver, Colorado, États-Unis d'Amérique et maintenant libéré, de par son propre choix, de tout fardeau de nationalité. Le décor était généralement la salle à manger obscure d'un boarding-house de Russel Square, où nous habitions tous deux. Toutes les lumières étaient éteintes à onze heures, suivant la règle immuable de la maison; mais il nous arrivait de fumer une dernière pipe dans la pénombre, éclairés seulement par les trois lanternes du «pub» d'en face, où venaient s'abreuver les cochers. Le trot lent des chevaux sur l'asphalte, le passage des camions de la poste, dans un ronronnement de moteur, et parfois les lamentations d'un ivrogne en détresse étaient les seuls bruits du dehors. Nous fumions en silence, calés dans nos fauteuils de bois; il était assis au coin de la cheminée et les lueurs vagues qui venaient par la fenêtre semblaient révéler sur son vieux visage, brûlé par le soleil et la neige, plissé de rides, glabre, gouailleur et dur, les marques d'incroyables aventures et d'innombrables années. Et j'écoutais ses histoires avec déférence, ne sachant trop si je devais admirer l'étendue de son expérience ou sa puissance d'invention.

Le soir dont il s'agit, nous avions passé deux heures dans un music-hall quelconque où l'on nous avait présenté, après la «step-dance» traditionnelle et les innombrables chanteurs comiques, quelques gros hommes revêtus de collants pâles qui, tour à tour, s'étaient bousculés loyalement ou s'étaient efforcés par leurs attitudes légères de donner au public l'illusion d'une souplesse absente. Quand nous eûmes regagné nos malpropres pénates, nous allâmes d'un accord tacite nous installer une fois de plus dans le décor familier, et la fumée bleue monta dans l'ombre.

Il parla: «Quand je prospectais au Venezuela...»

— Je ne savais pas, lui dis-je, que vous eussiez jamais été au Venezuela.

Il négligea de me répondre:

— Quand je prospectais au Venezuela, il y a de cela quelque quinze ans, il m'arriva une vilaine histoire. Je découvris un gisement de cuivre, un vrai, un beau, à 150 milles environ au sud-ouest de Valencia, dans la montagne. C'était de l'or que je cherchais; mais ce gisement était, réellement, une beauté, et je me persuadai en moins de quarante-huit heures que j'aurais tout intérêt à essayer d'exploiter ma trouvaille et à travailler dans les métaux vulgaires pour une fois. Je retournai donc à la ville et un scribe local rédigea pour moi une demande de concession en due forme, en espagnol de choix, avec des paraphes et des fioritures. Les officiels du pays se sont imaginé de suite que c'était de l'or que j'avais trouvé et ont agi en conséquence. On m'a fait attendre un mois pour m'annoncer finalement que, par une regrettable coïncidence, le terrain dont je demandais la concession avait été réservé de longue date au gouvernement lui-même, qui n'était pas disposé à s'en dessaisir. C'était une blague, naturellement, une blague colossale; j'ignore si elle avait été machinée par le pouvoir central ou par un petit fonctionnaire inventif, mais je leur annonçai de suite qu'elle ne passerait pas facilement. Comme je faisais un peu trop de bruit dans les bureaux, on alla réveiller deux soldats nègres déguenillés, qui cuvaient leur tafia au soleil, et je fus honteusement expulsé.

«Si j'avais eu pour quatre sous de sens, j'aurais dû chercher un autre gisement ou quitter le pays; mais quand on a passé quinze ans de sa vie à suivre la piste du métal dans des pays sans ombre et sans maisons, et qu'au bout de la quinzième année on met la main sur sa chimère pour se la voir escroquer aussitôt, il vous vient des idées un peu spéciales sur les devoirs des particuliers et les droits des gouvernements. De sorte que j'ai employé mes derniers dollars à recruter une demi-douzaine de métis douteux et à acheter des armes, des outils et des provisions. En un mois de travail nous n'avons pas ramassé plus de six cents livres de métal, car le plus gros du gisement était en plein quartz et il aurait fallu des marteaux-pilons. Les métis commençaient à en avoir assez, nos provisions se gâtaient au soleil et la source était à moitié desséchée quand nous apprîmes que le gouvernement avait pris des mesures pour expulser enfin ces «flibustiers étrangers», ces «aventuriers sans conscience» (c'étaient les journaux qui parlaient ainsi), et qu'une force imposante de réguliers vénézuéliens marchait sur nous.

«Inutile de vous donner les détails des trois semaines de guérilla qui suivirent. Des sept métis qui m'accompagnaient, quatre se joignirent aussitôt aux troupes: les trois autres, qui avaient pris par contagion la folie du métal, firent comme moi et passèrent leurs journées à plat ventre au grand soleil, à guetter de derrière les roches les uniformes blanc sale des réguliers. L'un d'eux fut pris au bout de huit jours et exécuté sommairement; les deux autres, qui n'avaient jamais été tendres, comprirent alors ce qui les attendait et se défendirent sauvagement et moi comme eux. Le premier mourut peu après d'insolation; le second se cassa la jambe et pour ne pas être pris me demanda de l'achever. Je refusai par délicatesse, mais je laissai un fusil chargé à portée de sa main et m'en allai. Je me trouvai donc seul dans les rochers brûlés, avec mon rifle, dix-huit cartouches, une demi-gourde de tafia et quatre livres de farine gâtée. La farine et le tafia en pâte me fournirent des galettes succulentes, cuites au soleil, et comme la soif m'avait un peu tourné la tête, je ne trouvai rien de mieux que d'aller m'installer derrière un bloc de pierre, à deux cents mètres environ d'un détachement des réguliers, pour brûler mes dernières cartouches.

«Ils ne devaient pas être bien nombreux, car je me souviens qu'après une heure et demie de tactiques savantes, il n'en restait plus que cinq, qui se décidèrent à faire une charge en masse pour me déloger. Ma position était excellente, mais j'avais une balle dans la jambe et je ne pouvais pas beaucoup remuer. Mon fusil était un Mauser du type courant, à chargeur. Il ne restait plus que deux cartouches dans l'arme et, tirant avec beaucoup de soin, j'en abattis deux. Les trois autres, à cinquante mètres au plus, arrivaient en courant comme des braves, car il était trop tard pour reculer. Il me restait juste cinq cartouches, et, le temps de les fourrer dans le chargeur, ils étaient sur moi. Ils étaient trop pressés pour se servir de leurs armes et j'ai été prêt juste à temps pour réussir un joli coup double, un coup de père de famille, à dix mètres au plus, sans épauler.

«Le plus étonnant de l'histoire, c'est qu'ils étaient tous les trois à plat ventre sur la roche, tassés et tranquilles, comme d'honnêtes gens morts depuis huit jours. Après une minute d'étonnement, j'ai compris qu'il y en avait un qui faisait l'imbécile, et comme ils étaient arrivés tous les trois en paquet et que je ne savais pas au juste lequel, j'ai attendu un instant. Je crois que j'aurais pu attendre jusqu'à minuit et qu'il serait resté là immobile à singer le mort, aplati sur le roc comme une limace écrasée; de sorte qu'il m'a fallu faire mon choix et, après une seconde d'hésitation, j'ai décidé que c'était celui de gauche, et visé soigneusement. Ma balle est entrée dans le dos à la hauteur des omoplates et ressortie par la hanche. S'il avait eu un tant soi peu de bon sens, il aurait dû mourir sur le coup, sans seulement tourner un cheveu, car c'était bien celui-là qui faisait semblant. Au lieu de ça, il a donné un coup de reins terrible et pendant que je me demandais s'il fallait envoyer un autre lingot, il... (vous ne devineriez jamais...) il s'est mis en pont.

«Oui, en pont. Vous vous souvenez du gros lutteur espagnol au music-hall, comme il faisait bien le pont quand tout le monde le croyait tombé; eh bien! mon homme s'est mis en pont, rond comme un arceau, et il est resté comme ça, tout raide, sans seulement un frisson. J'en ai oublié la balle que j'avais dans la jambe, sans compter que j'avais bien des chances de mourir de soif le lendemain, et je suis resté tout bête à le regarder donner sa comédie. Mais il est resté immobile, mort pour de bon, cette fois, et plié en demi-cercle comme s'il attendait le jugement dernier pour se redresser. Un peu plus tard j'ai pu me traîner jusqu'à lui et j'ai vu qu'il portait des éperons (il n'y avait pas un seul cheval dans un rayon de cinquante milles), des grands éperons de général du pays, qui étaient entrés dans une fissure, et avec sa tête calée par une arête du roc, il restait là figé dans son grotesque soubresaut d'agonie, comme un acrobate que la Camarde a surpris dans ses exercices.

«C'est tout. Oh! ça n'est pas une jolie histoire; mais toutes les fois que je vois des lutteurs, ça me rappelle ce pauvre bougre de régulier vénézuélien, qui s'est mis en pont pour mourir.»

Le Journal de l'automobile, 1er juillet 1905, p. 1.

La conquête[1]

Il y avait une fois une grande forêt.

Elle se dressait à la lisière des champs et des pâturages, haute et sombre comme une citadelle, si vaste qu'elle barrait tout un pan de l'horizon. À l'ombre de la forêt s'étendaient des plaines fertiles, et ces plaines étaient habitées par un peuple dont l'histoire n'a pas conservé le nom. Ces gens cultivaient leurs terres, élevaient des troupeaux, obéissaient aux usages, aimaient et mouraient selon la loi commune. Au Nord la forêt, au Sud de hautes montagnes les séparaient presque entièrement du reste du monde. Ils ne connaissaient des contrées voisines que ce que leur révélaient les visites rares de voyageurs égarés ou de hardis marchands, et ne désiraient pas en connaître davantage, leur sol étant fécond et suffisant à leurs besoins.

La forêt leur donnait du bois en abondance pour les foyers et les édifices; les bêtes sauvages qui s'en échappaient venaient se faire prendre dans leurs pièges et les fournissaient de venaison. Elle assurait ainsi à la fois leur repos et leur richesse; pourtant ils évitaient de jamais pénétrer plus loin que sa lisière, où les troncs espacés leur permettaient d'apercevoir encore derrière eux leurs champs et leurs maisons, et ses profondeurs mystérieuses leur étaient une source de terreur.

Il advint que leur roi mourut, alors que son unique héritier n'était encore qu'un très jeune garçon. Le petit prince grandit en paix, entouré de tuteurs et de régents; mais son plus intime ami et son meilleur conseiller fut un étranger, venu longtemps aupa-

---

131

ravant des contrées du Sud, qui s'étendent le long de la mer. Il décrivait sa patrie comme une presqu'île desséchée et presque aride, semée pourtant d'oliviers; mais bien qu'elle fût — il l'avouait lui-même — moins riante et moins fertile que le pays à l'ombre de la forêt, il en parlait avec tant d'amour, que le jeune prince demeurait sous le charme en l'écoutant.

Il dépeignait de longues processions, cavaliers, adolescents et jeunes filles, qui gravissaient en chantant les collines sacrées; des temples couronnaient ces collines, des sanctuaires grandioses et délicats où s'abritaient les statues des dieux et des déesses, si belles qu'on les devinait non point de vulgaires images, mais bien la preuve visible de la divinité. Il décrivait aussi les longues arènes entourées de gradins où s'exerçaient les jeunes hommes, le labeur patient par lequel ceux-ci se préparaient aux jeux, et les soins incessants qui, après de longues années, leur méritaient les odes des poètes, les acclamations de la foule et les honneurs des cités.

Le jeune prince ne se lassait pas de redemander ces récits, et l'étranger ne pouvait se lasser de les répéter, évoquant à ses yeux les corps frottés d'huile, tordus dans l'horreur de la lutte ou se ramassant pour la détente, la foule ondulant au soleil, les pieds nus volant sur le sable. Il avait naturellement conçu le désir de répéter ces prouesses et, dès qu'il eut seize ans, il commença de s'exercer.

Il savait déjà qu'il faut éviter les aliments grossiers, les lourdes venaisons et les boissons fermentées; il connaissait aussi l'influence bienfaisante des bains fréquents, qui gardent la peau saine et reposent des fatigues. Il apprit à courir, à lutter, à sauter, à lancer au loin de lourdes pierres, à franchir les murs, à frapper des deux mains, à dresser de jeunes chevaux, à franchir à la nage les rivières. Il sut comment poursuivre dans les prés les poulains à demi sauvages, comment les approcher en secret, les surprendre d'un saut et les maintenir par force, les dompter par la fatigue. Il alla parmi les bûcherons qui vivaient à la lisière de la forêt, et mania la lourde cognée. Au milieu des chasseurs, il débrouilla des pistes et suivit tout le long du jour les bêtes égarées ou blessées. Mais il comprit surtout que chacun de ces exercices n'était qu'un jeu sans importance, un des moyens qui donnent l'équilibre parfait, et cet état de force harmonieuse qui rend semblable aux dieux.

*
*   *

À vingt ans, le prince était d'une beauté splendide. Quand il parcourait à cheval les plaines de son royaume, vêtu seulement de grègues en cuir et d'un manteau de laine qui flottait au vent, les femmes et les jeunes filles le regardaient passer en retenant leur souffle. Également noble de visage et de corps, dans l'action comme au repos, plein de grâce et de puissance mesurée, il gardait au milieu de l'effort le souci inconscient des pures attitudes, et les moindres de ses gestes paraissaient des bienfaits.

Quand le moment fut venu de lui choisir une épouse, l'Étranger parcourut le royaume en tous sens, car il avait fait entendre au jeune roi qu'il se devait d'écarter toute distinction de rang ou de caste, et de n'épouser qu'une jeune fille qui fût son égale en beauté. Ils fonderaient ainsi une race de mortels qui feraient renaître sur la terre la grâce des dieux exilés. Pourtant ni parmi les nobles, ni parmi les marchands, ni parmi les laboureurs il ne se put trouver de vierge assez irréprochable.

Plein de tristesse, le prince songeait avec douleur à sa beauté perdue. Une nuit enfin, quelque dieu lui permit un rêve. Il se vit pénétrant jusqu'au coeur de la grande forêt, et découvrant une femme qui dormait parmi les branches, couchée sur un lit de mousse. Toutes les grâces la paraient. Le lendemain il questionna les bûcherons: ceux-ci lui apprirent que, d'après une très ancienne légende, une Enchanteresse était endormie au centre de la forêt mystérieuse, attendant d'être réveillée.

Aussitôt le prince manda près de lui les meilleurs et les plus endurants parmi les chasseurs et les paysans, parmi les vagabonds et ceux qui les poursuivent, parmi les soldats exercés aux longues marches et les messagers endurcis aux fatigues. Tous étaient semblables, maigres et forts, avec des flancs creux et des poitrines profondes, trempés par la vie simple et les durs labeurs, infatigables, pleins de ruse et de courage. Le prince leur dit qu'il les chargeait de ramener l'Enchanteresse; il leur promit de l'argent et des honneurs, les munit de provisions et les envoya dans la forêt.

Au bout d'un an et un jour, sept d'entre eux revinrent, hâves et nus, les mains vides. «Prince, dirent-ils, la forêt est trop sauvage et trop grande: aucun homme ne pourrait pénétrer jusqu'à son coeur.»

Or, cette nuit-là, le prince rêva de nouveau qu'il voyait l'Enchanteresse, plus belle encore que la première fois.

Alors il réunit en son palais les bûcherons, les forgerons et les tailleurs de pierre, ceux qui portent de lourds fardeaux, ceux qui manient des outils pesants, ceux qui travaillent dans les carrières ou dressent debout les colonnes des édifices, tous ceux enfin qui luttent avec les choses inanimées. Certains d'entre ceux-là s'élevaient hauts et droits comme des chênes; d'autres au contraire se ramassaient courts, trapus et noueux comme des saules; mais tous avaient de larges torses et des épaules pesantes, des reins et des muscles épais, avec des poignets semblables à des faisceaux de câbles. Et ils étaient plus de mille. Il les assembla donc, leur fit donner des cognées, et leur ordonna de tailler dans la forêt une route qui la traverserait d'outre en outre.

Ils attaquèrent la forêt tous ensemble, travaillant jour et nuit et frappant avec tant de force que le heurt de leurs cognées sur les troncs emplissait les plaines comme un grondement incessant de tonnerre. Mais les arbres abattus croissaient de nouveau derrière eux, et les herbes et les broussailles repoussaient aussitôt que détruites, plus nombreuses et plus touffues, noyant la route commencée. Au bout d'un an et un jour celle-ci n'avait point avancé de cent pas.

Découragé, le prince ordonna de cesser le travail. Puis, ayant rêvé pour la troisième fois qu'il voyait l'Enchanteresse, dont aucunes paroles humaines, cette nuit-là, n'eussent pu dépeindre le charme et le rayonnement, il s'en fut en secret le lendemain, sans consulter personne, et s'alla perdre, tout seul, dans la forêt.

Il marcha pendant un an et un jour, se nourrissant de fruits et de racines. Les épines déchirèrent ses pieds; des rameaux pointus le blessèrent au visage; il souffrit tour à tour de l'écrasant soleil et de la bise glacée, pensa mourir de faim, de soif et de fatigue. Une fois, s'étant penché sur une source, il se vit décharné, haché par les cicatrices, les lèvres gercées, tout misérable enfin. Le désespoir l'abattit alors au pied d'un arbre et il pleura longuement, car il se sentait à bout de forces. Mais au soir de ce jour-là, ayant accompli l'ordre des dieux, souffert et peiné lui-même pour obtenir celle qu'il aimait, la vierge unique avec laquelle il devait fonder une race divine — au soir de ce jour-là, il découvrit l'Enchanteresse.

L'Auto, 12 février 1906, p. 1.

Le «trial» [1]

«Fatty» Bill, massif et majestueux dans son sweater blanc, une serviette sur l'épaule, arrêta un instant dans sa course l'éponge imbibée d'eau qu'il tenait à la main, et dit sentencieusement:

«Freddie, mon fils, si vous vous obstinez à tenir le coude en l'air comme si que vous offririez un bouquet de fleurs à une duchesse, vous allez attraper quelque chose de mauvais dans les côtes, présentement. C'est qu'il est chaud, le petit. Méfiez-vous!»

L'éponge maniée avec art répandit sur le visage marbré une pluie bienfaisante, rafraîchit les lèvres fendues, effaça le minuscule filet rouge qui suintait d'une narine, transforma miraculeusement une fois de plus en un combattant suffisamment frais et d'aspect presque redoutable la personne terne et mélancolique du petit Fred Diggins, qui, les mains sur ses genoux, regardait droit devant lui d'un air ennuyé.

«Fatty» Bill s'accroupit devant lui et lui massa doucement les jambes en le regardant d'un air inquiet.

«Qu'est-ce qu'il y a qui ne va pas, petiot? demanda-t-il à voix basse. — Voyons! vous n'allez pas laisser ce petit gas-là vous tamponner tout autour du ring, et devant le patron, encore!»

Fred tourna lentement la tête, et considéra l'un après l'autre le patron, qui se tenait à quelques pas de là, en bras de chemise, et son adversaire, qu'un autre soigneur éventait, épongeait et séchait avec tendresse, tout en lui prodiguant ses conseils. Après

---

1. En tête de titre: «Chroniques du Cadgers' Club I».

quoi, il répondit d'une voix blanche.

«Ça va bien, Bill!»

Et il attendit le son du gong avec résignation.

*
* *

Le patron, une main sur la corde du ring, tenait dans l'autre
un peigne qu'il passait et repassait distraitement dans ses cheveux couleur de foin. Assez grand, maigre, la poitrine creuse, il
avait, dans un visage blême, des yeux décolorés, au regard indécis et comme étonné. Sa chemise mauve à rayures noires, ses vêtements dont l'élégance un peu bruyante ressortait encore
davantage parmi les hardes verdies et râpées de ceux qui l'en-
touraient, ses boutons de manchette en or véritable, le fer à cheval clouté de rubis minuscules qui paraît sa cravate, ne lui inspi-
raient apparemment aucune vanité. Il était chez lui, dans un local loué par lui, au milieu de pauvres hères pour lesquels il re-
présentait le pouvoir infini et les raffinements d'une aristocratie
fabuleuse; le jeune inconnu qui venait de poursuivre férocement
d'un coin à l'autre du ring le mélancolique Fred le regardait à la
dérobée par-dessus l'épaule de son soigneur, cherchant à deviner l'effet produit, caressant un rêve obscur de «side-stakes»
énormes, de matches annoncés en grosses lettres sur des affiches multicolores, de ceintures de championnat, d'opulence et de
gloire... Mais l'arbitre de sa destinée continuait à se peigner rêveusement, fixant dans le vide des yeux naïfs, stupéfaits, rumi-
nant un autre rêve: quelque énigme insoluble qui devait le
hanter depuis longtemps!

Le gong résonna et les deux hommes reprirent le centre du
ring et se remirent à l'ouvrage. Fred feintait sans conviction,
hors de portée, «rentrait» en traînant les pieds, baissait machinalement la tête pour esquiver des swings possibles, envoyait devant lui un direct du gauche, et s'accrochait en corps-à-corps.
Quand il en était arrivé là, il s'appuyait languissamment sur
l'épaule de son adversaire, les coudes en dedans pour protéger
ses côtes, et prenait deux ou trois respirations profondes qui
semblaient des soupirs de soulagement. Arc-boutés l'un contre
l'autre, penchés en avant pour utiliser leur poids, les deux hommes tournaient lentement dans le ring pendant quelques secondes, se séparaient prudemment et comme à contre-coeur,
méfiants, et recommençaient.

Un profane eut pensé qu'ils accomplissaient là un rite solennel, une pantomime réglée d'avance, quelque chose comme un

«grand salut» d'escrime, sans fleurets, et compliqué d'enlacements ingénieux. Mais les spectateurs, — le patron, les soigneurs et quelques adolescents mal vêtus qui s'effaçaient modestement contre les murs, — les suivaient attentivement des yeux, et reconnaissaient à mesure, dans chaque phase de leur pantomime, un des secrets du culte ancien, un des gestes, connus et catalogués du cérémonial sacré qu'on se transmet d'une génération à l'autre sans y rien changer, depuis les jours épiques de Jem Belcher et de Tom Cribb.

*
*　*

Les quatre becs de gaz espacés au-dessus du ring couvraient d'une lueur crue les deux torses blêmes, les deux cous bruns de fumée et de hâle, les deux visages aux méplats meurtris, où les têtes baissées pour une esquive jetaient parfois des ombres grises.

Et entre les cordes tendues, la pantomime s'accélérait peu à peu, se faisait plus heurtée, plus violente, donnait enfin l'illusion du combat. Un moment, Fred, par-dessus l'épaule de son adversaire, dont il immobilisait les bras, levait vers la lumière du gaz des yeux indifférents et découragés; et, l'instant d'après, il se dégageait lentement, sournois, et, sans reculer, cherchait sa mâchoire avec des crochets courts. Pour lui surtout ce n'était qu'un simulacre, un travail ennuyeux, qu'il fallait accomplir tant bien que mal, une ambition d'apprenti qu'il fallait démolir peu à peu pour conserver son gagne-pain. Et l'apprenti, pour qui cet essai représentant tant de choses, combattait ardemment, plein d'intérêt, lui, tout entier à son ouvrage, et perdant la tête, à la fin, à force de se heurter chaque fois à des parades, des contres et des ficelles éventées qui avaient déjà servi pour tant d'autres!

Les cheveux bruns qui frisaient sur un front bas, le nez court et large, les dents fortes, espacées, les yeux brillants de bonne humeur et de sauvagerie ingénue, formaient un joli masque de combattant, — avait déclaré Bill avec bienveillance, — et le masque complétait à souhait un physique plein de promesses. Il avait conscience de tout cela, le novice, et s'enrageait, à la longue, que sa force et sa bonne volonté vinssent s'émousser chaque fois sur l'à-propos languissant du triste Fred, qui, entre deux corps à corps, le considérait d'un air désabusé et plein de reproche affectueux, songeant sans doute aux innombrables novices qui étaient entrés avant celui-ci dans ce ring, débordant de confiance et d'espérances démesurées et en étaient sortis dans les bras paternels de Bill, les yeux obstinément fermés sur le

137

monde qui leur refusait la gloire.

*
*   *

La dernière minute du round précipitait le rythme du combat; la lumière crue faisait reluire les visages suintant de sueur et les torses où paraissaient, l'une après l'autre, de larges taches roses; dans le silence de la salle au plafond bas, le crépitement du gaz et le halètement des combattants semblaient annoncer en chuchotant un dénouement proche. Et une fois de plus, la vieille histoire se répéta. Le novice avait abandonné toute prudence, et chargeait aveuglément: une rentrée rapide, un rejet du corps en arrière pour éviter le contre, et des swings des deux mains qui trouaient l'air comme des coups de fléau. Sans rien perdre de son air blasé et plein de dégoût profond, Fred se protégeait la mâchoire, recevait les swings sur ses coudes, et attendait patiemment. Quand l'occasion vint, il la saisit sans retard, mais sans hâte, comme si c'eût été, en vérité, son dû, un événement inévitable et arrêté longtemps d'avance par des puissances supérieures. Le dur crochet du gauche dont il arrêta son homme au milieu d'un élan, le swing du droit qui sembla venir de très loin, négligemment, paresseusement, pour compléter l'ouvrage, accrocha l'extrémité du menton et passa dans le vide, c'étaient encore des gestes consacrés, qu'il avait dû répéter tant de fois, tant de fois, qu'il n'en ressentait plus d'autre impression que la satisfaction du travail achevé et de la rétribution probable.

«Fatty» Bill empoigna sous les aisselles le novice évanoui, le hissa sur sa chaise, et lui pétrit l'abdomen avec sollicitude, pendant que l'autre soigneur faisait pleuvoir sur la tête ballotante une pluie d'eau rosâtre. Et quand leur homme rouvrit les yeux, ils le consolèrent à tour de rôle avec des paroles de sagesse fraternelle.

*
*   *

À deux pas de là, Fred retirait ses gants, et le regardait revenir à lui avec un sourire blasé. Il s'avança ensuite en louvoyant vers le patron, qui contemplait le groupe de ses yeux indécis, son peigne à la main, avec des hochements de tête entendus. Fred reçut d'un air modeste ses félicitations un peu vagues, s'agita malaisément quelques secondes, et, les yeux sur l'épingle de cravate ornée de rubis, marmotta enfin une requête.

Le patron, la bouche entr'ouverte, regardait sans voir par-dessus son épaule et continuait à hocher la tête sans écouter.

Fred attendit quelques instants, lui toucha le coude, et recommença humblement. Cette fois le patron sursauta, répondit hâtivement: «Bien sûr! Bien sûr!» et mit la main à son gousset.

Cinq minutes plus tard, Fred sortait dans Bethnal Green Road, suivait languissant le trottoir jusqu'au «Lockhart's» le plus proche, et là commençait soudain de se gaver de saucisses et de purée de pomme de terre avec une énergie inattendue. Quand il s'en alla, repu et sa monnaie en poche, le monde était devenu tolérable, et lui, Fred, étendait sa vaste bienveillance à tous ceux, connus et inconnus, qui le peuplaient. Le patron? Un brave homme, et pas d'erreur! «Fatty» Bill? Un frère! Et le novice? Un garçon courageux devant qui s'ouvrait un glorieux avenir!

Car l'âme héroïque de Fred avait déjà tout pardonné: le travail rare, la malchance et la famine, et les coups pleuvant sur son estomac creux.

L'Auto, 29 octobre 1909, p. 1.

Le ballon [1]

Tenant le ballon entre ses genoux, «Fatty» Bill pliait avec effort son corps épais, insérait l'extrémité du tube entre ses lèvres et soufflait puissamment. Après quoi il se redressait, la figure violacée, et faisait une longue pause, plaçant le tube entre ses doigts et promenant autour de lui le regard placide d'un travailleur consciencieux. Quand ses pesées méthodiques lui eurent révélé que la sphère de cuir avait atteint la dureté voulue, il replia le tube sur lui-même et le ligota avec soin: opération qui nécessita l'emploi simultané des genoux, des deux mains et des dents, et force soufflements plaintifs. Il ne restait plus qu'à suspendre le ballon au-dessus de sa plate-forme et régler la longueur de la corde. Lorsque tout fut prêt, Bill contempla le résultat de ses efforts d'un air satisfait, lui infligea quelques taloches délicates, esquissa un exercice compliqué des coudes, qu'il manqua, et se rassit sans insister.

Un mépris secret pour l'aberration incompréhensible qui amenait certaines gens à malmener ce ballon, par pur plaisir et sans aucun espoir de récompenses pécuniaires; une curiosité amusée des motifs qui pouvaient pousser le patron à le soudoyer, lui Bill, et à payer le loyer de ce sous-sol, apparemment sans espoir, et d'offrir l'hospitalité à nombre de petits professionnels besogneux; enfin, la reconnaissance indulgente que lui inspirait ce caprice inexplicable; toutes ces choses flottaient dans le cerveau de Bill, à l'état de formes indistinctes, et se fondaient en une béatitude complaisante. Sans doute le Seigneur, dans sa sagesse, inspirait-il à certaines de ses créatures une folie douce, afin d'en faire profiter d'autres de ses enfants, par exemple cer-

---

1. En tête de titre: «Chroniques du Cadgers' Club II».

141

tains pugilistes vieillis, un peu obèses, et qui s'étaient retirés du métier sans avoir jamais connu la richesse ni la gloire, sauf en doses éphémères.

*

* *

Ces songes indolents furent interrompus par l'arrivée du patron, qui sortait du sous-sol voisin, lequel servait de vestiaire, le torse nu, déguingandé et blême, assujetissant minutieusement les tampons qui lui protégeaient les phalanges. Il marcha droit sur le ballon, félin et sournois, sans un geste, et lui décrocha en passant un crochet féroce; puis il fit une volte-face brusque pour le rattraper au second balan, redoubla, fit donner sa droite, et sous le plafond bas ce fut un roulement de tonnerre, une suite de détonations serrées, la clameur d'un grand tam-tam de guerre résonnant sous des massues d'anthropophages.

L'homme s'avançait peu à peu jusqu'au centre de la plate-forme, se déplaçant pouce par pouce et frappant à chaque fois jusqu'à ce que, campé sous le pivot, il eût acculé le ballon dans un coin, où il le maintenait avec les directs du gauche, vites et sûrs, qui faisaient rendre à la plate-forme un tapotement monotone. Parfois, il retenait sa main une seconde, esquivait prestement de la tête pour éviter le choc du retour, et reprenait son martèlement.

Après cela, il laissait le ballon osciller dans le vide, et tournait autour avec une moue hostile. Il feintait d'une main; puis, de l'autre, menaçant, changeait brusquement d'avis et, se redressant, contemplait d'un air de défi la sphère impuissante. Puis il se jetait en avant avec une férocité inattendue, et faisait frémir les planches sous une série de swings terrifiants.

Son jeu de jambes méritait, également, d'être observé. Tantôt il s'avançait par glissades successives, le torse penché, bien couvert, prêt à tout, et l'on croyait voir un ennemi intimidé reculer à mesure. Et tantôt il déroutait son adversaire par des entrechats subtils, et se riait de ses efforts maladroits. Mais toutes ces phases du combat fictif se terminaient de la même manière, par un coup du droit qui venait à son heure, terrible, aussi inéluctable qu'un châtiment céleste, évoquant des images d'os fracassés et de loques humaines s'affaissant sur le sol.

*

* *

Toujours assis, Bill faisait entendre des grognements d'approbation, et palpait des gants de huit onces. Quand le patron abandonna finalement le ballon et s'assit pour souffler, Bill prit une serviette et l'éventa avec sollicitude. Ensuite il l'aida à revêtir ses gants, et enfila les siens.

Lorsqu'ils furent tous les deux dans le ring de seize pieds et qu'ils eurent échangé la poignée de mains préliminaire, Bill montra, par sa mine résolue et presque féroce, qu'il ne se proposait nullement de ménager son adversaire. Il n'avait pas affaire à un débutant inexpérimenté et fragile! Non! L'homme qui lui faisait face savait donner des coups et les recevoir, de sorte qu'il convenait de tirer serré et de rester sur ses gardes. Les bras de Bill, énormes sous le sweater blanc, oscillaient d'avant en arrière comme les pistons d'une machine gigantesque, et son torse gras semblait bourré de possibilités menaçantes. Mais ces démonstrations terrifiantes aboutissaient en tapes inoffensives, simples taloches de nourrice, horions furieux qui se transformaient en route et finissaient en bourrades indulgentes.

Le patron se trouvait tenu en conscience d'imiter cette modération, et se contentait donc d'esquisser ses coups, qui en d'autres circonstances eussent semé l'effroi et le carnage. Attentif, presque grave, il fronçait les sourcils, chargeait de défi et de menace ses yeux indécis, et appuyait tantôt un gant, tantôt l'autre, sur une des bajoues de Bill, ou bien au creux de sa vaste poitrine.

Après quelques minutes de ce simulacre, Bill dit d'un ton pénétré: «Time!», retourna aussitôt dans son coin et s'appuya aux cordes, respirant avec fracas, comme s'il importait de faire provision de souffle et de force pour des épreuves nouvelles. Lorsqu'ils se rencontrèrent pour la seconde fois, le patron lui dit avec un sourire pâle:

«Allez-y donc, Bill! Vous n'avez pas peur de me casser, voyons!»

Bill secoua la tête et reprit son air naturel. L'homme qui paye est le maître, et ses ordres doivent être obéis. Celui-ci commandait à Bill «d'y aller», et Bill «y alla». Il y alla avec modération, et soucieux de ne pas trop malmener la poule aux oeufs d'or. Mais la chair est faible, et même les vieux pugilistes désabusés ne peuvent guère rentrer dans le ring sans y retrouver quelques vestiges de l'humeur combative qui survit à travers la vieillesse et l'obésité, et leur fait oublier, par moments, qu'il est d'infortunés mortels à qui de mauvaises fées ont donné, à leur naissance, la crainte instinctive et l'horreur des coups.

Pour Bill, le choc d'un poing ganté sur sa mâchoire ou sa

143

trempe n'était qu'un événement naturel et aucunement troublant, un simple accident de contact. Comment aurait-il pu deviner qu'il est des hommes que la menace de deux mains impitoyables qui feintent, déconcertent, frappent et poursuivent, remplit de timidité affolée, écoeure et démoralise? Les yeux décolorés qui tout à l'heure défiaient le ballon dirent une gêne et une angoisse maladive. Chaque pas en avant de l'adversaire, qui amène à bonne portée un jeu de muscles hostiles, chaque feinte qui trompe et découvre, chacun des regards de brutalité placide qui annonce l'indifférence aux coups et le désir de les rendre, toutes ces choses, encore plus que le heurt des poings fermés, plongeaient dans une panique irraisonnée l'homme qui s'agitait dans le ring avec des gestes gauches; et pendant qu'il poursuivait sa pantomime brave d'attaque et de défense, un frisson froid lui courait de la nuque aux reins: le frisson de ceux qui se noient ou qui tombent.

*

* *

Quand Bill appela «Time!» pour la seconde fois, le patron dit négligemment:

«Ça suffira pour cette fois, Bill! Je ne me sens pas en train ce soir.»

Bill répondit sur-le-champ qu'il ne fallait jamais exagérer, et retira ses gants avec empressement. Le patron retira aussi les siens et sortit du ring.

Un instant il resta immobile, se caressant les bras, rêveur et mélancolique, pendant que Bill mettait tout en ordre. Puis il avisa de nouveau le ballon, et l'assaillit avec une violence haineuse.

Ses poings s'abattirent sur le cuir gonflé, furieux, impitoyables, firent vibrer la plate-forme massive, élevèrent de nouveau dans le sous-sol nu un grondement féroce de tam-tam. Les dents serrées, le frappeur épuisait toute la gamme des coups terribles, martelait sur la sphère une revanche implacable. Et quand un dernier swing eut rompu la corde et envoyé rebondir contre un mur le ballon dégonflé, son amertume s'apaisa, et il connut les joies du triomphe.

L'Auto, 27 novembre 1909, p. 1.

La chrysalide[1]

Seul dans le sous-sol de Bethnal Green, le patron allait et venait, bricolait, mélancolique, frappant sur le ballon ou boxant avec son ombre quand il commençait à sentir le froid sur son torse nu.

Rien que cette nudité partielle lui était déjà une satisfaction, presque un orgueil. Le miroir collé contre un pan de mur, qu'un punching-ball échappé à sa corde avait fêlé du haut en bas, ne lui renvoyait que l'image d'une poitrine plate, d'épaules maigres, de bras fuselés où l'exercice constant avait plaqué une musculature artificielle, dont les rondeurs saillant, sous l'effort, étonnaient. Mais la sensation de l'air froid sur son corps, le reflet blême de sa peau à la lumière, le jeu facile des articulations libérées lui donnaient l'illusion d'une épreuve prochaine, semblaient des préparatifs de combat. Il jouissait de cette illusion, et se réjouissait en même temps secrètement que ce ne fût que cela; car la vue d'un autre homme demi-nu entrant dans le ring avec lui eût suffi pour tuer son ardeur et faire monter en lui cette gêne, cette intimidation gauche qui ressemblait si fort à la peur.

«Fatty» Bill était allé à Wonderland soigner un protégé, et le patron avait refusé de les accompagner, préférant rester seul pour caresser sans témoins sa chimère enfantine, ce goût passionné du combat qui s'alliait paradoxalement en lui à un manque de coeur lamentable.

Il marchait de long en large dans le ring, ses gants aux mains, et parfois tombait en garde, menaçant, rapide, et trouait

---

1. En tête de titre: «Chroniques du Cadgers' Club III».

145

l'air de coups terribles. Il poursuivait, frappait encore, acculait, écoeurait l'adversaire sous une grêle de horions décochés avec art; calme, maître de soi, les yeux bien ouverts, guettant son homme, attentif et lucide. Et tout à coup le ridicule de ce simulacre descendait sur lui comme une douche froide: il s'arrêtait court, laissait retomber ses mains, et ses yeux indécis s'emplissaient de découragement. Ses six cents livres de rente, le «pub» bien achalandé de Highbury dont il hériterait quelque jour, son épingle de cravate en or et ses chaussures américaines, comme il aurait volontiers échangé tout cela contre le coeur indomptable et simple de quelque «pug» irlandais, affamé, en haillons et toujours mieux prêt pour une rixe que pour un repas ou une belle fille!

*
*   *

De gros souliers trébuchant dans l'escalier le sortirent de sa rêverie, et un inconnu déboucha dans le sous-sol en hésitant un peu.

— Bill n'est pas là? demanda-t-il. Je l'ai rencontré l'autre jour et il m'a dit comme ça que je pourrais venir travailler ici. Il paraît que le patron est une bonne poire, qui vous laisse faire tout ce que vous voulez, et même se laisse taper, des fois... Le Cadgers' Club, qu'ils appellent cet endroit-ci! Alors Bill n'est pas là! Eh bien, on va travailler un peu tous les deux, hein? On est à peu près du même poids. Je vais me déshabiller.

Le patron répondit: «C'est ça! Vous trouverez des chaussons dans l'autre pièce.»

Il resta au milieu du ring, s'étirant languissamment, calme en apparence, mais sentant le vieux frisson de panique lui courir une fois de plus de la nuque aux reins, l'angoisse d'un bloc de glace au creux de l'estomac, la tentation affolée de trouver quelque prétexte pour éviter l'épreuve... Mais quand l'autre revint il était encore là.

Ils étaient du même poids, en effet, ou à peu près; mais l'autre avait bien trois pouces de moins de taille, qu'il rattrapait en épaisseur. Des tatouages compliqués ornaient ses avant-bras et sa poitrine, et un collier couleur terre de Sienne formait un autre tatouage permanent autour de son cou musculeux. Il avait un air placide et bon enfant de brute ingénue, et un profil presque perpendiculaire, de la racine des cheveux au menton, où le nez ne faisait qu'une saillie insignifiante, comme s'il jugeait plus prudent de se rentrer d'avance.

146

Il chargea d'emblée, envoya deux ou trois larges swings, et s'arrêta pour en contempler l'effet, gouailleur. Quelques directs du gauche, qu'il reçut en pleine figure, firent seulement épanouir sur ses lèvres un sourire béat, et, cette preuve que son adversaire n'était pas absolument une mazette suffisant à faire disparaître tous scrupules chevaleresques, il s'appliqua à s'amuser de son mieux.

Le patron, haletant et blême, passa par plusieurs phases de panique. D'abord, il rendit les coups avec usure, ensuite il dansa tout autour du ring, multipliant les esquives, scientifique, ne ripostant qu'en tapes courtoises, espérant par là donner l'exemple à l'autre; et, quand cette courtoisie eut lamentablement échoué, il oublia tout, essoufflé, les yeux troubles, et ne songea plus qu'à rester debout et à se défendre n'importe comment.

Il lui vint tout à coup à l'esprit qu'ils étaient tous les deux seuls, qu'il n'y avait là personne qui pût leur conseiller fraternellement, de temps à autre, de s'arrêter pour souffler un peu, et que le code d'honneur du ring interdit à celui des deux hommes qui a le dessous de demander une pause. L'avenir allongeait donc devant lui une perspective apparemment interminable de fuite, de poursuite et de coups, perspective où le torse tatoué et le facies écrasé de son adversaire intervenaient avec une persistance horrible. Pendant qu'il songeait à cela, un swing sur l'oreille le coucha à terre et, à partir de ce moment-là, il fit coup sur coup plusieurs découvertes.

Il découvrit d'abord que, contrairement à ce que l'on pourrait croire, l'absence de spectateurs est le plus fort des encouragements. Plus de crainte de paraître inférieur ou ridicule! Plus de préoccupation néfaste de ce que la galerie pense de vous! Rien que les murs, le ring de seize pieds où deux hommes, demi-nus, primitifs, sont enfermés avec leur désir ardent et simple.

Il découvrit encore, un peu plus tard, que le choc et la douleur des coups, même la chute humiliante et le heurt des membres sur les planches, ne sont rien; que ce qui affole, écoeure et démoralise, c'est la poursuite sans répit de l'adversaire et la retraite devant sa menace constante. De sorte qu'il suffit seulement, pour éviter le trouble et la peur, de foncer aveuglément sur ses rentrées, et d'être autant que lui celui qui poursuit, tout au moins jusqu'à l'évanouissement final.

Et cela monta tout à coup en lui comme une marée joyeuse, l'instinct sûr qu'après tout ce n'était qu'un homme luttant contre un autre homme, qu'entre eux il n'y avait que de minimes différences de structure qui n'avaient pas tant d'importance; et que, dans le but essentiel de combat, la déesse du beau sang rouge, des muscles vivants et de la virilité venait de surgir de lui, toute armée et prête à la guerre...

*

*   *

Toute la science péniblement acquise qu'il trouva tout à coup à son service, toute la force que des années d'exercice découragé lui avaient donnée quand même, tout l'orgueil d'être pour la première fois un homme qui se bat, et de ne pas songer à autre chose; tout cela passa dans la détente de ses épaules, dans la ruse de ses feintes et de ses esquives, dans la fougue calculée qui le jetait en avant. Et l'homme au masque écrasé, travaillé avec art, s'affaiblit, flotta, vit rouge, chargea à l'aveuglette, et se heurta à la cuirasse surnaturelle de héros que le «publican» de Highbury venait de ceindre...

Quand il fallut le relever, le patron soudain émerveillé de son ouvrage, dit à haute voix: «Seigneur! qu'il est lourd!» Et voici que «Fatty» Bill sortait mystérieusement de l'ombre de l'escalier et venait l'aider sans rien dire.

L'homme haleta un peu sous la douche de l'éponge, ouvrit les yeux, se frotta la nuque, et dit avec respect:

— Le dernier, c'était une beauté, Gouverneur! Une vraie beauté!

Le patron sentit la large main de Bill lui tomber fraternellement sur le dos et entendit le vieux pugiliste lui dire d'une voix nouvelle, d'une voix d'égal:

— Je savais bien que ça viendrait un jour ou l'autre, patron! Il ne s'agissait que d'attendre!

L'Auto, 4 décembre 1909, p. 1.

148

Fin d'idylle [1]

Dehors, c'était l'horreur du premier brouillard de l'hiver: un brouillard précoce mais épais à souhait, une de ces «pea soups» qui abattent sur Londres, de Mile End à Kew, comme une couche de l'atmosphère d'un autre monde, faite de vapeurs épaisses, de fumée et de suie. Dans les rues, les becs de gaz, restés allumés toute la journée, n'avaient fait que peupler les ténèbres d'astres piteux, joncher les rues de petites oasis de clarté que séparaient des espaces pleins de mystère.

En l'absence du patron, «Fatty» Bill régnait en maître dans le sous-sol de Bethnal Green. Ses gestes larges invitaient les arrivants à se mettre à leur aise. Ceux qu'une insatiable ambition ou la perspective d'un match prochain poussait à s'entraîner quand même entraient dans le ring deux par deux, et se bousculaient l'un l'autre courtoisement, avides de montrer leur science, mais pleins d'égards pour un collègue qui serait probablement quelque jour un adversaire. Les plus sages s'asseyaient autour de Bill et prêtaient respectueusement l'oreille à ses discours.

— Oui! disait-il, il y a des matches de championnat, des matches à grand orchestre, avec de gros enjeux et des bourses de cinq cents livres, qui ne sont que du chiqué à faire pleurer. Et à côté de ça il y a des exhibitions, des affaires à l'eau de rose, truquées et répétées à l'avance, qui tournent mal à moitié chemin et finissent par des dégâts sérieux. Et je ne parle pas seulement des amateurs: des petites poires qui veulent faire les malins et qui vous font suer pour rien! Même des garçons sensés comme vous et moi perdent la tête, des fois, et en donnent au public pour bien

---

1. En tête de titre: Chroniques du Cadgers' Club IV».

149

plus que son argent. Ah! Seigneur! Ce que c'est que d'être jeune!

Rêveur, il contempla les deux novices qui occupaient le ring, esquissant hors de portée des coups ingénieux, et sembla regretter ses erreurs passées.

*
* *

— Moi qui vous parle, reprit-il, quand je n'étais pas plus vieux que ces gosses-là, j'ai eu mon nom dans tous les journaux; et pas dans le **Sporting Life**; dans les grands journaux politiques, s'il vous plaît! «Scène de désordre à Hampstead» qu'ils ont appelé ça! Même que ça m'a valu quinze shillings d'amende ou huit jours de tôle, au choix, et j'ai choisi la tôle, pour cause!

Il faut vous dire qu'à cette époque-là j'étais amoureux d'une petite fille à cheveux jaunes — Sal, qu'elle s'appelait — qui travaillait dans une fabrique de confitures, et on avait arrangé de se marier tous les deux, un jour ou l'autre. Alors elle m'embêtait tout le temps pour que je gagne des tas d'argent, et moi j'allais embêter les organisateurs des réunions de boxe pour qu'ils me donnent un match de temps en temps. Pour un demi «quid» je me serais aligné contre n'importe quel poids lourd, et bien content, encore! Après tout, ce n'était qu'un petit moment à passer!

Et, comme on approchait de la Pentecôte, voilà que je tombe sur un vieux copain à moi, Harry Webster, qui me dit comme ça qu'il venait d'être engagé à l'arène de Hampstead Heath, pour le lundi de la Pentecôte, et que peut-être je pourrais aussi avoir un engagement, si seulement je voulais faire le nègre. N'est-ce pas, une troupe n'est pas complète sans un nègre, et il se trouvait que cette année-là les vrais nègres étaient hors de prix. Alors Sid Delaney, qui organisait l'affaire, cherchait un garçon discret et consciencieux pour faire le nègre. Quand j'ai été le trouver, il m'a regardé un bon moment, et m'a déclaré que j'étais juste ce qu'il lui fallait. Je ne me sentais pas flatté, flatté! Mais j'ai accepté tout de même.

Tout le dimanche de la Pentecôte, pendant que les copains se payaient du bon temps, il a fallu préparer les toiles de la baraque et tout arrimer sur la voiture, et le soir ç'a été un demi-gallon de teinture de choix à me coller sur la peau; un vilain mélange de brou de noix, de cirage et de je ne sais quoi encore dont Sid me badigeonnait toutes les demi-heures. Il m'avait aussi recommandé de rouler mes cheveux sur des papillotes; mais je n'ai pas voulu. Après tout, on a sa dignité!

Le lundi, jusqu'à cinq heures du soir, ça a bien marché. Vous savez tous comment c'est : la parade devant la baraque, et Sid Delaney dégoisant des balivernes pour attirer les badauds. Naturellement on était tous champions de quelque chose ; ça impressionnait le public et ça rendait les amateurs prudents. De vrais amateurs, il n'y en avait guère et on était obligé de se rabattre sur le groupe de purotins qui stationnaient toute la journée devant la baraque pour lancer des défis sensationnels, tirer le chiqué et faire leur petite quête. Moi, j'étais le «Champion de couleur de l'Afrique du Sud» et à l'heure du déjeuner Sid m'a encore donné une bonne couche de peinture, parce qu'à force de suer et de recevoir des coups sur la figure, je commençais à devenir créole.

On était sur le devant de la baraque, carrant les épaules pour avoir l'air plus imposant, et Sid Delaney racontant toutes nos victoires et invitant les amateurs à venir se faire massacrer, quand j'entends une voix qui dit :

«Eh là ! Envoyez les gants par ici ! Je prends le nègre.»

*
* *

Je regarde, et le diable m'emporte si ce n'était pas Tom, mon copain, mon poteau, Tom, avec qui j'avais tout partagé, le manger, le boire et le tabac... Et voilà qu'il fallait encore que je partage Sal avec lui ! Car c'était Sal qui l'accompagnait, splendide, avec une robe de velours vert et un grand chapeau à plumes jaunes, et elle s'accrochait à son bras en faisant des manières, comme pour l'empêcher d'aller se battre avec ces vilaines gens... Je n'avais pas voulu lui dire ce que je faisais ce jour-là, parce que ça m'aurait humilié qu'elle me voie en nègre, et elle en avait profité pour se faire emmener à la fête par Tom ! Naturellement ils ne m'avaient pas reconnu, et moi, sur mon estrade, je dansais de rage, tellement que Delaney m'a rappelé à la fin que j'étais là pour boxer, et pas pour faire l'avaleur de poulets vivants.

Alors je me suis calmé tout d'un coup, et j'ai été choisir mes gants. C'étaient des gants qui avaient bien dix ans de service, avec tout le crin ramassé en boulettes, durs comme le fer, des gants qu'on n'offrait jamais aux amateurs, naturellement. Je les avais déjà enfilés quand Tom est entré dans la baraque, et je lui ai fait donner de beaux gants neufs, bien épais, qui n'auraient pas fait mal à un bébé.

Le public n'avait jamais rien vu de pareil dans une baraque

foraine, et quant à Sid Delaney, il s'arrachait les cheveux, tout simplement, de voir qu'on faisait de la vraie bourre dans son établissement sans qu'il ait augmenté le prix des places. Mais le plus étonné de tous c'était Tom, qui était venu là pour cinq minutes de chiqué, à la rigolade, et sa petite quête, et qui se faisait gâcher la figure sans comprendre pourquoi. Il cognait de son mieux, mais ses gants bien rembourrés ne faisaient que caresser mon brou de noix et chaque fois que je le touchais, moi ça faisait comme un rond dans l'eau, un beau petit rond qui lui marquait la figure en rose pâle, et qui devait tourner successivement au bleu, violet, vert et jaune, tous les jours de la semaine suivante. Le chronométreur se doutait bien qu'il y avait quelque chose là-dessous, et il nous faisait des rounds de cinq minutes, sauf quand j'étais en mauvaise posture, et alors ça finissait de suite.

Ce qui m'enrageait, c'est que je boxais depuis dix heures du matin, moi, et que je me sentais trop fatigué pour l'arranger comme j'aurais voulu. Même à la fin, je me sentais vidé, et j'ai perdu la tête. Quand on est tombé tous les deux, dans un corps-à-corps, je me suis mis à genoux sur lui, et j'ai commencé à retirer mes gants pour mieux le marquer.

On nous a séparés, naturellement, et voilà Sal qui me tombe dessus à coups d'ongles en m'appelant «Sale nègre»! Alors j'ai encore perdu la tête, et j'ai commencé à taper dedans.

Deux jours plus tard, quand le magistrat m'a octroyé huit jours de «quod», Tom était là; et, moi, j'étais encore brun clair; mais lui! Une vraie peinture! Ça m'a fait plaisir à voir; et comme on m'emmenait à Wormwood Scrubs, voilà qu'il se met à me raconter des boniments au passage, à me dire que c'était un malentendu, qu'il allait m'expliquer...

Je lui ai répondu comme ça, très digne, qu'il pouvait garder pour lui ses explications, son oeil violet, et Sal.

Les explications et l'oeil, il aurait pu s'en consoler. Mais Sal! Il ne me l'a jamais pardonné.

L'Auto, 9 février 1910, p. 1.

Fraternité[1]

Ils étaient tous là, «Fatty» Bill, Fred Diggins, Wally Keyes, Alf Plimmer... formant bloc au milieu du public, échangeant à voix basse des propos mystérieux, ou se penchant sur l'épaule de Bill pour consulter le programme qu'il tenait à la main.

Fred se hissa sur la pointe des pieds, appuya le menton sur l'encolure massive qui lui cachait la moitié du ring, et chuchota à l'oreille de Bill:

«Six rounds!... Vous croyez qu'il tiendra?»

Bill fit une lippe prodigieuse d'oracle, et répondit:

«Il tiendra... ou il ne tiendra pas. On ne peut pas savoir. C'est un drôle de garçon!»

Alf Plimmer dit avec un geste de mépris écrasant:

«Ce type contre qui qu'il tire, Sid Brown... il ne vaut rien! Je l'ai vu dans une compétition de novices, il n'y a pas six mois; il a gagné sa série sans le faire exprès, parce que l'autre s'est trouvé là au moment où il faisait tourner ses bras... Le jour de la demi-finale celui qui devait boxer contre lui a oublié de venir; et il a remporté la finale parce que son adversaire a été disqualifié. Un boxeur, ça! Un bébé le démolirait sans s'arrêter de boire...»

Pensif, Bill dit à demi-voix:

«Oui... oui... C'est tout ce que j'ai pu trouver de moins dangereux pour lui; et, des fois, avec un peu de chance, et moi dans son

---

1. En tête de titre: «Chroniques du Cadgers' Club V».

153

coin... Pourquoi donc qu'il ne gagnerait pas? Il devrait même gagner, voyez-vous, entraîné comme il l'est; mais avec lui on ne sait jamais. Pourvu au moins qu'il n'aie pas peur pour sa figure, ce soir!»

Ils hochèrent tous la tête, soucieux, et regardèrent en connaisseurs les deux hommes qui entraient dans le ring à ce moment. Quand ils se furent malmenés et bousculés pendant quatre rounds, maladroits, essoufflés, l'un d'eux intercepta au passage un swing aventureux, et s'affaissa sur les planches, inanimé, au milieu d'applaudissements enthousiastes.

Bill se détourna avec un soupir.

«Ah! Seigneur! fit-il. Ça me fatigue rien que de les voir faire. Pourquoi donc qu'ils n'essayent pas d'apprendre quelque chose, avant de s'exhiber comme ça?»

Il consulta le programme, et s'en alla vers le vestiaire. Les autres se serrèrent pour rester ensemble, et se dirent l'un à l'autre:

«C'est pour après celui-ci!»

*

*   *

Le patron allait combattre. Oui! Combattre réellement, dans un vrai ring, avec de vrais gants et devant un vrai public, un homme qui ne saurait pas qui il était et qui le traiterait probablement sans aucuns égards. C'était lui qui l'avait voulu, et s'il s'en était remis à «Fatty» Bill du soin de trouver un adversaire et de fixer les conditions, ç'avait été sous défense solennelle de rien «arranger» d'avance. Bill avait bien fait les choses: un défi retentissant, appuyé d'un enjeu de dix livres, lancé au nom d'«Un inconnu», avait attiré d'innombrables bonnes volontés, et le résultat d'une sélection curieuse était le match qui mettait aux prises, en six rounds de deux minutes, avec gants de six onces, ledit «Inconnu» et le moins redoutable de ceux qui s'étaient offerts. Un obscur établissement de la rive Sud, loin des quartiers où le patron était connu, avait été choisi comme lieu de la rencontre, et tous les habitués du sous-sol de Bethnal Green étaient là, loyaux, mais sceptiques, et profondément étonnés, comme des gens dont l'univers oscille tout à coup.

Le patron! Ils n'avaient jamais songé à lui que comme à un être inexplicable, mis sur leur chemin par une Providence complaisante pour leur fournir un local d'entraînement, et des demi-couronnes de temps en temps, dont il se laissait taper sans résistance. Quand par hasard il s'alignait dans le ring contre l'un d'eux, son adversaire s'efforçait avec une application touchante de combiner une courtoisie un peu empruntée avec un simulacre de pugilat, et d'ailleurs Bill était toujours là, second, chronométreur et arbitre, rappelant à l'ordre d'un froncement de sourcils féroce les frappeurs distraits...

Pourtant il avait eu, récemment, des crises de combativité inattendues, et il lui était arrivé d'abandonner tout à coup sa pantomime inoffensive et scientifique pour charger à vrais coups de poing, pêle-mêle, un comparse stupéfait. Et voici maintenant qu'il allait s'enfermer dans un ring, en public, avec un garçon robuste et dépourvu de manières, qui ne se douterait pas de l'honneur qui lui était fait. Le patron! Un homme qui, clairement, n'aimait pas qu'on lui fit du mal, et qui n'avait pas besoin de cela pour vivre! Les habitués du Cadgers' Club secouaient rêveusement la tête et parlaient bas, comme en présence de quelque manifestation surnaturelle...

Ils l'acclamèrent pourtant bruyamment quand il fit son entrée; et lorsque, emportant les dernières recommandations et une tape paternelle de Bill, il s'avança crânement et plaça d'autorité un joli direct à la figure, leur enthousiasme ne connut plus de bornes. Entre deux vociférations, ils échangeaient des signes de tête entendus. Hein! Bon vieux patron! Pas si mazette que ça, après tout! Ce n'était pas pour rien qu'ils avaient tous mis la main à la pâte pour l'entraîner, là-bas, dans le sous-sol dont il payait le loyer, où il faisait sec et chaud, les soirs d'hiver! Il se comportait très bien, ma foi; vraiment bien... enfin... pas si mal! En tous cas ils étaient tous avec lui de coeur, et quand un swing heureux de son adversaire l'eut jeté dans les cordes, ils furent tous debout en un instant, lui hurlant des encouragements:

«C'est un coup de chance!... Ce n'est rien!... Faites pas attention, patron, rentrez et tapez dedans!»

Le placide Fred Diggins vociférait des conseils de carnage; Wally Keyes suivait les combattants des yeux, avec des demi-esquives et des contractions d'épaules instinctives, par sympathie, et Alf Plimmer s'offrait à dépêcher sommairement un voisin qui protestait contre leur tumulte. Mais Bill, les bras appuyés sur la plateforme surélevée du ring, surveillait son homme d'un air inquiet. Il semblait bien que le patron eût «peur pour sa figure», tout au moins pour le moment. Son jeu indécis, ses hésitations gauches, ses entrechats inutiles annonçaient à qui savait lire qu'il songeait au public, à lui-même, à l'humiliation possible, à tout sauf à la besogne simple à laquelle il aurait dû s'appliquer tout entier. Et quand une voix cria du fond de la salle: «Eh bien! Allez-y donc, voyons! Est-ce qu'il a peur?» il tenta une rentrée maladroite et se fit descendre encore une fois.

Alf Plimmer s'était retourné vers l'endroit d'où la voix était partie, et distribuait des défis sauvages. Sur la plate-forme, Bill maniait l'éponge en virtuose, avec une sorte de mélopée de nourrice, calmante, consolante, farcie de sagesse. Et le patron, affalé sur sa chaise, les mains accrochées aux cordes, ses cheveux couleur de foin lui retombant sur la figure, semblait suivre des yeux quelque chose d'insaisissable, qui fuyait...

Il tint pourtant toute la seconde reprise, et toute la suivante. Au quatrième round il fit jeu égal, nettement. Au cinquième, il eut une défaillance, flotta, s'accrocha, fut projeté deux fois à terre, au milieu des hurlements, et deux fois se releva à la neuvième seconde, blême, les yeux vagues, le coeur en déroute, et pourtant aiguillonné par quelque invincible désir... Et voici qu'au cours du dernier round il plaça un lourd crochet du droit au corps, comprit en une seconde que l'homme qui lui faisait face était encore plus fatigué que lui, tout aussi près de céder, et le poursuivit autour du ring toute une minute sauvage, fonçant comme un bélier, cognant, rompant les corps à corps avec des bourrades rageuses, et cognant encore...

*

* *

Dans le «pub» où ils s'étaient rendus en sortant, le patron, lavé, peigné, la figure à peine tuméfiée, commanda du «scotch» pour tout le monde, et s'assit sur un tabouret, son verre à la main, avec un sourire mélancolique.

«Fatty» Bill lui mit une main sur l'épaule.

«Battu, patron! dit-il, mais pas déshonoré! pas déshonoré!»

Alf Plimmer dit violemment:

«Aux points! Ça ne compte pas... D'abord ç'aurait dû être un match nul. Au dernier round, il ne tenait plus, l'autre!»

Fred se pencha, l'air affairé, les yeux ronds, et lui expliqua d'un ton mystérieux:

«Je vais vous dire... Vous êtes parti trop tard. Voilà! La prochaine fois que vous le rencontrerez, cet homme-là, vous l'aurez facilement... facilement!»

Ils le regardaient tous, sincères, fraternels, oubliant son élégance, son argent, oubliant qu'ils l'avaient longtemps considéré

156

comme un simple d'esprit, hanté par une marotte inexplicable, un benêt qu'il fallait tondre... C'était maintenant un garçon comme eux, qui s'était aligné à son heure, et qui avait tenu jusqu'à la fin.

Le patron, toujours assis, son verre à la main, les regardait aussi l'un après l'autre. Il se sentait encore un peu étourdi, presque bouleversé, facile à émouvoir, comme si les coups l'avaient ébranlé jusqu'au coeur. Et soudain il baissa le nez sur son whisky et balbutia :

«Vous êtes de braves garçons... Je... je... vous êtes de braves garçons. Videz vos verres...»

L'Auto, 20 janvier 1910, p. 1.

Le Français [1]

Les habitués du Cadgers' Club échangeaient force clins d'oeil et sourires amusés. Alf Plimmer, tout en aidant Fred Diggins à mettre les gants, lui chuchota plaisamment:

«Faites attention de ne pas lui faire de mal, Freddie; sans ça il pourrait vous donner des coups de pied dans la figure!»

«Fatty» Bill, rêveur, se demanda à demi-voix:

«Qu'est-ce que ça peut bien manger à l'entraînement, ces gars-là? Des escargots et des haricots verts...?

Cette saillie obtint un si vif succès qu'Alf Plimmer dut s'appuyer aux cordes du ring pour mieux rire, et que Wally Keyes, qui travaillait le ballon, abaissa les poings tout à coup, et laissa la sphère de cuir heurter violemment sa figure hilare...

Le patron émergea du vestiaire avec son hôte, et le conduisit dans le ring en gesticulant beaucoup par courtoisie. Pendant qu'il lui choisissait une paire de gants, Diggins, Plimmer, Keyes et Bill contemplaient l'étranger avec une curiosité simple. Bill mesura du regard le torse nu qui s'évasait en assez belles épaules, les bras pleins, le cou solide bien qu'un peu mince, et dit avec une nuance d'étonnement:

«Mais il n'est pas si mal bâti, après tout!»

Les autres hochèrent la tête, et Fred Diggins, pensif, se caressa doucement les bras de ses mains gantées. Il avait huit ans de métier, le petit Fred, et ne s'étonnait guère; mais c'était la

---

1. En tête de titre: «Chroniques du Cadgers' Club VI».

première fois de sa vie qu'il allait s'aligner contre un Français. Comment se battaient-ils, ces gens-là? On disait bien dans les journaux qu'ils avaient appris à donner des coups de poing comme tout le monde... pourtant ce n'étaient que des étrangers, des hommes aux moeurs curieuses, encore peu connues, de qui l'on pouvait tout attendre... Fred imaginait confusément des tactiques déconcertantes, faites de politesses prodigieuses et de soudaine sauvagerie; peut-être un oubli des règles, quelque blasphème contre les lois sacrées du carré magique...

*
*　　*

La poignée de mains du début, la position classique de son adversaire et les parades traditionnelles avec lesquelles il reçut la première attaque ébauchée rassurèrent Fred peu à peu. Il oublia promptement à qui il avait affaire et ne songea plus qu'à son travail. Autour du ring les autres regardaient sans rien dire, vaguement surpris de voir que le «forinner» savait un peu plus que l'alphabet du métier.

Au second round Fred plaça quelques swings bien appuyés, et le Français, plus grand et plus lourd de pas mal de livres, commença à s'échauffer aussi, frappant dur et le bousculant dans les corps à corps.

Quand le round fut terminé, le patron dit d'un ton d'éloge:

«Vous êtes pas tout à fait assez gros pour lui, Freddie! Alf, mettez-donc les gants!»

Alf Plimmer avait déjà les gants aux mains, et se glissait entre les cordes avec des yeux luisants.

Il débuta par quelques feintes rapides, arrêtées court, dont il guettait l'effet d'un air amusé, et puis quand son adversaire, trompé plusieurs fois, s'énerva et chercha une rentrée, il l'arrêta d'un direct en pleine figure et tout à coup le chargea d'un bout à l'autre du ring et jusque dans les cordes, frappant des deux mains sans arrêt. Encore quelques feintes, une esquive penchée qu'il releva d'un uppercut au front, et il ne lui resta plus qu'à traquer d'un coin à l'autre, sans se presser, calme et narquois, un homme en panique.

*
*　　*

Les quatre spectateurs rangés autour du ring contemplaient d'un air satisfait et placide leur camarade affirmer une fois de plus, comme il sied, la suprématie britannique. Le Français devinait ce contentement autour de lui et se sentait abandonné. L'impression d'un milieu étranger, quelque peu méprisant et probablement hostile; un adversaire dont il ne pouvait estimer la valeur exacte, mais qui semblait sûr de lui-même; l'idée que toutes les chances étaient contre lui et que, battu d'avance, il ne faisait que prolonger son humiliation, toutes ces choses s'agitaient dans sa tête secouée de horions et troublaient ses yeux apeurés. Il s'attardait dans les corps à corps, esquissait hors de portée des esquives inutiles ou des swings sans espoir, rien que pour se donner une contenance, ou bien souffletait légèrement son adversaire au front, par-dessus sa garde, du bout de son gant ouvert, avec un sourire pâle qui l'invitait à ne rendre que la pareille. Et Alf Plimmer, le simple, le pourchassait pied à pied, le long des cordes, frappant violemment sans colère, incapable de comprendre l'appel muet de cette pantomime qu'il suivait de ses yeux inquiets.

Appuyé contre un des poteaux du ring, le patron regardait et hochait la tête. Son invité le Français semblait encaisser, mais, après tout, cela faisait partie du métier, et il n'y avait pas encore de dégâts sérieux. Et, de voir le champion du Cadgers' Club chasser l'étranger devant lui et le punir des deux mains, dédaigneux des coups, sûr de la victoire, il sentait monter en lui peu à peu un secret orgueil de race — l'orgueil de la race forte, de la race dure, celle qui a toujours triomphé dans les longues guerres.

Il regarda sa montre et annonça le repos. Plein de sollicitude et un peu de remords, il mouilla une éponge et rafraîchit la figure de son hôte; puis il se pencha vers lui et demanda:

«C'est peut-être un peu trop dur, hein!»

L'autre secoua la tête, et répondit:

«Oh, non! Pas du tout!» avec un sourire brave et des yeux chavirés.

Le patron continuait à le regarder, et, tout à coup, voilà qu'il se revit, lui, sur cette chaise, se reposant, comme il s'y était reposé tant de fois, les gants aux mains, en apparence placide et vaillant, et au fond, gourmandant son coeur en déroute. Dans l'autre coin Alf Plimmer se détournait pour parler à «Fatty» Bill avec un sourire entendu; la torsion de son cou faisait saillir en piliers les faisceaux de tendons et de muscles qui couraient de la mâchoire à la nuque et aux seins; son torse nu, vu de trois-quarts, semblait profond et compact, redoutable machine de bataille... Et dans le coin, près de lui, le patron devinait un coeur comme le sien, trop compliqué pour la violence froide des jeux barbares, oscillant sans cesse entre la peur et le vieil instinct qui fait résister jusqu'au bout.

*

* *

Comme la minute de repos touchait à sa fin, il se pencha fraternellement, et dit au Français en empoignant son épaule nue:

«J'ai été à votre place; je sais... je sais... Allez-y carrément, et vous verrez que ça ira bien...»

Alf Plimmer reprenait le milieu du ring avec le froncement de sourcils attentif d'un homme qui va mettre la dernière main à son ouvrage. Il risqua encore quelques feintes, chargea, ne frappa cette fois que le vide, et avant d'avoir pu se ressaisir il était à son tour sur les cordes, des crochets des deux mains lui tombant dru sur la mâchoire. Il se dégagea, toucha faiblement, et encaissa à l'estomac dans un corps à corps. En le rompant sans précautions, il reçut encore un crochet court, vit rouge, fonça, toucha une, deux, trois fois, voulut en finir et, mal couvert, s'offrit au «narcotique» qui vint sans manquer.

Autour du ring le Cadgers' Club, atterré, contemplait le désastre. Alf Plimmer battu par un Français!... Un Français!... C'était la fin de tout; la banqueroute des dogmes anciens; l'écroulement de la hiérarchie du monde; le spectacle navrant d'un Dieu frappé d'aberration et bénissant les infidèles...

L'Auto, 15 mars 1910, p. 1.

Le cross anglais

Le club qui a l'honneur de me compter parmi ses membres comprend des marcheurs et des coureurs. Quand on me demande à quelle catégorie j'appartiens, j'hésite un peu. Car si je me vois généralement obligé, lorsque j'accompagne les marcheurs, de courir pour les suivre, par contre, quand je sors avec un peloton de coureurs, je finis toujours par me rendre compte, au bout de deux ou trois milles, que la course est en somme une allure anormale, dépourvue de dignité et qui enlève tout charme au paysage; et je termine le parcours loin derrière tout le monde, seul — comme il sied à un penseur — dédaigneux des quolibets dont m'accablent les petits garçons des villages.

Les hommes du «fast pack», ces brutes qui courent vite et longtemps et qui gagnent des médailles, me méprisent, mais je leur rends bien. J'ai conscience d'être infiniment plus civilisé qu'eux, plus affiné, plus en harmonie avec le siècle des hommes sans jambes. D'ailleurs, je caresse et j'entretiens d'un hiver à l'autre un projet bien arrêté de m'entraîner quelque jour férocement, de prendre des galops nombreux, le soir, autour de Regent's Park, loin des regards indiscrets, et puis de révéler ma véritable valeur une fois, rien qu'une fois, à ces vulgaires écumeurs, en les battant tous... ou presque tous... enfin, en en battant quelques-uns; voire même en gagnant un des handicaps du club, de très loin, dans un temps prodigieux. Je ne l'ai pas encore fait; mais j'y songe.

*
*   *

Je n'ai jamais couru que deux ou trois crosses en France et je n'en ai pas gardé un bien bon souvenir. D'abord j'étais très jeune — ce siècle avait deux ans... ou à peu près — et j'ai essayé d'aller vite, avec des résultats désastreux. Et puis les bois de Saint-Cloud et de Ville-d'Avray, encore que pittoresques, sont vraiment un peu trop près de Paris, trop banlieue, pas assez campagne. Enfin le sol y est souvent dur et l'on émerge parfois d'une première tentative les pieds «chamarrés de pustules», ce qui n'est poétique que dans les pièces de M. Rostand.

Non! Cela ne vaut pas la campagne anglaise, ces vallons paisibles où les Polytechnic Harriers, gens avisés, ont élu domicile. Foin des faubourgs où l'on évolue en vue des cheminées d'usine, entre des maisons en construction et des terrains vagues jonchés de détritus et de tessons de bouteilles, engrais paradoxal qui ne fait pousser que des écriteaux. Foin de la banlieue immédiate de Londres, région décevante qui, d'aspect rural un jour, s'est ornée la semaine suivante de plusieurs rangées de maisons «semi-détachées», toutes merveilleusement «éligibles» à en croire les constructeurs; mais, pour les profanes, d'une hideur criminelle.

Pinner, Ruislip, Eastcote, voilà où il fait bon courir — ou faire semblant. Il y a de grandes prairies ondulées, des chemins creux, quelques bois, des ruisseaux, même un réservoir qui se donne des airs d'étang. On en vient à chérir jusqu'à la boue qui couvre ce district d'octobre à avril et transforme les pâturages en marais et les chemins creux en fondrières. C'est une bonne boue saine et champêtre; l'on y barbote avec abandon; on s'en éclabousse jusqu'aux cheveux avec une sorte de joie sadique, tous en peloton, au grand trot à travers les flaques; et après le demi-mille à toute allure de la fin, pour bien suer, on débouche en sauvages dans les vestiaires où les grands baquets d'eau chaude attendent, et l'on se lessive en sauvages au milieu de la buée d'eau et de sueur qui enveloppe les innombrables corps nus, sans se presser, à coups d'éponges voluptueux, malgré les vociférations de ceux qui attendent.

Et les veaux qui s'effarent en gambades ridicules au passage des coureurs! Et le ruisseau qu'il faut passer dix fois, d'un saut si l'on veut, mais bien plutôt en barbotant dans l'eau jusqu'aux genoux se garant des poussées sournoises! Et le tronçon de route à travers le village, le long des jardins des «Peupliers» où notre thé se prépare; et Blue-Bell debout sur le seuil, Blue-Bell la blonde aux yeux candides, faisant des signaux enthousiastes avec son tablier; Ville-d'Avray a du bon, et les déjeuners chez Texier ne sont point méprisables; mais je crois que s'il me fallait y retourner, je garderais au coeur la nostalgie de la molle campagne de Pinner et de ces chemins creux d'où l'on sort si crotté...

*

    *   *

La saison de cross, de ce côté du détroit, commence dès le début d'octobre et se prolonge jusqu'à la fin de mars. Les acharnés s'en réjouissent parce que cela leur donne le temps de parachever leur entraînement en une progression savante. Ils nous arrivent à la fin de septembre encore, hâlés des marathons ou des nombreux tours de piste de l'été, et les voilà bouleversant de suite la paisible campagne de leurs raids de forcenés !

Les sages, ceux qui ont compris la vanité des choses de la piste et des lauriers trompeurs, émergent de Londres vers la même époque, mais hors de toute condition, gras et dignes, et consacrent un mois au moins à refaire connaissance avec la région. Ils s'arrêtent volontiers, au cours de ces premières sorties, pour discuter tous les changements survenus, maudire avec force les barbares qui ont doublé telle clôture de ronces artificielles ; couvrir de louanges les sportsmen éclairés qui ont disposé un billot en marche-pied devant telle autre barrière ; jeter le coup d'oeil du connaisseur sur le bétail de l'an dernier et constater la croissance des jeunes génisses qui maintenant — (Ah Seigneur ! Nous vieillissons !) — donnent du lait !

Et ces mêmes sages, quand le printemps approche, laissent à d'autres les championnats nationaux, internationaux et toutes ces dures farandoles vers la gloire. Ils s'en vont tout doucement à travers champs, trottinant sur l'herbette et aspirant par tous les pores les parfums du renouveau. Les jours s'allongent ; le soleil encore un peu voilé répand sur le monde une tiédeur hésitante ; la boue de l'hiver matelasse encore le sol ; mais on sent bien que le printemps se prépare. Il ne s'est pas encore décidé à venir ; mais il y songe. Et les sages, jeunes ou vieux, trottinent de moins en moins vite, se répètent à chaque instant l'un à l'autre en soufflant pas mal qu'il fera bientôt trop chaud pour courir ; et ils finissent par s'arrêter tout à fait, assis sur une barrière, pour s'essuyer le front d'un revers de main et promener autour d'eux un regard attendri.

L'idée qu'au même moment des camarades de club luttent jusqu'à l'épuisement, haletants, les yeux creux, devant des spectateurs qui hurlent, les remplit d'une grande pitié. Ils hochent la tête avec indulgence, font une bonne provision de souffle et descendent de leur barrière pour reprendre leur trottinement.

Pourtant il ne faut pas tout à fait les croire quand ils déclarent solennemment avoir renoncé pour toujours au sport, à ses pompes et à ses oeuvres. Car même les plus indolents de ces sages se laissent parfois engager encore — rien qu'une fois ... pour donner l'exemple aux jeunes ! — dans quelque handicap du club, voire même dans le «dix milles» de la fin de saison; et voici qu'une folie héroïque se réveille alors en eux et que les campagnards arrêtés au bord des chemins sont les seuls témoins des duels féroces que se livrent l'un à l'autre ces philosophes repentis loin, très loin, plusieurs milles derrière les cracks, d'un champ à l'autre et tout le long des chemins creux où ils s'espacent dans la douceur du soir qui tombe, longtemps après que les derniers spectateurs sont partis...

L'Auto, 30 avril 1910, p. 1

166

La route

Les vacances sont une bonne chose; mais des vacances de durée indéfinie, que l'on n'a pas demandées, sont — quand l'argent est rare — la chose la plus embarrassante du monde. Bert Roper songeait à cela vaguement, assis sur un banc du parc, son chapeau rabattu sur les yeux. Le soleil — le premier vrai soleil de l'année — baignait tout d'une lumière directe et chaude; dans Rotten Row, des cavaliers corrects défilaient sans fin; des «nurses», vêtues de blanc, promenaient lentement sous les ombrages des bébés frisés et trop propres. Bert contemplait tous ces gens irréprochables avec hostilité.

Il revoyait la scène de la veille: sa comparution devant les administrateurs de la société, alignés derrière une longue table en des attitudes de solennité grotesque.

L'un d'eux parlait: «... Éviter tout scandale... nous avons décidé de ne pas vous poursuivre... vous partirez de suite... un mois d'appointements...»

Ah! les emplâtres! Il avait été troublé d'abord devant eux; il avait rougi, pâli, il s'était tu; et puis, voici qu'au dernier moment, une fois les grands mots lâchés, il s'était trouvé endurci tout à coup, insouciant et gouailleur, comme si un personnage ignoré venait de se révéler en lui, un personnage cynique et hardi, qui n'avait rien de commun avec le petit employé de tout à l'heure. Et il était sorti dans le vaste monde en se dandinant, ses dix livres en poche, rêvant de revanches féroces et de coups audacieux.

Pourtant, il ne pouvait s'empêcher de songer maintenant qu'il avait en somme perdu son emploi et qu'il n'avait aucune chance d'en jamais trouver d'autre: son beau courage vacillait;

la liberté lui faisait peur, et l'angoisse le prenait de se savoir poussé dehors, en réprouvé, et toutes les portes du monde refermées derrière lui.

*

* *

Quelqu'un vint s'asseoir sur son banc, le regarda deux ou trois fois à la dérobée et, après un silence, toussa discrètement.

«Vous n'auriez pas une allumette?» dit l'intrus.

Bert passa ses allumettes sans répondre. Son voisin bourra un tronçon de pipe avec lenteur. Il avait une figure prodigieusement tannée, une barbe rude, les cheveux trop longs, et, sous ses loques, un grand air de sagesse désabusée. Il fuma quelques secondes, puis, pesant du regard l'apparence presque élégante du possesseur des allumettes, il commença son boniment, par pur devoir professionnel et sans conviction.

— Ça fait du bien, dit-il, une pipe, quand on a passé la nuit dehors et qu'on n'a rien mangé de la matinée !...

Puis:

— Vous ne le croiriez pas, mais j'ai été un gentleman, moi, dans les temps !...

Bert, qui rêvait, répondit distraitement :

— Un gentleman !... moi aussi, j'en étais un, ou presque, pas plus tard qu'hier !

Le mendiant s'arrêta court et sourit discrètement.

— Bien pardon ! dit-il. Je vous avais pris pour un «toff».

Il se renversa en arrière et fuma voluptueusement. Ce fut d'un ton fraternel qu'il reprit :

— Alors, nous avons eu des ennuis, hein?... un petit malentendu, hein?... Ah ! on sait ce que c'est... Il faut changer d'air...

— Je ne demanderais pas mieux, répondit Bert, mais les voyages ne sont plus dans mes moyens.

Son interlocuteur le considéra avec une surprise affectée.

— Qu'est-ce qu'elles ont donc, vos jambes, dit-il, qu'elles ne peuvent pas vous servir?... Allez, jeune homme, allez... moi qui vous parle, avant que l'été ne soit fini, je compte bien avoir fait tout le pays, de l'est à l'ouest et encore du sud au nord, d'ici au Devon et puis tout le pays de Galles en remontant, et au delà,

Liverpool et peut-être plus loin encore; et tout ça par la route, jeune homme, à pied...

Il hocha la tête sentencieusement, et suivit des yeux la fumée de sa pipe qui montait dans le soleil.

— ... Trois mois de route... tant qu'il fera beau... par des chemins que je connais, où il n'y aura pas de sales autos pour vous faire manger leur poussière... comme ça, en douceur, comme ça vous dit... toujours quelque chose à manger et souvent même de quoi boire, pour peu qu'on sache y faire...

*

* *

Dans Rotten Row, les cavaliers et les amazones semblaient une longue cavalcade guindée, réglée d'avance, un musée animé de science équestre et de bonnes manières; les complets gris et les robes noires donnaient un exemple de correction sobre au grand soleil impudique, et leur défilé était ordonné et précis comme quelque figure d'une danse de salon.

Le loqueteux disait doucement:

— ... Des ennuis, hein?... vous avez eu des ennuis... tout est de travers; il y a quelque chose qui vient de finir tout d'un coup, et vous avez envie d'oublier et qu'on vous oublie... On sait ce que c'est... c'est arrivé à bien d'autres... Eh bien! je vais vous dire: il n'y a qu'un moyen: il faut prendre la route, et vous en aller tout droit...

Il retira son chapeau et se gratta la tête en grimaçant:

— C'est difficile à expliquer, fit-il, mais c'est comme ça... N'est-ce pas, un homme... il vit comme il peut... et quand il a vécu un certain temps, il se trouve toujours qu'il y a des choses qu'il voudrait laisser derrière lui... des choses qu'il a faites... ou qu'il aurait dû faire... ou bien des choses qu'il a voulues et qui ne sont pas arrivées... il s'en souvient, de ces choses-là; elles sont tout le temps avec lui, et alors ça finit par devenir trop lourd... Eh bien! si cet homme-là prend la route et qu'il marche assez longtemps en ligne droite et qu'il aille assez loin, il vient un moment où il sent qu'il a laissé toutes ces choses derrière lui, et il redevient comme un petit enfant...

«Ça vient plus ou moins tôt... on ne peut pas dire... mais le principal, c'est d'aller en ligne droite tout le temps et de marcher tant qu'on peut... tant qu'on peut, et tout droit devant soi, à travers les comtés... N'est-ce pas, le pays change; mais ça n'est pas ça seulement... Voyez-vous, à force de marcher, on se fatigue, on

169

s'use, on laisse un peu de soi sur la route tous les jours... et puis, il vient un matin où on sent que tout est changé, et tout ce qui vous pesait dessus, toutes les mauvaises choses tristes, eh bien! elles sont sorties de vous, comme des peaux mortes qu'on aurait laissées derrière soi...

«Tout ce qu'il faut, c'est aller droit devant soi et ne jamais revenir... tout droit sur les routes, tant qu'on peut, avec de bons souliers...»

*

*   *

Les cavaliers qui, à vingt pas de là, galopaient sur la terre molle étaient lointains et peu réels: des personnages de pantomime que l'on pouvait contempler d'un oeil amusé. Le grand ciel éclatant semblait couvrir un monde attirant et désirable comme un jouet nouveau, et voici qu'un petit souffle de vent vint en chuchotant promettre à son tour toutes les choses merveilleuses qui attendent éternellement ceux qui iront assez loin.

L'Auto, 31 mai 1910, p. 1.

Le sauvetage

On prenait le café en groupe sur la terrasse. Les dames échangeaient au-dessus des soucoupes des sourires de mépris amusé, se tapotaient les cheveux, regardaient le panorama, en disant pensivement: «Que c'est beau!» et s'ennuyaient un peu. M. Ripois, un journal déployé sur les genoux, fumait son manille à bouffées lentes et suivait à l'horizon l'essor de rêves improbables; car l'arrivée de ses quarante-cinq ans, un commencement d'obésité et les progrès d'une calvitie galopante n'avaient pu entamer les illusions robustes qu'il nourrissait en secret. Au pied de la terrasse, la mer clapotait doucement. Elle semblait dire:

«Ne croyez pas les poètes, ni M. Pierre Loti; je suis domestiquée et inoffensive. On m'a pour six francs par jour, tout compris: vagues, goémon et crevettes. Et je garde les vraies tempêtes pour après la saison.»

M. Ripois fit tomber du petit doigt la cendre de son cigare et demanda à son fils:

— Eh bien! Roland, tu te sens prêt?

Roland, qui, assis sur un tabouret, suçait un «canard», grouilla les épaules et parut troublé. Mlle Pauline, croyant fermement que le devoir de son sexe consistait à prendre avec les enfants un air de protection apitoyée, dit:

— Laissez-le donc tranquille, ce petit! C'est déjà bien assez que vous vous prépariez à le noyer; ne le torturez pas en lui en parlant tout le temps!

M. Ripois eut l'air étonné:

— Se noyer? dit-il; pas de danger, je serai là!

171

Mme Ripois remarqua d'un air hostile:

— Tu ne sais déjà pas si bien nager!

Il sourit avec amertume, et confia à son cigare sa tristesse d'époux méconnu.

Fort de ses convictions, il reprit pourtant:

— Voilà bien les femmes! Elles ont toutes l'admiration éperdue des casse-tête et des bravaches; mais elles voudraient élever les enfants dans du coton. C'est... comment donc... machin... un Anglais, qui a dit qu'il fallait avant tout être un bon animal. Eh bien, c'est ce que je ferai de Roland, un bon animal d'abord! Du moins, j'essaierai.

*
 * *

Roland, que la perspective de servir de champ d'expériences remplissait d'un vague malaise, s'agita sur son tabouret et renifla bruyamment.

M. Ripois continua:

— Il est grand temps qu'il apprenne à nager, grand temps! Et il apprendra comme les petits chiens, par instinct. Après tout, nous ne sommes que des bêtes...

Mlle Pauline riposta:

— Parlez pour vous! et rit longuement.

— Si le mot bête vous choque, dit M. Ripois, disons animaux! Nous ne sommes que des animaux, Mademoiselle; supérieurs si vous voulez, mais des animaux; et la plupart de nos maux viennent de ce que nous l'avons oublié. Si nos enfants s'en souviennent, ils seront beaux comme des pur-sang ou des dogues; et ils seront heureux, mademoiselle, ils seront heureux!

Mlle Pauline, qui avait reçu son instruction dans un couvent, et son éducation dans une arrière-boutique, trouva l'idée si ridicule qu'elle ne peut que rire de nouveau.

M. Ripois la considéra avec mépris et frappa sur son journal de la main.

— Tenez! dit-il. C'est comme cette traversée de la Manche à la nage...

Sa femme l'arrêta net.

172

— Laisse-nous un peu tranquille avec la traversée de la Manche. Un homme sérieux, marié et peut-être père de famille, qui s'amuse à rester dix-huit heures dans l'eau, est un fou, et on devrait l'enfermer, ou bien alors le mettre en prison.

Cette opinion reçut l'approbation générale et M. Ripois connut l'orgueil amer des incompris.

— Tout cela n'empêche pas, fit-il, qu'à trois heures et demie, Roland apprendra à nager, tout seul, comme un bon petit animal qu'il est. Et croyez-vous qu'il ait peur?

Roland se souvint des grands exemples de l'histoire et sourit faiblement. Mlle Pauline s'attendrit de nouveau.

— Pauvre petit chat! fit-elle et elle lui tendit un second «canard».

*

*   *

Le flanc du rocher descendait à pic dans deux mètres d'eau claire, sur un fond de joli sable, où des crabes minuscules s'affairaient en manoeuvres indécises. De chaque côté, il y avait d'autres rochers semblables; au fond, c'était la petite plage où des enfants, pareils à des champignons avec leurs grands chapeaux, attendaient patiemment que le voisin ait fait un pâté de sable pour l'écraser aussitôt. M. Ripois avait retiré son veston et révélait une chemise mauve et une ceinture de soie; il avait aussi quitté ses espadrilles. Roland, plein d'appréhension, se déshabillait avec une lenteur calculée.

Quand il fut enfin prêt, son père l'amena au bord de l'eau et prit la parole:

— Mon fils, dit-il, tu sais nager. Tous les hommes savent nager, et même les petits garçons. Seulement, il y en a qui oublient qu'ils sont, après tout, des animaux, et qui se noient par erreur...

Il ne continua pas, parce qu'il s'aperçut que Roland commençait à grelotter; il adressa au groupe des dames un geste rassurant, assujettit sa ceinture de soie, et donna à son fils une légère poussée.

Roland, qui n'avait pas compris jusque-là toute l'audace de l'expérience, la réalisa d'un seul coup dès qu'il fut dans l'eau. Il essaya de crier avant d'être remonté à la surface, et les résultats furent désastreux: secoué de hoquets, il battit la mer de brasses impuissantes, coula de nouveau, but abondamment, ressortit un peu plus loin du rocher sauveur et perdit tout espoir.

Pendant qu'il se débattait ainsi, M. Ripois, à genoux sur le roc, lui donnait d'une voix claire et distincte les conseils nécessaires. À son grand chagrin, le nageur ne nagea pas; il ne parut même pas accorder la moindre attention aux avis qu'on lui dispensait; il s'obstina à ne point coordonner ses mouvements selon la règle, et à faire des efforts surhumains pour respirer bien avant d'avoir la tête hors de l'eau.

Quand M. Ripois eut compris définitivement que son fils, poussé dans l'eau par lui, n'en sortirait certainement pas sans son aide, il n'hésita pas un seul instant. Oublieux du pantalon blanc immaculé et de la chemise en «Oxford» violet, il plongea droit sur l'enfant, et s'enfonça avec lui. Ce fut alors seulement que Roland donna les preuves de la ténacité héroïque que son père aimait à s'imaginer en lui; car, ayant saisi fermement l'auteur de ses jours par le cou et par un bras, il maintint sa prise avec tant de courage que les trois méthodes différentes enseignées dans le manuel de sauvetage, appliquées successivement, ne purent lui faire lâcher prise. M. Ripois remua les jambes et s'étonna de ne pas avancer. Il lui vint à l'idée que l'enfant avait perdu tout sang-froid et qu'il était urgent de le rassurer; il voulut le faire en quelques mots brefs, pleins d'un calme intrépide. Mais il ouvrit la bouche un peu trop tard...

*
*   *

Mlle Pauline avait débuté par un long hurlement d'horreur quand M. Ripois avait sauté à l'eau; avant qu'il ne s'enfonçât pour la seconde fois, elle avait longuement réclamé un canot de sauvetage, invoqué la malédiction du ciel sur les pères imprudents ou coupables, condamné sans appel Léandre, Byron, Burgess et leur funeste exemple; proclamé les vertus du petit Roland, si doux, si gentil, victime des flots barbares...

Un jeune homme, qui se trouvait là, se mit à genoux sur le rocher et harponna avec un manche d'ombrelle le groupe qui se débattait à six pieds du bord. Roland, entouré de femmes affolées et soumis à des soins énergiques, essaya de pleurer avant d'avoir tout à fait repris sa respiration, et faillit s'asphyxier de nouveau.

M. Ripois, assis sur le goémon, râla un peu, toussa violemment, retrouva lentement son souffle, et dit rêveusement:

— Nous ne sommes que des bêtes!...

L'Auto, 24 août 1910, p. 1.

174

Couffion pérore...

Les journalistes sont, chacun le sait, des gens généralement peu dignes de foi, et lorsqu'ils prétendent rapporter les faits, gestes et paroles de personnages authentiques, l'on peut être sûr que ce n'est là qu'un subterfuge littéraire, et que ces personnages sont simplement des créations de leur esprit ingénieux.

Mais quel cerveau torve et déséquilibré eût jamais pu inventer Couffion? Couffion existe; son invraisemblance même en est la preuve, et d'ailleurs il me serait facile de recueillir dans Greek Street, et dans Old Compton Street, et dans Leicester Square, les témoignages solennels de ceux qui le connaissent.

On le trouve au «Coin de France» à l'heure où les journaux arrivent; une heure plus tard il se rend au «Restaurant du Littoral» où il dîne, et ses intimes pourraient encore nommer force établissements obscurs de Soho et d'alentour qui, à des moments divers de la soirée, lui servent de cadre. Car partout où se trouve Couffion, les choses ne font que lui tenir lieu de décor et de tribune, et les gens s'abaissent d'eux-mêmes au rôle d'auditoire ou, tout au plus, de choeur antique, et psalmodient longuement avec respect le refrain de ses paroles inspirées.

*
* *

Hier soir, le chef du «Restaurant du Littoral» avait laissé cuire un peu trop longtemps l'entrecôte qui lui était destinée, et Couffion répandait sur le monde des flots d'un noir pessimisme. Il parlait de sport, du sport français, et en l'écoutant les autres dîneurs trituraient leurs mets sans joie et désespéraient de l'avenir de notre race, cependant que le garçon négligeait son service

175

et, figé près de la table, sa serviette sur le bras, s'abîmait dans la mélancolie.

«Tout ça — disait Couffion — c'est des blagues, du chiqué, des histoires de journaux... À les lire, croirait-on pas que la France est devenue le nombril du monde sportif, la pépinière des athlètes, un pays où des générations magnifiques se préparent avec enthousiasme à la suprématie, font toutes les semaines des progrès de géants, sont toujours sur le point de faire la pige aux Anglais, aux Américains, à tout le monde...»

Il cueillit dans le plat un morceau de chou-fleur, le jeta sur son assiette d'un air dégoûté, et soupira bruyamment:

«Et voilà quinze ans que ça dure! dit Couffion. — Ah! Maladie!...»

«Nous autres, qui moisissons à Londres depuis des années, nous avons cru les journaux, nous nous sommes dit tous les mois: Ça marche, ça marche. Ils avancent, les frères de là-bas; ils rattrapent les Angliches. Et puis nous avons attendu, et quelques années plus tard nous nous disions: Eh bien! Oui! Ça marche, bien sûr! Mais si on nous en envoyait quelques-uns, des jeunes, des costauds, hein? Les générations splendides, si on nous en faisait voir quelques échantillons? Et voilà des années de ça; ça a continué à marcher — à en croire les journaux — et ceux qui nous arrivent, regardez-les, mais regardez-les donc!... C'est terrible, môssieu; terrible...»

Le geste accusateur de sa fourchette engloba plusieurs nouveaux venus, qui rougirent et protestèrent faiblement. Couffion polit le fond de son assiette avec un tampon de pain et secoua sévèrement la tête.

«Le sport national français, dit-il d'un ton définitif, c'est la lecture de l'**Auto**; pas autre chose...»

Il commanda plaintivement: «Un camembert, Gaston!... Bien fait!...», et se renversa en arrière.

*
* *

«Ils achètent leur **Auto** tous les jours, continua-t-il, et ils le lisent fièvreusement:... Machin est monté à 2 000 mètres en aéroplane... Chose est arrivé quatrième dans une course de natation, derrière les Anglais et les Belges, mais battant un Finlandais et le champion du Montenegro... Untel a écrasé en six rounds un vieil Anglais encore très bien conservé... et Truc à couvert 350 mètres, sur un terrain à peine en pente, en un temps qui lui aurait assuré une bonne place dans les championnats d'Amérique, s'il avait été là...

«Et quand ils ont lu tout cela, nos athlètes français, leur sport de la journée est fini. Ils carrent les épaules; ils se disent: Nous sommes de fameux gaillards tout de même! et ils s'en vont faire une manille en prenant l'apéro.

«Oui! Je sais bien qu'il y en a quelques-uns qui font du sport pour de bon; mais, ceux-là, c'est aux médailles qu'ils songent, aux médailles et au public qui les verra faire. Ils choisissent soigneusement le sport qui convient le mieux à leur difformité spéciale; ils s'entraînent comme des piqués; ils écument et se pavanent pendant un an ou deux; et, dès que les médailles cessent de venir de leur côté, ils laissent ça là; ça ne les intéresse plus! Ils retournent à leur manille et ils prennent du ventre...»

Dans la salle du «Restaurant du Littoral» planait une morne désespérance. Les clients regardaient l'oracle avec crainte ou fixaient sur leur assiette des yeux navrés. Mlle Lizzie oubliait de changer les couverts, de verser les cafés et même d'étudier dans la glace l'effet de sa coiffure. Renversé sur sa chaise, Couffion suivait du regard dans l'espace le défilé de pressentiments lugubres.

«Tout ce que je vois là-dedans, fit-il, c'est que les spécimens qui nous arrivent ici, les gars qui représentent la moyenne, les échantillons pris dans le tas, sont tous pareils à ceux d'autrefois, plutôt pires... De piteux morceaux: guère de biceps et pas d'estomac!... Ils lisent l'**Auto**, voilà toute la différence; et c'est probablement de lire des histoires de records qui les dispense de prendre de l'exercice pour leur santé, comme le faisaient nos pères, avant qu'on ait inventé le sport...»

Un silence découragé régna et des ronds de fumée montèrent dans l'air comme des couronnes funéraires. Dans la rue, des gamins hurlaient:

«Star... Star... Païper... Païper...»

Une voix dit innocemment:

«Tiens! De Ponthieu qui tirait ici au Wonderland samedi dernier!... Il s'est fait disqualifier.»

Le poing chétif de Couffion s'abattit sur la table avec violence.

«Pardi! cria-t-il. Ils l'ont disqualifié parce qu'il était trop bon pour leur homme: voilà!... Ces Angliches, ils comprennent bien qu'on leur fait la pige, maintenant, et ils ne savent quels sales trucs inventer pour se défendre!...»

Sur quoi un grand soupir de soulagement s'éleva: et nous perçûmes, avec joie, qu'il y avait encore de beaux jours pour le sport français.

L'Auto, 8 octobre 1910, p. 1.

L'homme nu

Il reposait sur le divan qui faisait face au mien, enveloppé d'un pagne bleu. Un bras épais sortait de l'étoffe et pendait vers le sol; la peau blanche de son corps faisait paraître plus brun encore le cuir tanné de son cou et de sa figure glabre. Il avait le cheveu clairsemé, un grand nez belliqueux et de grands yeux pacifiques.

Dans le couloir qui séparait les deux rangées de divans, des vieillards éléphantesques passaient pesamment et des boys agiles, porteurs de plateaux, les contournaient avec adresse.

L'homme nu tournait la tête sur son coussin, s'étirait doucement avec un grognement voluptueux, et retombait dans l'immobilité. Soudain il demanda d'une voix paresseuse, sans bouger, les yeux au plafond:

— Quelle heure est-il?

La voix aiguë d'un boy répondit:

— Neuf heures moins le quart!

Il soupira bruyamment, et demanda encore:

— Et quel temps fait-il dehors?

Après quelques secondes, le boy annonça:

— Il pleut!

Nouveau soupir, et nouveau silence. L'homme nu remuait les lèvres sans bruit, prenant les dieux à témoin de la perversité des choses. Et voici que tout à coup il tourna la tête vers moi, et m'ouvrit son coeur.

— Par une soirée comme celle-ci, dit-il, un bain de vapeur est le seul endroit de Londres où il fasse bon vivre ! Et voilà qu'il est déjà temps de se renfoncer sous des carapaces de coton, de laine et de cuir, et de s'en aller patauger dans leurs rues sales... On a à peine le temps d'oublier où l'on est, et c'est déjà fini : il faut sortir, retrouver les trottoirs crottés et les maisons enfumées, recevoir le brouillard dans la gorge, la pluie dans la figure et des éclaboussures dans le dos... Charmant pays !... Ici encore il fait à peu près bon, ni trop chaud, ni trop froid, pas de boue, pas de pluie, et des divans confortables !... et l'on est tout nu... tout nu...

«Avez-vous jamais été dans les mers du Sud ?... Non !... Je ne sais pas trop pourquoi je vous demande cela, après tout, mais quand je suis au bain de vapeur je ne peux pas m'empêcher de penser aux braves sauvages de là-bas, qui se promènent dans leurs forêts natales avec des fleurs dans les cheveux et un bâton dans la main, et rien d'autre... et qui se mangent paisiblement entre eux, et jouissent de la vie pendant qu'elle dure...

*
* *

«Voyez-vous, l'homme n'était pas fait pour vivre toujours habillé !... C'est la faute du climat ?... Peut-être !... Peut-être... mais pas seulement du climat... Un de nos ancêtres, homme sain d'esprit et raisonnablement civilisé, se sera un jour protégé du froid sous une peau de bête ou de la pluie sous une couverture de feuilles tressées, et voici qu'après des milliers d'années nous, ses descendants barbares, avons transformé cela en une superstition, le culte aveugle d'un fétiche...

«Il y a des gens que cela ne gêne pas. Ce sont les dégénérés, ceux qui ont oublié. Mais tout homme chez qui l'ancêtre primitif survit encore a des moments de révolte, et au milieu de sa servitude il lui vient parfois le désir irrésistible de reprendre les choses au commencement et, comme préambule, de se mettre tout nu. La nudité partielle ou furtive que l'on adopte pour se baigner ou pour dormir ne le satisfait pas ; il veut exposer sa peau à l'air, sans vergogne, et se mouvoir librement.

«Mais nous vivons dans un monde où les hommes encore sains et normaux sont rares, et sont persécutés. De sorte qu'ils sont contraints de trouver pour la satisfaction de leur instinct des prétextes ingénieux :... bains de soleil,... bains de vapeur,... sports variés... Les plus braves disent aspirer à la vie simple, et se réfugient au fond des forêts...

«Pour moi, ce sont les bains de vapeur que j'ai choisis. Je

connais tous les bains turcs de Londres, et les bains russes, et bien d'autres. Chacun d'eux est une oasis différente et que je choisis selon le jour. Lorsque j'ai envie surtout de confortable et de paix, je vais au bain de Northumberland Avenue, ou de Leicester Square, ou de Jermyn Street. Et quand j'ai soif de simplicité primitive, je traverse tout Londres et je m'en vais au bain de Brick Lane. C'est un vrai bain russe, avec des salles emplies de vapeur brûlante aux senteurs d'aromates. L'on promène gravement avec soi un petit balai en feuilles de bouleau dont on se fouaille, et un baquet de bois que, rempli d'eau froide, on renverse de temps en temps sur sa peau échaudée... C'est très bon... Tout se passe simplement et en famille, et l'on échange, d'un gradin à l'autre, des sourires affables avec des étrangers nus qui, comme vous, religieusement se fustigent et s'inondent.»

*
*   *

La salle se vidait peu à peu; les baigneurs s'habillaient tous l'un après l'autre et, relevant le col de leurs pardessus, sortaient dans la rue avec des figures renfrognées... L'homme nu se souleva sur un coude, regarda l'horloge, et se laissa retomber avec un soupir de détresse.

— Il faut s'en aller, dit-il. La rue nous attend; la rue sale entre des maisons sales et la pluie froide, et les flaques de boue!

Les jours comme celui-ci, quand je me trouve dehors, engoncé dans des étoffes humides, je songe à mes bains comme certains rêvent du Paradis Terrestre où Adam et Ève, nous dit la légende, étaient nus... et il me vient une pitié immense pour tous les pauvres diables qui vont de l'enfance à la mort en gilet de flanelle, détestant et redoutant la nudité.

Car ils ne connaîtront jamais la joie barbare des corps qu'on frotte et qu'on douche, ni la douceur de la peau lessivée vautrée sur une toile fraîche, ni la volupté des salles chaudes, cavernes magiques où l'on vient se rajeunir de dix mille ans, et qui sentent les aromates et la feuille de bouleau.

L'Auto, 24 novembre 1910, p. 1.

Le courage pour tous

La main levée, Couffion lut d'une voix gouailleuse et solennelle:

«Le courage purement physique, le courage de l'homme qui se bat n'appartient qu'à un ordre inférieur de bravoure, et n'est en rien comparable au courage moral, qui, sous des dehors que le vulgaire prend volontiers pour des marques de lâcheté, cache souvent le plus noble héroïsme...»

«Des boniments comme ça, dit Couffion, ça me donne envie d'aller me coucher!»

Il plissa les lèvres et secoua la tête.

«À l'âge de la pierre taillée, fit-il encore, les choses n'étaient pas si compliquées. Quand votre ancêtre et le mien s'expliquaient à coups de hache de silex, celui des deux qui frappait le plus fort et le plus longtemps, et supportait mieux les coups, et poussait les hurlements les plus féroces était un brave, et les femmes de la tribu se bousculaient pour panser ses blessures et lui apporter à manger. L'autre comprenait au milieu du combat que la vie vaut mieux que la gloire, et s'en allait. C'est ce dernier qui a dû un jour s'aviser, tout en courant, qu'il y avait une certaine noblesse de sa part à conserver ainsi un père à sa marmaille sauvage, fût-ce au prix de l'opprobre et de la dérision. Ce jour-là, le courage moral fut inventé.

«Encore quelques siècles et il ne restera plus guère que ce courage-là. C'est à peine si, de temps en temps, on découvrira encore avec surprise quelques vestiges de l'autre, et les belles

âmes de ce temps-là feront alors les dégoûtées et parleront de
«brutalité» et de «sauvagerie» avec épithètes à l'avenant.»

*

*   *

On a déjà constitué en axiomes quelques préceptes commo-
des, comme, par exemple, celui qui dit qu'il est héroïque et beau
d'ignorer les offenses, ou cet autre qui enseigne qu'un homme
qui se tue commet une lâcheté.

Ce dernier est un des plus fortement enracinés et un des plus
ingénieux. Représentons-nous la scène :

Un homme est assis dans son cabinet de travail ou dans son
bureau, et regarde par la fenêtre d'un air écoeuré. Il est aussi
parfaitement déshonoré qu'il est possible de l'être; son nom
restera pendant bien des années le synonyme de toutes les igno-
minies, et son existence est une flétrissure pour les siens. Des
sanctions dégradantes se préparent dans l'ombre, et vont présentement s'abattre sur lui.

Il ouvre un tiroir, en sort un revolver et le manie d'un air
sombre et résolu, bien qu'avec précaution. Le contact du métal
lui fait passer un frisson dans le dos, et le minuscule trou noir du
canon est menaçant comme un gouffre. Il se raidit et lève lentement l'arme vers sa tempe. Elle lui imprime un petit rond froid
sur la peau, et les symptômes déplaisants qui lui parcourent les
reins s'accentuent. Un nouveau frisson le secoue, qui lui fait ins-
tinctivement écarter le revolver : ce frisson aurait pu, en somme, se communiquer à l'index posé sur la gâchette, et un accident est si vite arrivé !

Peut-être a-t-il, passagèrement, un peu de honte de lui-même. Il se remémore alors les raisons qu'il a de disparaître : elles
sont décisives. Nouveau geste lent du canon vers la tempe; petit
rond froid, frisson...

Et voici qu'il jette son revolver sur le bureau et se redresse
d'un bond. Le sang afflue à sa peau; il respire fortement; il
s'écrie :

«Non ! Je veux vivre !... C'est lâche de mourir. Quoi ? Fuir
les conséquences de mes actes ? Me dérober ? Jamais ! Je
vivrai... Grâce au ciel, je ne suis pas un lâche !»

Il se croise les bras sur la poitrine; se campe fortement sur

184

ses jarrets, et, une lueur d'héroïsme dans les yeux, il attend Fresnes.

*
* *

Les yeux dans le vide, Couffion parut contempler quelques instants le tableau qu'il venait de tracer; puis il se renversa sur sa chaise, et s'abandonna aux spasmes d'un rire amer.

«Il est certaines formes de couardise, reprit-il, que l'on ne peut absolument pas décorer du nom de courage moral. On en a donc fait des élégances. Du nombre est cette règle stricte qui, dans notre pays, interdit aux gens d'un certain rang social de s'abaisser à un pugilat.

Nous avons tous eu ce spectacle ineffable que présente une querelle dans la rue entre un «homme» et un «monsieur». L'homme agite sous le nez du monsieur un poing péremptoire, carre les épaules bombe la poitrine, et fait reculer devant lui son interlocuteur par la seule force de sa proximité menaçante. Le «monsieur» se tient très droit, verdâtre et digne, esquisse un piteux sourire de dédain, et cherche au loin, d'un oeil qui chavire, l'agent sauveur.

Quand deux «messieurs» se trouvent aux prises, c'est plus drôle encore. Ils restent immobiles à deux pas l'un de l'autre, le bras droit étendu perpendiculairement au corps, la main bien ouverte, les doigts écartés, et, s'étant assuré le concours de quelques amis qui le retiennent, chacun d'eux décrit à l'autre, en phrases enflammées, les ravages que cette dextre vengeresse produirait sur l'anatomie adverse, s'il n'était — lui, le possesseur de la dextre — retenu par le respect de soi-même et le souci de sa dignité.

Et quand, par hasard, deux d'entre eux se laissent vraiment emporter par la colère, et en viennent aux mains, il se passe quelque chose de curieux et de presque pathétique: ils ne savent plus! Ils ont oublié les horions élémentaires du lycée et même la boxe grotesque qu'on leur a enseignée au régiment; et l'on voit deux hommes faits, sains et suffisamment vigoureux, se battre comme de petites filles, se tirer le nez ou les oreilles, échanger des gifles, des poussées comiques, des coups maladroitement ébauchés; toutes sortes de petites démonstrations à faire mourir de rire — ou à faire pleurer.

Mais quand leurs amis les séparent et les emmènent, ces amis ne trouvent qu'une chose à blâmer, c'est que deux hommes bien élevés se soient laissés aller à «se colleter comme des chif-

185

fonniers». Comparaison qui, j'en suis sûr, ferait rougir de honte un vrai chiffonnier.»

Une fois de plus Couffion se tut et s'abîma en des réflexions moroses. Quand il rompit le silence, un peu plus tard, ce fut pourtant pour exprimer une ultime espérance.

«Heureusement — fit-il — que l'on s'est tout de même mis un peu à se servir de ses mains comme il faut, en France, ces dernières années !»

Heureusement aussi que le populo n'a pas encore tout à fait perdu l'instinct du pugilat. Il ne lui manque que de la science, qui s'acquiert.

Heureusement, enfin, que MM. les Apaches, ces derniers preux, continuent à nous donner à tous, encore qu'avec un peu d'exagération parfois, l'exemple des bourrades efficaces et des coups qui détériorent.

L'Auto, 4 janvier 1911, p. 3-4.

La balance[1]

Quand les journalistes eurent repris le train de Londres, Dave Morgan demanda à son entraîneur, Sam Harris:

— Eh bien! Qu'est-ce qu'ils ont dit de moi?

— Ils ont dit — répondit Sam Harris avec volubilité — que vous étiez bien un champion, et pas d'erreur! Que vous veniez en condition comme un ange, que le 21 de ce mois, la Bannière étoilée sera mise en berne et qu'un championnat du monde de plus sera revenu au vieux pays. Voilà ce qu'ils ont dit.

Mais quand son poulain eut quitté la pièce, Sam Harris regarda la porte quelques instants d'un air rêveur, et finit par demander à Boshter Bill:

— Encore sept livres à perdre en onze jours, Bill; croyez-vous qu'il puisse le faire?

Bill se manipula doucement le nez et les joues en signe de perplexité; il se pinçait la peau, puis tâtait avec précaution les os des pommettes et des mâchoires, comme pour s'assurer qu'ils étaient toujours là, et intacts. Il semblait que des années de martèlement quotidien eussent engourdi, paralysé les nerfs de sa figure et que, ne la sentant plus, il fût obligé d'en faire ainsi l'inventaire de temps en temps.

— Sept livres en onze jours! fit-il. Hem! Il faudra bien qu'il le fasse; seulement... seulement... dans quelle condition va-t-il se trouver au moment d'entrer dans le ring, après une suée

---

1. En tête de titre: «Les Cauchemars d'un champion».

comme celle-là, voilà ce qu'il faudrait savoir !

Sam Harris leva vers le plafond des mains suppliantes.

— Qu'il fasse le poids cette fois encore, rien que cette fois — implora-t-il — et je me charge du reste. Une fois qu'il aura battu l'Américain et enlevé le titre, je lui trouverai deux ou trois petits combats de père de famille, sans pesée, et six mois d'engagements dans les music-halls. Après... on verra !

Boshter Bill hocha la tête et renifla, pensif.

*
* *

À table. L'entraîneur répondait à la requête de son poulain par un sourire persuasif.

— Si j'étais vous, Dave — disait-il — je n'en reprendrais plus. Voyez-vous, c'est mauvais de manger beaucoup le soir, juste avant de se coucher ; et quant à un second verre de bière, vous n'y pensez pas ! La bière ne vaut rien pour un homme à l'entraînement : ça alourdit et ça tourne de suite en graisse... De l'eau ? Oh ! non, mon garçon, c'est tout aussi mauvais !

Dave Morgan implora, en enfant qu'on prive de dessert.

— Voyons, il faut tout de même bien que je mange et que je boive ! J'ai fait sept milles ce matin, plus de deux heures de travail dans le gymnase cet après-midi ; et ce que vous m'avez donné à manger n'aurait pas rassasié une petite fille !

— Donnez-lui tout ce qu'il veut, Sam ! — interrompit Boshter Bill. Demain matin nous lui ferons faire le grand tour par Harrow et Pinner, voilà tout ! Douze bons milles, et les cinq derniers en courant, ce n'est rien, n'est-ce pas, oh ! rien du tout, une paille !

Et Dave grogne d'épouvante à l'idée de l'impitoyable randonnée.

*
* *

La nuit, Dave Morgan est couché et dort. Si son entraîneur le regardait à ce moment, il ne pourrait s'empêcher de hocher la tête avec un soupir d'inquiétude en songeant à ces sept livres qu'il faudra encore arracher l'une après l'autre au corps déjà dégraissé, sans pourtant trop l'affaiblir. Car Dave a, dès à présent, la figure d'un homme prêt, fin prêt, que le moindre effort va surentraîner. La peau colle à son masque net, dessine les pommettes et les mâchoires, et rien que sa faible respiration d'homme endormi révèle chaque fois les muscles du cou et les tendons secs qui les attachent. Il a l'air étonnamment jeune: grand garçon poussé vite et qui commence à peine à s'épaissir; sur sa peau hâlée par l'exercice en plein air, les cheveux fins des tempes en semblent plus clairs, presque dorés, comme lavés aussi par le vent et la pluie; et le cerne profond de ses yeux fermés est presque pathétique.

Il rêve... Une route qui s'allonge; Sam Harris, à bicyclette, consultant, toutes les minutes, la montre attachée à son poignet; et au niveau du moyeu arrière, lui, Dave Morgan, revêtu de trois sweaters superposés, qui marche tant qu'il peut, et souffle, et sue. Des gouttes de sueur perlent sur son front, descendent le long du nez, trempent les cils, lui mettent leur amertume aux lèvres; tous les quarts de mille il s'essuie la figure d'un revers de main rapide, puis continue à longues foulées, en balançant les hanches, et de nouveau la sueur sourd et ruisselle.

La laine rude des sweaters, mouillée, lui râpe le cou, qui brûle; sa figure congestionnée gonfle sous la poussée du sang; ses yeux se troublent; il lui semble que son palais, sa gorge, tout l'intérieur de son corps se sont desséchés et que c'est sa vie même qui se mue en sueur et s'en va par tous les pores de sa peau. Un peu plus tard toute sa vie s'en est allée, et tout son élan, et il n'est plus qu'une machine qui balance les hanches et couvre le terrain. Et voici qu'une petite voix pointue s'élève derrière lui, une voix grêle et mauvaise de gnome. Elle crie:

«Encore sept livres à perdre... sept livres... sept... Ha! ha!... Sept livres de bonne chair!»

Dave Morgan s'agite dans son lit et murmure sans se réveiller. Il a rejeté ses couvertures et dort la bouche ouverte, respirant bruyamment. Le rêve continue, percé çà et là de trous d'ombre, mais parfois précis comme un tableau de cinématographe: la route sans fin, les haies qui défilent de chaque côté; ses deux jambes qui se meuvent sous lui en machine infatigable... Le rythme de ses foulées et le rythme du sang qui bourdonne à ses tempes se fondent en une sorte de refrain semblable au refrain d'un train en marche; un refrain qui est à moitié un calcul:

«Combien de milles... combien de milles... combien de milles faudra-t-il faire pour perdre sept livres... sept livres... sept livres?...»

Et les gnomes le poursuivent.

*
*   *

189

Plus tard... le gymnase. Il est nu, épongé, frotté; il monte sur la balance. Sous lui le plateau s'enfonce brusquement, avec un choc. Sam Harris tente d'ajuster les poids, puis hoche la tête d'un air accablé en murmurant: «Sept livres... encore sept livres... il n'a rien perdu!» Alors il regarde à son tour, et voit que les gnomes ont sauté sur le plateau en même temps que lui; il essaie de les chasser, mais ils reviennent, et toujours la balance accuse sept livres de trop... Sam Harris ne voit pas que ce sont les gnomes, et quand Dave veut le lui dire, il découvre qu'il n'a plus de voix...

Maintenant il est couché sur la table de massage; mais ce n'est pas la main de Boshter Bill qu'il sent sur lui. Ce sont de petites mains féroces qui se promènent sur son corps, et rabotent ses membres. Il ne souffre pas; mais il voit ces mains enlever à chaque fois des copeaux de chair, faire disparaître tous ses muscles l'un après l'autre, lui arracher sa force par lambeaux; il sait que ce sont encore les gnomes, parce qu'il entend leurs rires mauvais et leurs voix.

Et le voici de nouveau sur la balance; cette fois le plateau ne s'enfonce plus sous lui. Sam Harris, étonné, enlève tous les poids l'un après l'autre, et finit par le regarder avec effarement. Il se regarde à son tour, et voit qu'il ne reste presque plus rien de lui: rien qu'une forme impondérable, immatérielle, sans consistance, une ombre qui flotte et vacille...

*
*   *

Un soupir pareil à un râle, un coup de reins, et Dave Morgan se retrouve assis dans son lit, haletant. Il songe:

«Un cauchemar!... C'est mauvais signe...»

Et il regarde venir le matin.

L'Auto, 11 avril 1911, p. 1.

L'inébranlable[1]

L'entraîneur Sam Morris ne prêtait l'oreille aux propos du connaisseur qu'avec une moue d'ennui, en coulant des regards inquiets vers son poulain Dave Morgan, assis à quelques pas de là. Le connaisseur était un de ces hommes à qui deux mille livres sterling de rentes et le titre de membre du National Sporting Club assurent la compétence et l'autorité; il était venu de Londres pour assister à une séance d'entraînement de Dave Morgan, et maintenant pérorait avec pompe, commentant la dernière performance de son futur adversaire.

— C'est un mur, disait-il, ce Lewis Harris! Hatchman est rentré d'autorité dès le début et l'a criblé de crochets et de swings à toute volée sur la mâchoire; l'autre le laissait faire sans esquiver, sans bloquer, recevant tout comme si c'étaient des chatouilles. Hatchman s'enrageait, doublait et triplait, cognant comme sur un ballon, avec des «han!» de bûcheron; la foule lui hurlait des encouragements... et puis, tout à coup, l'Américain a paru se réveiller; il a changé de pieds, crocheté son gauche à l'estomac, et ç'a été fini! Hatchman était par terre, asphyxié, battu sans espoir.

L'entraîneur hochait la tête sans rien dire, et regardait à la dérobée Dave Morgan, se demandant s'il avait entendu. Le connaisseur continuait:

— Il est terrible, ce petit Américain! Surtout recommandez bien à votre homme...

---

1. En tête de titre: «Les Cauchemars d'un champion».

Boshter Bill, qui entrait, comprit le coup d'oeil que l'entraîneur lui lança, et fit sortir Dave Morgan avec lui sous un prétexte ingénieux.

*
*　*

— Bill! dit Sam Morris, à partir de demain, nous ne recevons plus personne: ni amateurs, ni journalistes, personne! Fin tiré et énervé comme le garçon l'est déjà, après tout ce poids qu'il a perdu, les boniments de «pichets» comme celui d'aujourd'hui ne lui feront pas de bien...

Dave avait très bien entendu; mais — et Bill Boshter donna à son facies rudimentaire une expression prodigieuse de ruse — je lui ai raconté que la petite affaire entre Harris et Hatchman était du pur chiqué, même que Hatchman avait touché pour cela vingt-cinq livres juste, et que c'était son propre beau-frère qui me l'avait dit! Dave est tout ragaillardi maintenant... C'est comme ça qu'on leur donne confiance.

*
*　*

Dans sa chambre, Dave Morgan se déshabille lentement, pensif et comme ennuyé. Il songe à la journée de travail qui vient de finir, aux trois autres journées qui le séparent encore du combat, et sa bouche, aux lèvres sèches et rouges, couleur de sang, dessine un sourire pâle lorsqu'il se souvient des précautions presque touchantes dont son entraîneur et Bill l'entourent. Il a parfaitement entendu ce que le connaisseur disait de son futur adversaire, Lewis Harris, l'invulnérable, et il a lu toutes les descriptions de son dernier combat. «Une mâchoire de fonte», «l'homme qui ne sent pas les coups», «celui qui encaisse comme une enclume et qui frappe comme un marteau», «un sorcier», tous les journalistes sportifs de Londres ont pris, pour parler du petit Américain, un ton d'étonnement presque superstitieux! Mais pourquoi donc Sam Harris et Boshter Bill le protègent-ils, lui Dave Morgan, de toutes ces rumeurs avec un soin si jaloux? Craignent-ils qu'il aie peur?

Quand cette idée lui vient à l'esprit, Dave rit de nouveau, et de meilleur coeur cette fois, car il a au plus haut point la vertu essentielle du combattant, cette simplicité héroïque qui fait du courage une chose si naturelle qu'elle ne mérite pas le nom de courage. Peur du petit Américain! La bonne histoire! Et, tout à coup, ses traits se durcissent et sa mâchoire saille: il a faim et soif du ring, des durs gants de quatre onces cuirassant ses phalanges, de l'air sur son torse nu, et des coups de gong réguliers qui, tour à tour, entravent et déchaînent. Ses vêtements tombent l'un après l'autre, et il s'étire. La dernière semaine d'entraînement a été dure, terriblement dure, mais il a maintenant la certitude de descendre à la limite de poids, cette fois encore, et le titre du champion du monde sera en jeu. Lorsqu'il montera dans le ring, il sera assurément en bonne condition: un peu trop maigri, trop affiné, peut-être!... Il s'étire encore. Il se sait capable de couvrir dix milles de route à toute allure, sans une goutte de sueur, capable de boxer six rounds de cinq minutes contre trois hommes qui se relayent, et de les charcuter tous les trois l'un après l'autre, de loin, en artiste, sans seulement s'essoufler; mais il commence à avoir parfois une sensation fâcheuse de manque de puissance, de ressort détendu, d'apathie... Enfin! Plus que trois jours...

*
* *

Il dort... Est-ce depuis cinq minutes ou depuis cinq heures? Toujours est-il qu'une image se tortille dans la nuit, une image qui vacille, d'abord confuse, et puis finit par se fixer et devenir précise et claire... Des plastrons blancs tout autour du ring; dans le coin opposé au sien, un groupe de soigneurs qui lui cachent son adversaire assis... Et une voix: C'est «Peggy» Bettinson qui annonce le grand combat...

Et voici que c'est commencé! Il y a là un saut brusque, une transition qui lui a échappé: L'image s'est rétrécie soudain, bornée par les quatre cordes tendues entre lesquelles deux hommes, en face l'un de l'autre, miment un pugilat. Ils rusent et feintent, avec des gestes rapides, arrêtés, courts, et se déplacent avec une prestesse miraculeuse, glissant sur le sol du ring où leurs semelles font un bruit de feuilles sèches... Hep!... Un direct du gauche, vite et droit comme un éclair, passant par-dessus une garde basse, et Dave Morgan reconnaît son gauche à lui! Maintenant, à travers son rêve, ces coups rapides du gauche se succèdent, innombrables, et cela dure longtemps... Quoi! C'est là cet Américain dont on a fait un épouvantail! Il n'a pas encore touché Dave une seule fois! Il ne sait même pas bloquer!... Un peu plus tard, Dave s'aperçoit que l'Américain n'essaie pas de bloquer, et qu'il n'esquive pas non plus; il rampe tout autour du ring, les bras oscillant à la hauteur des hanches, le front bas, avec un regard qui épie.

«Cela va bien, songe Dave, je continue et je gagne aux points», et son bras gauche sort et rentre comme une tige de piston, pendant qu'il recule devant la poursuite lente de son adversaire avec des entrechats faciles. À la longue, le combat l'excite; il ressent une sorte d'impatience devant cette tactique troublante; la proie est trop belle et trop facile, et, au lieu d'un direct du gauche, arrêté à mi-chemin, c'est un furieux crochet du droit qu'il décoche avec un balan sec du torse, un crochet qui arrive juste à la pointe du menton, si dur, qu'il en ressent lui-même le choc brutal jusqu'au coude. Après cela, il recule de deux pas pour en voir l'effet... mais, déjà, l'Américain est sur lui, inébranlé et tranquille, et il lui faut se sauver le long des cordes pour éviter sa charge.

L'image continue qui se déroule dans la nuit a des trous d'ombre, puis des reprises, où Dave Morgan se voit lui-même dans le ring, grand et mince, criblant de coups légers et rapides un adversaire ramassé qui avance sans cesse, le serre de près, le laisse échapper dans un coin du ring, et avance encore, patient, inlassable... Et, chaque fois qu'il y a eu un trou d'ombre et que l'image reprend, Dave a la sensation d'une fatigue qui grandit et l'écrase, et d'un pincement du cœur nouveau pour lui. Un second sursaut de colère, un coup sauvage du droit qui atteint son but, puis un autre, d'autres encore, crochets et swings à toute volée qui lui fêlent les phalanges... et, la seconde d'après, c'est toujours la charge de l'Américain indemne, impassible, qui s'avance le front baissé avec un regard qui guette.

Alors, la vraie peur met sa griffe sur Dave Morgan, la peur simple d'un sortilège, et il lui semble qu'il ne fait plus que se sauver le long des cordes en une suite d'esquives si miraculeuses qu'il ne les comprend pas lui-même, à mesure que la poursuite se fait plus serrée et plus féroce.

Et, maintenant, toute sa force est partie, et tout son courage: Quelque prodige le maintient debout et lui inspire des gestes inefficaces et las, et une fuite affolée, en face de l'homme qui le traque d'un coin à l'autre sans se presser, les yeux pleins de ruse cruelle, cherchant le moment et la place propices au coup qu'il va frapper, au coup unique qui suffira...

L'Auto, 3 mai 1911, p. 1.

Le messager

Mr. Algernon Ashford est assis dans le cabinet de travail de sa maison de Goldens'Green, et écrit une lettre au **Times**.

Tous les matins il s'installe ainsi devant son vaste bureau de chêne, et s'immobilise en de longues méditations, préparant les épîtres solennelles qu'il envoie périodiquement au **Times**, au **Daily Telegraph** ou au **Morning Post**.

Il écrit lentement, le sourcil froncé:

«... Devant toutes ces catastrophes la même pensée vient à tous les hommes de bon sens: Cela en vaut-il la peine? Toutes ces vies sacrifiées amèneront-elles au moins quelque progrès réel, quelque résultat pratique, un essor nouveau de l'industrie et du commerce? À cette question tous les hommes de bon sens répondront: «Non!».

Mr. Algernon Ashford s'arrête là et relit son dernier paragraphe, satisfait. Il pourrait se souvenir d'avoir envoyé au **Morning Post** — il y a une vingtaine d'années — une protestation du même genre contre les premiers «vélocipèdes», ces «machines indécentes et grotesques»; et voici dix ans à peine qu'il envoyait au **Daily Telegraph** une autre protestation contre les automobiles. Il se sert de taxis automobiles plusieurs fois par semaine, maintenant, et il projette de donner une bicyclette à sa fille Betty pour son quatorzième anniversaire; mais que la même accoutumance puisse jamais se produire pour l'aviation — l'idée est ridicule!

Son regard sort un instant par la fenêtre qui donne sur le jardin: le soleil joue sur les plates-bandes multicolores; au milieu de la pelouse Betty est assise de travers dans un fauteuil de toile, un livre sur les genoux, balançant ses longues jambes grêles de fillette; elle appuie au dossier sa tête aux cheveux raides, couleur de froment, et lève les yeux vers l'air ensoleillé où virent des mouches éperdues. Mr. Algernon Ashford contemple quelques minutes ce spectacle charmant et en est tout attendri.

Tant de paix champêtre à un quart d'heure à peine de Londres!

«... Non! Le vol ne sera jamais qu'un tour de force inutile et dangereux, un jeu de fous...»

*
*   *

Dans le jardin, Betty rêve... Lorsqu'elle est seule elle lit ou elle rêve; et elle est souvent seule. Sa mère est morte il y a déjà longtemps, morte d'avoir quotidiennement entendu Mr. Algernon Ashford discourir sur le monde et la vie... De sorte que Betty passe de longues heures dans le jardin, quand il fait beau, un livre ouvert entre les mains. Elle en suit avidement les péripéties touchantes, la course romanesque d'amours pures et distinguées. Et elle rêve...

Il y a souvent un héros dans son rêve; il est loyal, chaste et tendre. Ce n'est certes pas le mauvais sujet des romans, ni l'étranger à moustache noire qui incarne le vice et la débauche! Non: c'est un Anglo-Saxon splendide: il a six pieds de taille — pas un pouce de moins — un menton carré et des yeux de Galahad. Devant sa juste indignation l'on voit trembler et fuir les continentaux pervers qui avaient osé jeter les yeux sur l'héroïne!

*
*   *

Quelque part dans le jardin il doit y avoir un frelon, car on l'entend bourdonner. Betty le cherche en vain des yeux, puis renverse de nouveau la tête sur le dossier du fauteuil, et voici que tout à coup elle reste figée, les yeux grands ouverts, la bouche entr'ouverte aussi, formant un «oh!» qui oublie de s'échapper... À mille mètres en plein ciel, presque au-dessus d'elle, un aéroplane passe. Elle sait que c'est un aéroplane, bien qu'elle n'en n'aie jamais vu. Cela ressemble à une colombe aux ailes blanches étendues, toute petite dans le bleu du ciel, et qu'on devine pourtant très grande.

Betty s'émerveille; mais ce n'est qu'au bout de quelques instants qu'elle songe à ceci, qu'elle avait oublié: c'est un homme qui est là-haut! Un homme... l'idée lui donne le vertige; non pas le vertige qui fait peur, mais un vertige glorieux et doux d'adoration. Que voit-il de là-haut ce grand frère des alouettes? À quoi songe-t-il, ce demi-dieu qui a reçu le ciel pour sa part d'héritage, et navigue l'air ensoleillé, chevauchant loin du sol l'immense colombe?

*
*   *

Le soir tombe. Le ciel couleur de saphir est devenu couleur de turquoise. Tout à l'heure de petits garçons ont passé en courant dans la rue, criant les dernières nouvelles des journaux du soir:

«... Un aviateur français vole au-dessus de Hampstead et Golders'Green...»

Dans son cabinet de travail, Mr. Algernon Ashford écrit d'abondance, une rougeur d'indignation aux joues.

«... Le péril est imminent, car l'impudence des aviateurs, adulés par une presse servile, s'accroît d'heure en heure. Aujourd'hui même, un homme — ce nous est une satisfaction de savoir que ce n'était pas un Anglais — a été assez fou et assez coupable pour passer au-dessus de ces quartiers paisibles, menaçant nos vies, celles de nos enfants, nos maisons, nos jardins! Qu'attend-on pour intervenir?»

... Betty a oublié de ramasser le livre tombé sur la pelouse; elle a repris le rêve interrompu; mais voici qu'il y a maintenant quelque chose de changé dans ce rêve. Le héros qui est en route ne se présentera plus monté sur un cheval fougueux, mais bien sur un monoplan aux vastes ailes. Elle n'exige plus aussi impérieusement qu'il soit conforme à son idéal d'autrefois, parce que, tel qu'il sera, il descendra du ciel, et qu'il ne faut pas trouver à redire aux messagers divins. Il est auréolé de gloire, et beau de la beauté de ceux qui ne sont plus esclaves de la terre. Et — miracles des miracles — c'est un Français.

L'Auto, 19 août 1911, p. 1.

À propos d'un combat

La controverse, dont l'écho vous est parvenu, qui s'est élevée en Angleterre à propos du match Johnson-Wells, a ceci d'intéressant qu'elle a mis en action pour ainsi dire toutes les influences qui agissent sur la boxe en Angleterre, dans un sens favorable ou contraire.

Passons en revue les personnages.

Au premier rang, nous trouvons l'organisateur, homme candide, qui s'est dit que les matches de boxe — il faut ici éviter avec le plus grand soin le mot «combat» — étant légalement autorisés et prenant place régulièrement dans tout le Royaume-Uni, un match Johnson-Wells ne pourrait soulever aucune objection. Il a donc préparé ce match, dont le principal effet sera de mettre deux cent mille francs dans la poche de Johnson, cinquante mille dans celle de Wells, et dans la sienne une somme plus difficile à prévoir, mais assurément grassouillette.

Le tumulte que l'approche du match a suscité était donc bien imprévu; et assez imprévue aussi était la coalition qui réunit les dirigeants d'une demi-douzaine de sectes religieuses et certaines personnalités en vue du monde sportif.

*
*　*

Ceux que personne ne s'étonne de trouver dans ce camp, ce sont les fanatiques religieux, qui jouent en Angleterre les grands premiers rôles quand il s'agit de protester contre quoi que ce soit. Ces excellentes gens assument perpétuellement le devoir de régénérer et de sauver malgré eux leurs contemporains; et ce sauvetage ne peut naturellement être accompli qu'en enlevant aux dits contemporains toute liberté d'agir à leur guise pour leur imposer les diverses conceptions et règles de vie qui leur assureront, toujours malgré eux, la vertu et le bonheur.

Les sports et jeux de toutes sortes sont plus spécialement l'objet de leurs croisades frénétiques. Le sport hippique les convulse d'indignation, le football les remplit d'horreur, la natation et la semi-nudité qu'elle implique les amène aux confins de l'hystérie; les quilles et le billard leur font monter l'écume aux lèvres. Quant à la boxe... À la seule idée d'une rencontre entre un blanc et un noir, tous ces braves gens ont apparemment vu rouge.

Ce qu'il a de particulièrement comique dans leur indignation, c'est qu'ils ne se sont documentés que par ouï-dire; car aucun d'eux ne consentirait à aucun prix à aller voir le plus anodin des «contests», et cette ignorance, en n'imposant aucun frein à leur imagination, les laisse libres de faire de ces spectacles un tableau pittoresque, sanguinolent, qui tient des exécutions capitales et des scènes d'abattoir.

*
*   *

Il est plus étonnant de trouver dans le même camp que les fanatiques certains membres connus et respectés du National Sporting Club, lord Lonsdale, entre autres.

Seulement, tout en reconnaissant les services énormes que le N.S.C. a rendus au sport de la boxe, il ne faut pas oublier que plusieurs des hommes qui le dirigent sont, après tout, très humains, et qu'ils n'envisagent qu'avec une certaine hostilité — inconsciente, peut-être — une tentative qui aboutirait à faire passer leur club au second plan.

On sait que le N.S.C. n'a aucun mandat, ne représente rien, et qu'il s'est crée la situation unique qu'il occupe, simplement parce que, seul en Angleterre, il disposait de ressources considérables, et parce que son nom est devenu synonyme de parfaite droiture en matière de sport. Cette toute puissance indiscutée, mais purement officieuse, du N.S.C. a ses avantages: qu'elle ait aussi ses inconvénients, c'est ce qu'on se dit depuis longtemps dans le monde de la boxe sans oser l'écrire.

Certaines des objections que lord Lonsdale et ses collègues ont soulevées sont caractéristiques.

Lord Lonsdale a, par exemple, parlé avec regret et mépris de ces matches où le «gate-money», c'est-à-dire la recette, joue un rôle. Faut-il en conclure qu'il souhaite que les matches de boxe soient réservés au public aristocratique et restreint des clubs, ou pour mieux dire **du** club unique qui est le sien? Le grand public, cette racaille insolente chez qui le respect des titres s'efface, hélas, tous les jours davantage, aurait son petit mot à dire à ce sujet, et les boxeurs aussi.

Car, tout excellent sportsman qu'il est, lord Lonsdale pense peut-être avec une nuance de regret au temps où ses nobles ancêtres et leurs amis avaient chacun un pugiliste ou deux parmi leur suite, pugilistes qui, dans la hiérarchie de l'époque, occupaient une place à mi-chemin, entre l'intendant et le valet de chambre, et combattaient sur l'ordre de leur maître, pour la récompense qu'il plaisait à ce dernier de leur donner.

*
* *

Enfin, les adversaires du match dont la protestation a paru en France la plus légitime sont ceux qui ont basé cette protestation sur l'inégalité de valeur des combattants.

Il est difficile de nier qu'il n'y ait inégalité apparente; mais ce qu'il y a de curieux, psychologiquement, c'est que beaucoup des gens qui s'opposent au match, en toute sincérité, à cause de cette inégalité qu'ils proclament, sont parmi les plus ardents admirateurs de Wells et parmi ceux qui ont fondé et fondent encore sur lui les plus grands espoirs.

Souvenons-nous que Wells est venu à une époque où les meilleurs poids lourds anglais paraissaient être inférieurs d'une classe aux bons poids lourds blancs d'Amérique, et de deux classes aux quatre nègres dont il est inutile de citer les noms. Et la montée rapide de Wells a été suivie avec un intérêt passionné par des milliers d'Anglais qui ont pu nourrir enfin l'espérance qu'un des championnats du monde, et le plus envié, celui de la catégorie lourde, rentrerait un jour chez eux.

Seulement ils tombaient tous d'accord sur un point: que Wells n'atteindrait le summum de sa valeur que d'ici deux ou trois ans, quand une dizaine de kilos d'étoffe et de muscle seraient venus renforcer sa charpente magnifique mais encore un peu frêle. Et voici que, téméraire, il se prépare à affronter Johnson dès maintenant! De sorte que dans les voix qui protestent, il y a autre chose que de l'indignation: il y a un vrai désespoir, une angoisse patriotique, la peur de voir leur chimère s'écrouler trop tôt sous les coups du noir...

*
* *

Même battu, Wells restera d'ailleurs pour beaucoup de gens — dont je suis — le plus sérieux des «espoirs blancs» actuellement dans le ring, et mon pronostic est que Wells battra Johnson... à leur seconde rencontre.

L'Auto, 26 septembre 1911, p. 4.

La nuit sur la route et sur l'eau[1]

Il y a de par le monde quantité de gens qui parlent volontiers avec abondance, de sport, de vie en plein air, de retour à la nature, et qui ne s'en font pas moins une règle de coucher toutes les nuits dans un lit, entre quatre murs.

Pauvres diables!

Maintenant que l'hiver arrive, ils vont commencer à se souvenir, avec un peu de regret pathétique, des heures torrides qu'ils ont maudites sur le moment, et ils se diront avec un soupir: "C'étaient de belles journées quand même!" — Combien d'entre eux se diront: "C'étaient de belles nuits!"

Combien d'entre eux ont passé une nuit complète sur la route ou sur l'eau, sans but à atteindre, rien que pour jouir de la nuit? Sur la route: pour le plaisir de marcher sans hâte, dans le silence, entre les champs endormis; sur l'eau: pour éprouver une fois, au moins, ce que c'est que de dormir entre la rivière et le ciel, loin du fracas des cités.

*
* *

Nous sommes tous fous sur quelque point, a dit un sage. Peut-être l'exemple des Audax pédestres et de leurs marches nocturnes contribuera-t-elle à répandre cette sorte de folie qui consiste à arpenter les grands chemins pendant que le commun des mortels ronfle.

---

1. Premier texte que Hémon adresse à l'**Auto** depuis son arrivée au Québec, le 18 octobre 1911, à bord du **Virginian**.

Évidemment, des pères, mères ou amis éplorés supplieront les nouveaux noctambules de renoncer à d'aussi absurdes équipées; ils invoqueront les dangers innombrables qui les menacent: les gendarmes, les apaches et les rhumes de cerveau. Mais je me plais à imaginer qu'il existe encore des hommes de tout âge en qui fleurit le goût de l'absurde et de l'inusité. Ceux-là mettront leurs chaussures de route, un beau soir, à l'heure où l'on sort des théâtres, quitteront les villes et s'en iront droit devant eux, jusqu'au matin.

Les heures de la nuit appartiennent au piéton. Il est presque entièrement délivré des automobiles, répartisseuses de poussière, délivré aussi de la chaleur lourde du jour et de tout ce qui retarde et fatigue. Pour un homme suffisamment entraîné, s'en aller en promeneur, à bonne allure, dans l'air frais de la nuit, le long des taillis et des fossés où s'agite et bruit toute une vie furtive, est une joie en soi. Et il y a dans les aspects variés de cette nuit, dans les jeux de la lune et de l'ombre, dans la ligne des coteaux limitant le ciel profond, dans les souffles hésitants qui passent, dans les cris mystérieux qui s'élèvent parfois, une autre joie qui n'a rien à voir avec le sentiment et la poésie, mais s'adresse au contraire à l'être primitif qui est en nous et qui se réveille, délicieusement étonné de se retrouver face à face avec la terre nue.

Le jour vient. Aux noctambules des grandes routes, il n'apportera point d'élans lyriques ni de pamoison, mais une impression forte et neuve. La lumière leur montre un paysage inconnu vers lequel ils sont venus, à travers la nuit, et ils le contemplent curieusement, avec une nuance d'orgueil satisfait, en aventuriers, au seuil d'une contrée qu'ils découvrent.

Reste le dernier acte de l'aventure et, de celui-là, je ne pourrai parler sans lyrisme: c'est le déjeuner du matin. Une nuit sur la route constitue un apéritif qui n'a pas besoin de publicité; et les méprisables sédentaires — qui regardent manger les routiers, écarquillent les yeux et s'émerveillent de ce dernier de leurs exploits plus que de tous les autres.

*
*   *

Sur l'eau... Passer toute une nuit sur l'eau, dans un bateau; que voilà encore un amusement dangereux et déraisonnable! Il y a pourtant nombre d'hommes qui font cela par plaisir et même quelques femmes, entre Richmond et Kingston, tout près de Londres, pendant l'été.

C'est peut-être un dimanche soir. Toute la journée, la Tamise a été sillonnée de barques, littéralement encombrées d'une population flottante qui est venue au matin et n'est repartie qu'à la nuit, après avoir vécu dix heures, fait deux repas, sommeillé, fumé et fleureté sans toucher la rive. Mais le soir tombe enfin; les plus fanatiques doivent songer à leurs trains et regagner les garages. En descendant la rivière, ils croisent dans l'ombre d'autres bateaux qui s'en vont lentement, sans hâte, vers des ancrages familiers; les hommes qui montent ces bateaux voient partir les "dimanchards" avec soulagement et reprennent possession de leur rivière, en amoureux jaloux. Ils vont dormir sur l'eau.

Un "punt" à fond plat, des coussins, des couvertures, une petite lampe à alcool pour le thé, au réveil, voilà tout ce qu'il faut pour goûter la volupté des nuits sur l'eau. Mais, en y songeant bien, il faut encore autre chose: il faut avoir gardé le coeur simple de ceux pour qui la voix de la nuit et le clapotis de la rivière chuchotent les paroles magiques qui font tout oublier et apportent la paix.

Les voici enroulés dans leurs couvertures; avant de s'endormir, ils se soulèvent encore une fois sur un coude et boivent avec tous leurs sens à la fois les reflets sur l'eau, la brise fraîche qui souffle, la senteur de la terre humide, le silence que troublent seulement les voix lointaines de frères inconnus, dont le bateau se laisse tout juste deviner à travers l'ombre. Ils se réveilleront peut-être une fois au cours de la nuit et resteront un quart d'heure partagés entre le besoin de sommeil et le désir de rester conscients pour jouir de toute cette paix avant qu'elle ne s'évanouisse.

Le jour venu, le soleil installé déjà dans le ciel propre du matin, l'on songe avec un étonnement et une pitié sincère aux millions de gens qui sont encore enfouis sous leurs draps, enfermés dans leurs maisons. Puis l'on amène le bateau au milieu du courant,... un saut dans l'eau profonde, et cette eau qui nous a portés toute la nuit, nous reçoit en bienvenue et nous chuchotte à l'oreille: "Hein! leurs chambres!... leurs lits!... leurs salles de bains!... Les pauvres gens!"

Après cela nous faisons le thé en nous habillant à loisir, sans vergogne; car il n'y a là personne que notre nudité puisse choquer. Le soleil continue son escalade, et notre bateau, abandonné à lui-même, dérive en tournoyant entre les berges désertes; car il semble bien qu'il n'y ait que pour nous que le jour soit venu.

*
* *

La nuit sur la route et la nuit sur l'eau... J'entends d'ici M. Prudhomme demander: "À quoi cela peut-il bien servir?"

À rien, monsieur Prudhomme, à rien du tout! Nous ne sommes que d'inoffensifs toqués qui quêtons humblement votre indulgence.

Restez, monsieur Prudhomme, enfoui entre votre matelas et votre édredon, où vous êtes assurément bien, et aussi douillettement encastré que, par exemple, un mollusque en sa coquille.

L'Auto, 9 novembre 1911, p. 1
[reproduit dans **le Terroir** (Québec), mars 1920, p. 355-358].

Routes et véhicules

L'innocent Européen qui a passé le plus clair de sa vie à Paris ou à Londres se doute bien, pour l'avoir lu, que les voies de communication de la jeune Amérique et les véhicules qui les sillonnent sont quelque peu différents de ce que l'on trouve dans les pays efféminés, moisis, croulants, etc... (voir presse américaine) de la vieille Europe; mais le contraste, pour être prévu, n'en est pas moins frappant.

Il a vu, par exemple, cet Européen, certaines avenues de Paris à de certaines heures, où les voitures à chevaux sont si rares que chacune d'elles semble un anachronisme un peu comique, un groupe de musée rétrospectif qui serait miraculeusement revenu à la vie et sorti dans les rues.

Il a vu le dernier omnibus à chevaux de Londres, à son avant-dernier voyage, descendre mélancoliquement Tottenham Court Road, lent et morne comme un corbillard, au trot découragé de deux pauvres bêtes qui, à chaque foulée trébuchante, secouent la tête de droite à gauche comme si elles échangeaient les réponses d'une messe d'enterrement.

«Jamais plus... Jamais plus nous n'irons de Crouch End à Victoria en longeant les trottoirs... Jamais plus...»

Surtout cet Européen s'est accoutumé à trouver partout dans les villes des rues qui sont des rues, et presque partout entre les villes des routes qui sont des routes de sorte que, lorsqu'il débarque dans le coin de l'Amérique du Nord où la civilisation est la plus ancienne, et qu'il se trouve là des rues qui ressemblent à de très mau-

207

vaises routes et des routes qui ne ressemblent à rien, il est tout de même un peu étonné.

*

*   *

Les rues de Québec et les routes qui entourent Québec! Leur état, surtout à l'automne, et les voitures diverses qu'on y voit circuler! Ces rues, ces routes et ces voitures sont curieuses parce qu'elles présentent une série de contrastes qu'on ne retrouve nulle part ailleurs.

On y voit là, par exemple, surtout dans la ville basse des ruelles qui semblent vieilles de deux siècles, et le sont quelquefois. Étroites et tortueuses, flanquées de très anciennes maisons françaises, elles rampent au pied de la colline du Fort, reproduisant avec une fidélité touchante certains aspects de petites villes de nos provinces. Seulement, en deux siècles, on n'a pas trouvé le temps, apparemment, de les paver ni de les macadamiser, et l'on s'est contenté de les border de trottoirs en planches entre lesquels un insondable abîme de boue s'étend, à la saison des pluies.

Dès qu'on sort de la vieille ville, on trouve les rues droites des villes américaines. Même boue prodigieuse, mêmes trottoirs en planches; mais, des deux côtés, ce sont maintenant les rustiques maisons de bois des États de l'Ouest.

Encore un mille ou deux, et sans passer par l'état intermédiaire de route, la rue devient brusquement une piste rudimentaire qui s'en va, sans façon, à travers la campagne sans s'encombrer de bas-côtés, de fossés, ni de haies, escaladant les monticules, descendant dans les creux, décrivant çà et là de petites courbes opportunistes pour éviter une souche ou un bloc de pierre...

*

*   *

Mais les voitures de Québec sont encore bien plus intéressantes que les rues. Des automobiles? Évidemment, il y a des automobiles, mais elles ne représentent qu'une infime minorité et, lorsqu'on a vu les rues, routes ou pistes dont elles disposent, on regarde passer chacune d'elles avec un respect profond, comme si c'était la seule et miraculeuse survivante d'un «reliability trial» vraiment pas trop dur.

Ce sont les «calèches» qu'on remarque surtout. La calèche de Québec est une institution; elle, son cheval et son cocher forment un tout complet et indivisible, qui ne peut avoir son pareil nulle part au monde. On dit que le type de la calèche a été maintenu pur et sans retouche depuis Louis XV. Cela me paraît difficile à croire; on a certainement dû le remanier un peu et remonter par degrés à des modèles beaucoup plus anciens, à en juger par ceux qui circulent à présent.

Et puis, à côté de ces vénérables reliques, voici que passent les «buggies» américains ou d'autres véhicules encore plus rudimentaires, attelées de jolis chevaux, d'aspect fin et pourtant fruste, crottés jusqu'au poitrail, comme s'ils venaient seulement d'émerger des fondrières des districts de colonisation.

Les calèches antiques se débattant héroïquement dans la boue des pistes, le long des trottoirs de bois, entre les maisons de bois qui ressemblent encore aux primitives huttes des défricheurs — ou bien un «buggy» mettant sans vergogne sa note insolemment moderne au milieu des vieilles rues de la ville basse — voilà deux contrastes jumeaux qui résument un peu tout Québec et tout ce vieux recoin d'un jeune continent.

L'Auto, 5 janvier 1912, p. 1.

Les raquetteurs

Montréal

La rue Sainte-Catherine était en émoi ce soir. Les «chars» et les «traînes» ne passaient qu'avec difficulté, lentement, après force sonneries de grelots ou appels de timbres: et bien que le thermomètre marquait 15 degrés au-dessous de zéro, un nombre respectable de curieux bordait les trottoirs et regardait avec admiration défiler les raquetteurs.

Les raquetteurs sont de ces gens qui forcent l'attention, surtout lorsqu'ils sont rassemblés au nombre de deux ou trois cents, tous en uniforme. Ils portent des bonnets de laine de bandit calabrais, dont la pointe leur retombe sur l'épaule; des vareuses épaisses serrées à la taille par des ceintures; aux jambes, des «chausses» collantes, qui viennent s'enfoncer dans des mocassins de peau de daim. Et chaque société a ses couleurs, qui ont dû faire l'objet de longues méditations: vareuses grises et chausses rouges; vareuses blanches à parements bleus ou tricolores; ensemble grenat... le tout semé à profusion de houppes, de broderies et de galons. Ils se savent beaux, les gaillards! Et lorsqu'ils remontent la rue Sainte-Catherine ou le boulevard Saint-Laurent, comme ce soir, marchand en file indienne, clairons en tête, ceux de leurs amis qui les regardent passer ne manquent jamais de les héler avec insistance et s'honorent du moindre geste vague qui vient de leur côté.

* * *

Les raquetteurs, encore qu'ils soient typiquement Canadiens, par bien des points, ont quelques traits en commun avec nos excellentes sociétés de gymnastique: entre autres, le culte des uniformes, de la parade, des cuivres et des drapeaux.

211

Une autre ressemblance découle du fait que, de même que certaines sociétés de gymnastique comptent parmi leurs membres quelques gymnastes, ainsi les raquetteurs poussent l'héroïsme jusqu'à chausser quelquefois leurs raquettes à neige par-dessus les pittoresques mocassins, pour aller faire de véritables promenades sur de la véritable neige, qui ne manque certes pas.

Mais j'ai tout lieu de croire qu'ils ne prennent que rarement des moyens aussi extrêmes pour maintenir leur prestige. Bien plus souvent et bien plus volontiers ils se réunissent pour jouer à l'euchre ou pour danser, ou encore pour dîner ensemble; dans ce dernier cas, ils relèvent généralement le caractère de leur réunion en faisant suivre le dîner de longues fumeries musicales auxquelles ils donnent le nom de «concerts-boucanes», ce qui sonne fort bien.

Le compte rendu des exploits d'une société de raquetteurs à l'occasion de Noël pourra être instructif. Je reproduis à peu près textuellement le récit du journal local.

«... La société «Les Coureurs des Bois» a fait sa grande expédition coutumière à l'occasion de la messe de minuit, que tous les membres sont allés entendre à l'église de Boucherville.

«Partis du siège social au nombre de trente, tous dans leur coquet uniforme, et précédés de leurs tambours et clairons, ils ont suivi à pied la rue Sainte-Catherine jusqu'à la rue Bleury, où ils ont pris le «char» (canadien pour tramway). En descendant du char, ils ont pris place dans le chemin de fer électrique de la rive Sud qui les a menés à Longueuil. Là, ils ont trouvé plusieurs voitures mises à leur disposition par les notabilités locales, et le reste du trajet fut accompli promptement et gaiement.

«Une fois la messe de minuit entendue, ils se sont rendus à l'hôtel X... où leur fut servi un réveillon copieux et succulent qui dura tard dans la nuit. Les «Coureurs des Bois» se sont séparés en se promettant de faire encore dans le courant de l'année plusieurs grandes expéditions semblables...»

Que voilà des Coureurs des Bois qui comprennent la vie, et que leurs «expéditions» sont raisonnablement organisées! L'on serait vraiment tout déçu d'apprendre quelque jour qu'un membre d'une aussi intelligente société a chaussé d'incommodes raquettes et trotté dans la neige pendant de longues heures sans y être forcé. Mais c'est peu vraisemblable.

* * *

Ce soir, ils étaient tous là : les «Coureurs des Bois», les «Montagnards», les «Boucaniers» et aussi le «Cercle paroissial Saint-Georges» et les «Zouaves de l'Enfant-Jésus». La raison de leur assemblée, je n'en suis pas bien sûr: mais je crois me souvenir qu'ils allaient assister en corps au premier grand match de hockey sur glace de la saison et encourager de toutes leurs forces un club français qui luttait contre un club anglais. De sorte que nos raquetteurs sont de vrais hommes de sport, après tout.

Et un remords me vient de les avoir un peu plaisantés. D'abord, parce que ce sont d'honnêtes garçons qui s'amusent honnêtement et que leur goût pour les beaux costumes, les bons dîners et les fanfares bruyantes est le plus naturel du monde. Ensuite, parce que de temps à autre, ils font réellement usage de leurs raquettes et que certains d'entre eux sont des athlètes éprouvés. Enfin, et surtout, parce que, dans les rues de la plus grande ville d'une possession britannique, leurs clairons sonnent le «garde à vous» français et «la casquette» et que sur le traîneau qui les précédait, au-dessus de deux drapeaux anglais, deux «Union Jacks» bien gentils, pas très grands, de vrais petits drapeaux de politesse, il y avait un gigantesque tricolore qui claquait dans le vent froid et secouait ses rectangles de bleu et de sang au-dessus de la neige des rues.

L'Auto, 11 avril 1912, p. 1
[reproduit dans Alfred AYOTTE et Victor TREMBLAY, l'Aventure Louis Hémon, Montréal, Fides, 1974, p. 166-168].

Une course dans la neige

Des publications sportives françaises font paraître, avec des légendes pathétiques, des photographies de spectateurs qui, douillettement enveloppés de pelisses et de couvertures de voyage, assistent à un match de football par un froid de zéro degré centigrade, ou à peu près.

À quel vocabulaire lyrique, extasié, faudrait-il donc avoir recours pour célébrer la petite foule héroïque qui stationnait dans la neige, au pied du mont Royal, à seule fin de voir le départ et l'arrivée du steeple-chase annuel en raquettes organisé par la presse de Montréal?

Le thermomètre accusait 25° au-dessous de zéro, température à partir de laquelle les indigènes commencent à remarquer qu'il fait «un peu frouet», et songent à relever le col de leur pardessus. Certains même — les efféminés! — revêtent une paire de chaussettes supplémentaire, et cachent sous des bonnets de laine ou de fourrure leurs oreilles, qui ont une tendance fâcheuse à se congeler quand on les néglige. Mais une fois ces précautions prises, ils estiment qu'une heure et demie de piétinement dans la neige, sous le vent glacé qui râpe la peau et met des stalactites dans les moustaches, n'offre pas d'inconvénients bien sérieux.

Même du pied de la montagne, l'on domine déjà Montréal, et l'on a sous les yeux l'étendue de la ville aux toits plats tapissés de blanc, et la courbe du Saint-Laurent figé, immobile, qui ne se réveillera qu'en avril.

*
* *

Le départ se fait attendre — les Canadiens français copient

215

pieusement sur ce point-là les habitudes de leur ancienne patrie — de sorte que les spectateurs surveillent, pour tuer le temps, les ébats de ces autres fanatiques qui ont aussi abandonné le coin du feu pour passer leur après-midi du samedi dans la neige. Tout près, ils ont transformé deux cents mètres d'ondulations nues en une piste rudimentaire pour leurs luges, et y font la navette avec une ténacité touchante. D'autres chaussent leurs skis et escaladent le flanc de la montagne péniblement, en crabes ou bien avec des zigzags ingénieux, comme on approche des villes assiégées. Et d'autres encore, tout cuirassés de sweaters, des mocassins aux pieds, mettent leurs raquettes et partent de ce trottinement curieux d'ours qu'elles imposent.

Les coureurs, eux, sont à l'abri, dans un vestiaire bien chauffé, et se gardent d'en sortir. De temps en temps, quelques officiels mettent le nez à la porte, puis rentrent, et chaque fois la vision brève du poêle chauffé à blanc, et des bienheureux assis en cercle qui font fumer leurs semelles, répand parmi le public à demi gelé une sorte de frénésie. Il se précipite, invoque pour influencer l'intraitable gardien des titres honorifiques, des protections ou des parentés puissantes :

— Monsieur le gardien, je suis secrétaire adjoint du Cercle Paroissial de Sainte-Zotique.

— Moi, j'ai mon frère là-dedans qui m'attend pour que je le frictionne.

— Et je veux parler au président des Montagnards qui me connaît depuis l'enfance...

Mais le gardien qui bouche la porte, rôti d'un côté, gelé de l'autre, esquisse un sourire cruel, et sainte Zotique elle-même ne prévaudra pas contre lui...

*
* *

Enfin le départ est donné, et les favoris prennent de suite la tête. Ils courent en traînant forcément les pieds, et font passer leurs raquettes l'une par-dessus l'autre, à chaque foulée, avec un déhanchement un peu lourd, mais qui n'est pas sans beauté. N'était leur costume — maillot de laine qui couvre tout le corps et bonnet de laine — on songerait, en les voyant, à ceux de leurs compatriotes qui ont élevé leurs maisons de bois à côté des campements des «sauvages», semant l'immense territoire qui s'étend entre le Saint-Laurent et la baie d'Hudson, et qui s'en vont par les beaux matins froids visiter leurs trappes, les raquettes aux pieds, trottinant sur la neige profonde.

216

Une seule tristesse: le vainqueur de la course n'est pas, cette année, un «Canayen», c'est un «Anglâ». Mais derrière lui vient un peloton d'hommes aux noms français... Dubeau... Clouette... Robillard...

Si j'ai jamais parlé des raquetteurs de Montréal avec irrévérence, que l'on me permette de faire amende honorable pendant qu'il est temps. C'est «de la belle race», et leurs cousins d'outremer ne trouveront guère de raisons de rougir d'eux.

L'Auto, 8 mai 1912, p. 1
[reproduit dans **l'Oeil,** 15 janvier 1941, p. 24-25].

Les hommes du bois

La Tuque. — Juin.

J'espère que les typographes respecteront ce titre et ne feront des habitants de cette partie de la Province de Québec ni des hommes de bois ni des gorilles. Ce sont tout simplement de braves gens qui vivent du bois, c'est-à-dire de l'industrie du bois, et cela si exclusivement que le reste de l'industrie humaine demeure pour eux plein de mystère. Ils viennent de s'abattre sur La Tuque, ces derniers jours, venant des chantiers du Nord, et célèbrent présentement leur retour à la civilisation par des réjouissances de la sorte qu'il est impossible d'ignorer.

La Tuque est une ville fort intéressante. Je dis ville parce qu'il y a un bureau de poste et que traiter de village une localité canadienne ainsi favorisée ce serait ameuter toute la population contre soi !

Deux lignes de chemin de fer y passent. Seulement l'une d'elles est desservie par un matériel roulant un peu capricieux, qui déraille volontiers. Lorsque le cas se présente, une ou deux fois par semaine en moyenne, les voyageurs s'empressent de descendre, et s'unissent au mécanicien et au conducteur pour décider le matériel roulant, «engin» et «chars» — pour parler canadien — à remonter sur les rails, à grand renfort de crics, de billots et de barres de fer. Ils y parviennent généralement. L'autre ligne est plus importante: c'est celle du Transcontinental, qui ne mérite pourtant pas encore ce nom, car sur la carte le trait plein qui indique les tronçons terminés ne se rencontre que sous forme de très petits vers noirs isolés, que séparent d'interminables serpents de pointillé...

Seulement cette partie de la ligne qui s'étend au nord de La Tuque, et sur laquelle les trains ne passeront pas avant bien des mois, a déjà trouvé son utilisation: elle sert de route aux hommes qui reviennent des chantiers.

Depuis quelques jours on les voit passer par groupes de trois ou quatre, marchant sur les traverses avec l'air d'obstination tranquille de ceux qui sont habitués aux durs travaux. Ils ont au moins un trait en commun: la peau couleur de brique que leur ont donné le soleil, la pluie et la réverbération de la neige. Pour le reste ils sont splendidement disparates: courts et massifs, grands et maigres avec des membres longs qu'on devine terriblement durcis par la besogne: vêtus de chemise de laine, de gilets de chasse à même la peau, de pantalons de toile mince dont les jambes s'enfouissent de façon assez inattendue dans plusieurs bas et chaussettes de grosse laine superposés — dernier vestige de la défense contre le grand froid de l'hiver — chaussés de bottes ou de mocassins de peau souple. Ils s'en vont vers la civilisation et le genièvre de La Tuque, côte à côte, mais sans rien se dire, ayant passé tout l'hiver et tout le printemps ensemble.

Ils portent toutes leurs possessions terrestres sur leur dos, dans des sacs, paniers ou valises, à la mode indienne, reposant au creux des reins, avec une courroie qui leur passe sur le front. Et il y en a qui ne portent rien et s'en vont en balançant les bras, déguenillés et magnifiques, comme des sages pour qui les vêtements et le linge de rechange sont des choses de peu de prix.

*
*   *

Parallèlement à la voie, la rivière Saint-Maurice roule les innombrables troncs d'arbre qu'ils ont abattus, et qui s'en vont, sans payer de fret ni de port, vers les fabriques de pulpe et les scieries du sud. De novembre à avril ils ont manié la hache jusqu'aux genoux dans la neige; d'avril à juin ils ont travaillé au traînage et au flottage du bois, avec le divertissement occasionnel d'une chute dans l'eau encore glacée: système de culture physique qui n'est exposé dans aucun livre, mais assurément incomparable, et que complète le retour au monde civilisé, une promenade de soixante, quatre-vingt milles ou plus, par des sentiers de forêt ou sur les traverses d'une ligne de chemin de fer, avec tous leurs biens sur le dos.

Comment s'étonner que, ayant touché hier le produit de huit mois de paye accumulée, ils aient passé toute leur matinée à acquérir des chemises jaune tendre, des cravates violettes et des chapeaux de paille à ruban bleu, et qu'ils fassent cet après-midi un noble effort pour boire tout ce qu'il y a de genièvre à La Tuque, tâche héroïque et digne d'eux.

220

Ce sont tous sans exception des Canadiens français, et même dans l'ivresse ils restent inoffensifs et foncièrement bons garçons, enclins à adresser au barman qui les pousse dehors, des reproches plaintifs, lui rappelant vingt fois de suite «qu'ils ont bien connu son père» —, souvenir qui laisse le barman froid, mais les émeut, eux, jusqu'aux larmes.

Vus ainsi, ivres de l'ivresse prompte qui suit de longs mois de sobriété, ils ne sont que pitoyables et ne donnent pas une bien haute idée de leur race. Mais voici que ce matin quelques-uns d'entre eux m'ont vu déployer une carte de la Province de Québec et se sont approchés, curieux comme des sauvages devant un objet inconnu. Ils se sont fait montrer Montréal et Québec, et la rivière Saint-Maurice, et La Tuque, — Oui ! C'est ça ; c'est bien ça. Tu vois, Tite ? — Plus haut que La Tuque la carte ne montrait plus de villages ni d'accidents de terrain, plus rien que le tracé approximatif des cours d'eau, minces lignes noires sur le papier vert pâle qui représente la solitude de l'Unguava s'étendant à l'infini vers la baie de Saint-James et le cercle arctique.

Mais les bûcherons ont repris la nomenclature là où la carte l'abandonnait, et ont tout à coup peuplé la solitude. De gros doigts se sont promenés sur le papier :

«Ici, c'est Wendigo. Un peu plus loin c'est le Grand Portage ; puis la rivière Croche ; l'île Vermillon — notre chantier était par là — et un peu plus loin encore les rapides Blancs, et la rivière du Petit-Rocher...»

Les bûcherons ne désirent point les aventures ; ils ne demandent qu'un bon chantier, de larges platées de fèves au lard, une ou deux journées de chasse dans l'hiver, une ou deux journées de pêche au printemps, puis le retour à la civilisation et quelques ripailles. Mais il est bon de se rappeler que ce sont leurs ancêtres, des hommes tout pareils à eux, qui ont arpenté les premiers cette partie de l'Amérique, et qui ont fait que d'un bout à l'autre du territoire canadien, de Gaspé à Vancouver, l'on rencontre partout des noms français.

L'Auto, 31 août 1912, p. 1

[reproduit dans Alfred AYOTTE et Victor TREMBLAY, l'**Aventure Louis Hémon**, Montréal, Fides, 1974, p. 182-184].

Le cirque

Il y a des gens qui regrettent l'empereur; d'autres qui regrettent le discours latin; et d'autres encore qui regrettent leur jeunesse. Nous sommes quelques-uns qui regrettons le cirque.

Car il semble bien que le cirque soit mort, tout au moins dans les capitales. Sans doute y en a-t-il encore quelques-uns qui vont d'une sous-préfecture à l'autre, abreuvant les jeunes provinciaux des émotions augustes dont nous, citoyens des grandes villes, sommes sevrés. Et nous errons dans les music-halls pour y goûter ça et là quelque «numéro» qui nous rappelle les gloires passées: des acrobates, quelques équilibristes et les demi-dieux qui font de la barre fixe. Les revues à grand spectacle nous font bâiller; la chanteuse légère nous ennuie, et nous n'accordons aux comiques des deux sexes que des regards méprisants et distraits. Même lorsque leur tour vient des derniers artistes qui soutiennent encore sous l'oeil des barbares le bon renom de l'athlétisme et de l'acrobatie, nous restons mélancoliques; car le décor n'est plus celui qui convient, les exercices sont tronqués et avilis et nous souffrons plus que les acrobates eux-mêmes de l'indifférence de la foule ignare. Et nous nous souvenons...

Oh! l'arène matelassée de sciure de bois qu'enchâssaient les banquettes de velours rouge! La porte béante par où venaient de bonnes odeurs d'écurie! Et la musique! Nos amis nous disent volontiers que nous ne sommes pas musiciens: Allons donc! Quand tous les cuivres mugissaient ensemble et que la grosse caisse tonnait, héroïque, nous connaissions un délire plus sincère que celui des fréquenteurs d'opéras. Et ceux dont ces harmonies grandioses annonçaient l'entrée n'étaient pas des ténors aux jambes grêles sous le collant de soie, ni des basses bedonnantes: c'étaient des êtres prodigieux, surhumains, qui chevauchaient deux cavales à la

223

fois, deux cavales blanches aux naseaux roses, et crevaient les cerceaux de papier en bonds miraculeux. C'étaient des hommes qui planaient d'un trapèze à l'autre comme des oiseaux, qui se coulaient le long d'une corde comme des serpents, ou cabriolaient loin du sol comme de grands quadrumanes agiles. C'étaient des déesses étincelantes de paillettes et de verroterie, qui domptaient aussi les étalons fougueux, ou se laissaient enlever à bout de bras, en plein galop, par leurs mâles aux fortes épaules.

Et c'était le clown. Ah! le clown, sois béni! Pour nous faire rire tu revêtais ton corps massif et souple d'oripeaux grotesques: tu peinturais ton masque austère et tu te déhanchais tout autour de l'arène avec des grimaces splendides. Nous hurlions de joie, et puis soudain, c'était un grand silence d'admiration quand tu daignais faire jouer tes muscles et te répandre sur la sciure de bois en culbutes de génie.

Ainsi les Philistins vous ont exilés, ô acrobates! Ils vous ont contraints à vous exhiber sur les planches froides d'une scène, entre un chanteur et une danseuse, loin des glorieuses odeurs de sciure mouillée et d'écurie, loin des claquements de fouet, loin des fanfares héroïques! Et toi, ô clown, ils t'ont honni!

Vous allez, grandes âmes que vous êtes, dire que les Philistins ne savent pas ce qu'ils font, et leur pardonner. Mais songez-y, ce sont tous les petits enfants qu'ils ont dépouillés de leur héritage...

L'Auto, 23 octobre 1912, p. 1.

Le fusil à cartouche

Hier Pacifique Pesant s'est acheté un fusil à cartouche.

Il a quitté le camp à l'aube; deux heures de canot et trois heures de voiture — un Canadien qui se respecte ne marche pas sur les routes — l'ont amené au monde civilisé, représenté en l'espèce par le village de Péribonka et son unique magasin. Le soir il était de retour, ayant échangé un nombre de piastres qu'il ne veut pas avouer contre un fusil à un coup, de fabrication américaine, d'un calibre qu'il ignore, ce qui n'a aucune importance, puisqu'on lui a vendu en même temps des cartouches d'un diamètre à peu près approprié. Car c'est un fusil à cartouche.

Il le regarde avec un tendre orgueil, fait jouer la bascule vingt fois sans se blaser sur ce miracle, et répète à voix basse:

— Voilà longtemps que j'avais envie d'un fusil à cartouche!

Des fusils à capsule, il explique qu'il en a eu; je ne serais pas étonné qu'il se fût servi d'un fusil à pierre. Mais un fusil à cartouche...

Aujourd'hui lundi, tout le monde retourne dans le bois, pour continuer l'exploration du tracé sur lequel, quelque matin miraculeux de l'an 192... doivent passer «les chars». Pacifique Pesant part avec les autres et, naturellement, il emporte son fusil à cartouche.

Il emporte sa hache aussi, puisqu'il est «bûcheur», et cet attirail redoutable, la hache sur une épaule, le fusil sur l'autre, n'est pas sans impressionner lui-même. Tous les hôtes du bois, de l'écureuil à l'orignal, doivent en frissonner dans leurs retraites; sans parler de la présence du métis Trèfle Siméon, qui sait si bien lancer les pierres...

Mais la matinée se passe; les bûcherons bûchent, les chaîneurs chaînent, chacun fait son ouvrage, et Pacifique Pesant, qui toutes les trente secondes doit poser au pied d'un arbre, pour se servir de sa hache, le fusil à cartouche, sonde en vain d'un oeil aigu les profondeurs du bois. Tout à l'heure on a traversé une piste d'ours; mais chacun sait que les petits ours noirs du pays sont trop méfiants et trop farouches pour se laisser voir; pour le caribou, ou l'orignal, il faudrait remonter encore un peu plus haut sur les rivières; mais enfin du petit gibier, de la perdrix de savane, du lièvre, le bois en est plein. Quel instinct obscur leur enseigne que Pacifique est au nombre de ceux dont il faut se cacher, depuis qu'il a un fusil à cartouche?

À midi, l'on s'arrête; on abat un beau cyprès sec, dont le bois imprégné de gomme fait en quelques minutes une haute flambée, et l'on commence à manger, pendant que l'eau du thé chauffe. Pacifique Pesant s'est installé sur un tronc couché à terre; il a appuyé contre ce tronc le fusil à cartouche, avec des précautions infinies, et la faim lui fait oublier pour quelques courts instants le désir de tuer qui le dévore.

Or, voici qu'entre les épinettes, à travers les taillis d'aunes, un lièvre, un beau lièvre gras, surgit au petit galop, sans hâte; il passe entre Pacifique Pesant et le feu, saute un arbre tombé et s'éloigne, flegmatique, de l'air d'un lièvre sérieux qui ne peut vraiment pas remettre ses affaires ni se détourner de son chemin parce qu'il lui arrive de rencontrer un feu, douze hommes et un fusil à cartouche!

Pacifique Pesant a laissé tomber sa tranche de pain savoureusement enduite de graisse de rôti; d'une main il empoigne le fusil, pendant que l'autre fouille fièvreusement dans une poche pour y trouver des cartouches.

Hélas! le lièvre est déjà rentré à jamais dans l'asile sûr du bois, du grand bois obscur qui s'étend de là jusqu'à la baie d'Hudson sans une clairière.

*

* *

La journée s'avance; le ciel pâlit encore le feuillage sombre des sapins et les cyprès. Or, le deuxième chaîneur lève tout à coup les yeux, regarde un instant, et pousse un grand cri.

— Pacifique!... une perdrix!

Pacifique laisse sa hache dans le bouleau qu'il était en train d'abattre, et part en galopant à travers les arbres tombés, brandissant son fusil à cartouche. La perdrix, selon la coutume des perdrix canadiennes, considère l'homme comme un animal bruyant, indiscret, mais peu dangereux. (Peut-être, au fait, n'en a-t-elle jamais vu?) Elle reste donc immobile sur sa branche et médite, pendant que le chasseur vient se placer au-dessous d'elle.

En quelques secondes son fusil est chargé, armé, et il épaule avec une moue d'importance. Mais le métis Trèfle Siméon s'est glissé derrière lui, rapide et subtil comme ses ancêtres sauvages : il a ramassé une pierre, et au moment solennel, voici que la petite masse grise sur laquelle Pacifique braquait laborieusement son fusil à cartouche fait une culbute inattendue et tombe, la tête fracassée par le plus primitif des projectiles...

*

* *

Le reste de la journée n'est qu'une longue amertume... La nuit tombe; l'on reprend le chemin des tentes, et soudain quelqu'un montre à Pacifique un écureuil qui s'aggriche [sic] au tronc d'une épinette, à dix pieds de terre.

— Tiens ! voilà du gibier pour toi !

L'ironie est flagrante; mais Pacifique hésite longtemps et finit par tirer. L'écureuil, atteint en plein corps, presque à bout portant, monte tout droit vers le ciel et quelques instants plus tard des débris de peau et des miettes de chair saignante retombent.

Pacifique Pesant les contemple avec le mépris qui convient, pour bien faire comprendre à tous que ce n'était là qu'une expérience. Mais son honnête visage a quitté le deuil, et ses lèvres rassérénées murmurent :

— Voilà longtemps que j'avais envie d'un fusil à cartouche !

L'Auto, 9 avril 1913, p. 1.

227

Driving

Pourquoi — dira-t-on — exprimer par un mot anglais l'art de mener des chevaux attelés le long des chemins — lorsqu'il y a des chemins — dans un pays de langue française? Je n'en sais trop rien. Peut-être parce que c'est plus court. Peut-être encore parce que, en France, on désigne généralement cet art sous le nom «Les Guides». Or, dans nos districts reculés de la province de Québec, l'on ne dit pas «guides», mais «cordeaux», et l'on tient lesdits cordeaux un dans chaque poing bien serré, les bras écartés, un peu dans la position qu'avaient jadis de Civry ou Fournier au guidon des premiers vélocipèdes.

Ce doit être indiciblement monotone pour un homme qui a été seulement une fois en automobile de suivre, en voiture attelée, une route quelconque de France, une insipide route dépourvue de souches et de monticules, où deux véhicules peuvent se croiser sans que l'un des deux entre dans le bois. Les chemins canadiens offrent heureusement plus d'imprévu, et puis les habitants du pays n'ont pas été rendus difficiles par leur vue fréquente puisque, sur le chemin qui fait le tour du lac Saint-Jean, il n'en est encore passé que deux depuis le commencement des temps, malgré la proximité relative d'Américains assoiffés d'aventures et de conquêtes.

Tout le monde va en voiture au pays de Québec. Un homme qui marche le long des routes est, par définition, un «quêteux» et un suspect. Quant à celui qui, possédant un cheval, l'enfourche au lieu de l'atteler et se promène ainsi, il sème derrière lui la stupeur et des hochements de tête pareils à ceux que suscite la description de coutumes inouïes, incompréhensibles, et plus barbares mille fois que celles des Indiens Montagnais qui passent ici au printemps et à l'automne.

229

En octobre la neige vient, et bientôt après tous les véhicules à roues reprennent dans la remise les places qu'ils avaient quittées cinq mois auparavant. Les voitures d'hiver les remplacent sur les chemins, sauf lorsqu'une tempête de neige a bloqué ces derniers.

Alors pendant deux ou trois jours aucun traîneau ni voiture ne passe; les paysans, dont chacun doit entretenir le morceau de chemin qui longe sa terre, attellent leur plus fort cheval sur la «gratte» et creusent patiemment une route dans la neige qui leur monte à la ceinture et parfois aux épaules. Le cheval enseveli, lui aussi, s'affole et se cabre dans la neige; l'homme s'accroche désespérément aux manches de la «gratte» et se laisse traîner, raidissant ses forts poignets, hurlant des ordres ou des injures sans malice.

«Hue! Dia! Harrié! Hue donc, grand malvenant! déshonneur de cheval!»

La neige vole; le cheval et l'homme en émergent peu à peu, blanchis jusqu'au cou, tous deux arc-boutés et luttant en forcenés contre l'inertie terrible de la masse blanche; l'un soufflant de toutes ses forces à travers ses naseaux dilatés, l'autre criant tour à tour des insultes sanglantes et des reproches badins.

— Ce n'est rien, ô citadin! Ce n'est qu'un paysan canadien qui gratte son chemin parce que le «Norouâ» a soufflé hier un peu fort...

Mener sur une route de neige ferme un bon trotteur attelé à un traîneau léger est assurément un plaisir sans mélange; mais pour celui qui sait à l'occasion faire fi des joies de la vitesse, il est quelque chose de plus attirant encore: conduire à travers bois, le long d'un chemin de chantier, le grand traîneau chargé de billots d'épinette et de sapin.

C'est peut-être le commencement de l'hiver: il est tombé juste assez de neige pour tapisser le sol d'une couche épaisse d'un pied sous laquelle saillent encore les grosses racines et les rondeurs des arbres tombés et à moitié enfoncés dans la terre. Naturellement l'on n'a cure ni des troncs d'arbres, ni des racines, pourvu que le cheval soit fort et la neige assez glissante. On charge l'une après l'autre, raidissant l'échine et tendant les bras, les lourdes pièces de bois, on assujettit la chaîne autour d'elles et on la serre en halant à deux le tendeur flexible fait d'un jeune bouleau. Et l'on part.

Le vent froid brûle la peau comme une râpe; dans le bois les haches des bûcherons sonnent sur les troncs secs; la jument au large poitrail plante les pieds dans la neige et tire furieusement. Le grand traîneau semelé d'acier démarre, se heurte aux racines et aux souches et dérape de l'arrière, se cabre par-dessus les troncs d'arbre abattus, puis retombe avec fracas, et l'homme qui est campé sur la charge, s'arc-boute pour résister aux chocs et aux bonds subits du traîneau, et bien que retenant à pleins bras la grande jument ardente, à la bouche dure, il ne peut s'empêcher de lui crier des encouragements que les terribles cahots saccadent. Et il se grise du mouvement, du crissement de la neige écrasée, du vacarme du bois et du fer, de toute la force déployée, du vent froid qui vient lui mordre le palais quand il crie.

Oui! Le cheval est la plus noble conquête de l'homme, ne vous en déplaise.

Et puis, lorsqu'il a offensé son conquérant, celui-ci a toujours la ressource de prendre les cordeaux et de lui fouailler les flancs, consolation que désirerait passionnément maint chauffeur arrêté au bord de la route et qui s'efforce vainement de pénétrer le mystère d'un carburateur espiègle.

L'Auto, 26 août 1913, p. 1.

Appendice

Au début de son séjour à Montréal, à l'automne 1911, Louis Hémon a fourni à **la Presse** quatre chroniques sportives dans lesquelles il nous expose, sous le pseudonyme «Ambulator», comme nous le révèle Nicole Deschamps, toute sa pensée sur la race canadienne-française qu'il n'hésite pas à comparer déjà à n'importe laquelle nation européenne et qu'il voudrait se voir réaliser pleinement par la pratique du sport. Nous croyons que ces chroniques ont leur place dans ce livre consacré au sport.

Avec la complicité et la permission de Hémon lui-même, que nous avons beaucoup fréquenté, nous dédions ces chroniques, les deux premières en particulier, au marcheur québécois de renommée internationale, Marcel Jobin.

Le sport de la marche (I)[1]

À l'époque où nous vivons, époque où l'on n'entend parler de toutes parts que d'exploits de cyclistes, d'automobilistes et d'aviateurs, il n'est peut-être pas inutile de rappeler aux hommes, de temps en temps, qu'ils ont des jambes et que le sport qui consiste à s'en servir de la manière la plus naturelle — le sport de la marche — est un des plus beaux sports qui soient, en même temps que le plus simple et le moins coûteux de tous.

Pour ceux des lecteurs de la Presse à qui la marche, en tant que sport, n'est pas très bien connue, je rappellerai brièvement les diverses manières dont elle est pratiquée dans les pays où elle est le plus en honneur.

La marche, comme presque tous les sports de locomotion, est pratiquée soit sur piste, soit sur route. De la marche sur piste je ne dirai que quelques mots, juste assez pour montrer que ce n'est, en somme, qu'un exercice artificiel et qui présente bien des inconvénients.

On utilise, à cet effet, les pistes de course à pied, comme il en existe dans la plupart des pays où les sports athlétiques sont en honneur. Le costume des moniteurs est le même que celui des coureurs: maillot mince à manches courtes et culotte flottante de toile ou de satinette. Leurs chaussures sont pourtant différentes parce qu'il est indispensable pour marcher de porter des chaussures à talons; les marcheurs ont donc des souliers bas, s'arrêtant à la cheville et munies de talons plats.

---

1. Un article écrit spécialement pour la Presse et que nous recommandons fortement à nos lecteurs.

Lorsqu'on sait que les marcheurs les plus rapides atteignent sur piste, dans des épreuves de deux milles, une vitesse de près de huit milles à l'heure, il est facile de se rendre compte que leur allure ne ressemble en rien à celle d'un paisible promeneur. C'est en effet une allure artificielle qui, au premier coup d'oeil, semble tenir plus de la course que de la marche, et la difficulté consiste précisément à discerner le point exact où un homme cesse de marcher et commence à courir. Il y a des juges qui ont pour mission exclusive de surveiller les marcheurs et de disqualifier sur-le-champ tous ceux dont l'allure ne serait pas correcte. Mais c'est si difficile à juger que presque chaque juge a une méthode à lui pour justifier ses décisions : l'un regarde les épaules des marcheurs, un autre surveillera ses genoux, un troisième enfin fera porter toute son attention sur le mouvement des pieds.

On s'imagine aisément quels mécontentements et quelles réclamations soulève chaque disqualification d'un marcheur, lorsque celui-ci est de bonne foi et a cru marcher correctement.

Pour toutes ces raisons le sport de la marche sur piste ne jouit pas d'une grande faveur. La Fédération qui régit toutes les sociétés françaises de sports athlétiques a même abandonné toutes ses épreuves de marche. En Angleterre, deux épreuves de marche sont encore inscrites au programme des championnats nationaux; mais j'ai moi-même vu cet été une de ces épreuves donner lieu à une vive polémique, un des juges ayant disqualifié un concurrent allemand qui était de beaucoup le plus rapide de tous et qui semblait bien marcher correctement, de l'avis même de la plupart des personnes compétentes.

Reste la marche sur route. Elle se pratique naturellement sur des distances beaucoup plus longues, à une allure plus modérée et partant plus naturelle. Deux distances classiques sont : 25 milles, soit à peu près la distance sur laquelle se dispute la course de Marathon; soit 50 milles, distance favorite en Angleterre, parce que c'est celle qui sépare Londres de Brighton, et que ce parcours est le plus usité pour toutes les courses et tentatives de records.

Mais la distance de 25 milles est bien suffisante pour mettre à l'épreuve des jeunes gens encore peu entraînés. Presque tout jeune homme robuste peut, après deux ou trois semaines de pratique, couvrir cette distance en cinq heures environ. Lorsqu'il aura pris part à une ou deux marches de ce genre, il pourra alors s'habituer à des distances plus considérables, et, finalement, pourvu qu'il soit bien doué et que le feu sacré l'anime, il pourra aspirer à imiter ces Français de France dont la renommée s'est étendue si loin, il y a quelques années: Féguet, Ramagé, etc... qui accomplissaient leurs exploits sur des distances de 500 milles et plus, comme dans les marches Paris-Belfort-Paris, Toulouse-Paris, etc...

Lorsqu'il s'agit de distances aussi grandes, il n'est plus besoin d'adopter un costume spécial. De vieux vêtements ne gênent en rien les mouvements du corps, un maillot de laine, de forts souliers déjà assouplis aux pieds, voilà tout le nécessaire. Où trouverait-on un sport moins coûteux que celui-là ?

Je suis certain de ne pas importuner les Canadiens-français [sic] en leur parlant de ce qui s'est fait et se fait encore en France. Or, il y a en France, il y a quelques années, un réel mouvement d'enthousiasme en faveur du sport de la marche, et cet enthousiasme n'est pas mort. L'on a vu d'abord certains journaux influents, et que l'amour du sport animait, organiser ces longues marches de ville à ville dans lesquelles se sont révélés des marcheurs admirables d'endurance et d'énergie. D'autres journaux ont ensuite cherché à mettre ces épreuves de marche à la portée de tous en réduisant les distances, et c'est alors que s'est disputée autour de Paris, et dans tout le reste de France, une série de marches de corporations, réunissant chacune les jeunes gens faisant partie d'une profession, d'un corps de métier: —les employés de magasins de nouveautés ou de bureau — les commis de l'épicerie — de la boucherie — de la boulangerie — les ouvriers de toutes sortes. Et chacune de ces marches a servi de révélation à toute une foule de jeunes athlètes pleins de valeur, dont les noms sont devenus presque célèbres du jour au lendemain, jeunes gens qui ont donné par leurs aptitudes physiques et leur courage une preuve nouvelle — si cette preuve était nécessaire — que la race française n'avait rien perdu de sa vaillance.

On me dit que le sport de la marche ne jouit pas parmi les Canadiens-français de la faveur qu'elle mérite. S'il en est ainsi, il est temps que quelques personnalités influentes et dévouées au sport prennent l'initiative à la première occasion favorable.

La race canadienne-française, autant que j'ai pu le constater au cours d'un séjour qui ne fait que commencer, possède d'incomparables qualités physiques. En tant que Français, je préfère ne pas faire de comparaison entre mes compatriotes et leurs frères du Canada parce que cette comparaison serait peu favorable aux Français de France. L'épanouissement sportif qui s'est produit en France au cours de ces dernières années ne peut laisser les Canadiens indifférents, et si l'occasion leur en est donnée, ils auront à coeur de prouver que leur ardeur sportive et leur courage sont à la mesure de leurs capacités athlétiques, et qu'ils sont du moins les égaux et de leurs amis anglais et de leurs cousins de France.

Ce qu'il ne faut pas perdre de vue enfin, c'est que si de jeunes Parisiens ont eu assez d'enthousiasme pour accomp[l]ir de longues marches dans des quartiers de banlieue bien peu attrayants, ou sur de longues routes monotones traversant des contrées souvent peu pittoresques, les jeunes marcheurs canadiens ont au contraire sous la main un des pays les plus beaux du monde, pas encore enlaidi par d'interminables rangées de maisons, pourvu de bois, de montagnes, de sites charmants ou sauvages — toute une nature magnifique qui doit doubler le plaisir de la marche.

Je souhaite donc qu'un temps vienne bientôt où les jeunes gens de la Province de Québec prendront part à de longues épreuves de marches, soit dans les environs de la métropole, soit entre cette métropole et d'autres villes éloignées; qu'il y ait des records établis pour ces parcours entre villes, que chaque jeune marcheur ambitionnera de briser. Et je ne crains pas de le répéter encore: la marche est un des sports les plus sains qui existent, un des plus simples et des plus passionnants. Je ne doute pas que, si l'occasion leur en est un jour donnée, les jeunes Canadiens de la Province de Québec n'accomplissent des exploits dont la renommée s'étendra loin, et qui donneront une nouvelle preuve éclatante de la valeur de leur race et de leur nation.

La Presse, 28 octobre 1911, p. 12.

Le sport de la marche (II)[1]

Un journal américain passait, l'autre jour, en revue les chances de victoire des différentes nations aux jeux olympiques qui, on le sait, vont avoir lieu à Stockholm, en 1912. L'attention de notre confrère des États-Unis se portait naturellement surtout sur les chances de victoires des athlètes américains, et il s'inquiétait de prévoir aussi exactement que possible quels concurrents étrangers seraient les plus redoutables pour eux et pourraient éventuellement leur ravir la palme dans cette gigantesque compétition mondiale.

Il étudiait les mérites des meilleurs hommes d'Angleterre, toujours redoutables sur les longues distances : Vright, MacNicol, Wilson ; il pesait la valeur des Allemands qui, cette année même, donnaient, à Londres, au cours des championnats anglais, une si éclatante preuve de leur qualité, en remportant quatre épreuves ; il n'oubliait pas enfin les progrès considérables accomplis par les Suédois eux-mêmes, qui, cette fois, auront l'avantage de lutter chez eux. L'Italie, qui, aux derniers jeux olympiques, produisait des hommes comme Dorando Pietri, qui fit, dans le Marathon, l'étonnant effort que l'on sait, comme Lunghi, le merveilleux spécialiste du demi-siècle [fond], la France, disposant de coureurs comme Faillot, comme Rouca, le vainqueur du dernier Cross des cinq nations, comme Meunier, le vainqueur réel sinon officiel du championnat d'Angleterre de 120 verges haies — tous ces pays méritaient également qu'on se souvient d'eux.

Enfin, le journaliste américain, qui complétait cette liste, prenait en considération l'appoint sérieux que devaient apporter au

---

1. Deuxième article de notre collaborateur «Ambulator» sur cet exercice si facile et si hygiénique. Quelques suggestions pratiques.

contingent britannique les athlètes coloniaux, et parmi ces derniers citait les noms de quelques Canadiens qui semblaient à craindre. Mais tous ceux-ci étaient des Anglo-Saxons, venant de Toronto, de Vancouver, de Winnipeg, et c'était en vain que l'on cherchait parmi ces noms le nom de quelque Canadien-français [sic] jugé digne d'une mention honorable.

Pourquoi? La race canadienne-française s'est-elle donc complètement désintéressée du sport? Les jeunes Canadiens-français ne désireraient-ils pas qu'un des leurs inscrivît un jour son nom sur le livre d'or de la grande joute olympique? Se considèrent-ils donc inférieurs, incapables de disputer la victoire aux Anglo-Saxons. Il n'en est rien. En d'autres sports, ils ont maintes fois prouvé leur valeur. En course à pied, il y a quelques jours à peine qu'un Canadien-français remportait à Montréal une victoire éclatante.

Tous ses compatriotes ont dû, en lisant la nouvelle de sa victoire, ressentir une légitime fierté: quelle occasion bien plus belle n'auraient-ils donc pas de s'enorgueillir si quelque Canadien-français arrivait à triompher dans une des épreuves olympiques futures, sinon l'an prochain.

Ce n'est certes pas la qualité athlétique qui leur manque. Si de jeunes Français ont pu, dans ces dernières années, remporter d'éclatantes victoires sur leurs adversaires anglais ou autres, tant en course à pied qu'au football, en boxe, en cyclisme, etc... que ne peut-on pas attendre d'une race qui, issue de la même souche, a puisé une jeunesse et une santé nouvelle et décuplé sa vigueur en plantant ses racines dans le sol du nouveau monde!

Que l'on ne donne pas non plus comme objection le chiffre encore restreint de la population canadienne-française. Ce chiffre n'est pas très élevé, il est vrai; mais c'est un fait indiscutable que, grâce à leur origine, grâce à la rude vie saine et fortifiante que leurs ancêtres ont menée, les Canadiens-français d'aujourd'hui comptent dans leur nombre une proportion d'individus robustes et résistants bien plus forte qu'aucune nation européenne. Il y a là une véritable pépinière d'athlètes qui n'attend, pour se développer, qu'une impulsion nouvelle et plus vigoureuse.

Cette impulsion, qui répandra par toute la masse de la population jeune un goût et une pratique des sports qui sont encore trop rares, comment la donner?

Il n'y a qu'une réponse possible. Le seul moyen est d'organiser partout et toutes les fois qu'il sera possible des épreuves sportives de propagande auxquelles on s'efforcera de donner un grand retentissement. Et c'est à dessein que nous disons «de propagande»; car

ces épreuves ne devront pas être de celles qui profitent financiè-
rement à un ou deux clubs, et athlétiquement aux quelques joueurs
ou concurrents déjà exercés et entraînés qui y prennent part.
Elles devront attirer le plus grand nombre possible de nouveaux venus
au sport, et, pour cela, il faudra essentiellement qu'elles portent sur
un sport peu coûteux et facile à pratiquer.

Dans certains pays d'Europe, les épreuves cyclistes ont été les
premières à attirer l'attention de la foule et à implanter dans la jeunesse l'amour des exercices physiques. C'est ce qui s'est passé en
France; mais il ne faut pas perdre de vue que la France, de même
que les vieilles nations européennes, possèdent depuis d'innombrables années un réseau très complet de routes excellentes, qui ont
naturellement favorisé le développement du sport cycliste. En est-
il de même dans l'Amérique du Nord et en particulier au Canada?
Il est évident que non. Dans ces contrées relativement jeunes les
routes ne se développent souvent que plus lentement que les voies
ferrées, et elles n'arriveront pas à la perfection d'ici longtemps.

Il faudra donc choisir quelque autre sport qui n'exige pas cette
perfection et qui soit pourtant susceptible de frapper l'imagination
des masses à la fois par la distance accomplie et parce que l'épreuve sportive en question ira pour ainsi dire les chercher chez elles,
sans qu'elles aient à se déranger pour les voir.

L'on arrive donc forcément à la conclusion que le sport de la
marche et celui de la course, deux sports frères en somme, sont les
plus propres à jouer le rôle de sports de propagande. Des deux, la
marche paraîtrait préférable, comme étant un sport plus naturel
et plus aisé; mais pour les très longues distances, l'on pourrait sans
inconvénient laisser l'allure au choix des compétiteurs, c'est-à-dire
faire de ces épreuves ce que les Anglais appellent des «go-as-you-
please races».

Étant destinées à frapper l'imagination des masses, ces épreuves devraient assurément avoir lieu sur de très longues distances.
Des parcours Trois-Rivières—Montréal, Sherbrooke—Montréal, ou
même Québec—Montréal ne seraient pas trop longs. Au premier
coup d'oeil, des distances semblables peuvent paraître décidément
exagérées et propres à épuiser les coureurs qui les franchissent;
mais il a été prouvé maintes fois qu'il est indispensable de frapper
un grand coup pour commencer et pour implanter fermement un
sport, il faut, dès l'abord, et hardiment, accomplir ce qui pouvait
paraître quasi impossible aux profanes.

C'est ce qui a été fait en Europe. Paris—Brest en cyclisme, et
Paris—Belfort en marche, pour la France; pour l'Angleterre, les
randonnées colossales de Land's End à John O'Greats, voilà autant

d'épreuves devant lesquelles les sceptiques ont hoché la tête, qu'ils ont traitées de tentatives déraisonnables, de folies; mais ce sont elles qui ont donné au mouvement sportif sa première et définitive impulsion.

Le Canada français est loin d'être un nouveau venu au sport; il en a donné maintes preuves, mais tous ceux qui s'intéressent vivement et sincèrement à son avenir sportif souhaitent que cet avenir soit vingt fois plus fécond et plus brillant que le présent.

Quelques restrictions devraient pourtant être imposées pour ces épreuves colossales de propagande. Un contrôle sévère, d'abord, qui garantira la régularité de l'épreuve. Ensuite les concurrents devront tous être des athlètes entraînés, en parfaite condition physique, et non des adolescents, doués de plus d'enthousiasme que de résistance à la fatigue. Ils seraient scrupuleusement examinés par un médecin avant le départ et ne partiraient qu'avec son approbation.

Une dernière question se pose: À quelle catégorie d'athlète s'adresseront ces épreuves: Amateurs ou professionnels? Si l'on a surtout en vue l'encouragement du sport dans les masses de la population et la production éventuelle de marcheurs ou coureurs susceptibles de prendre part avec succès aux jeux olympiques, il est évident que les professionnels sont hors de cause. Mais il y a du pour et du contre, et c'est une question qui mérite d'être discutée plus à loisir.

On dira: «Vous prêchez à des convertis. La jeunesse canadienne-française aime et pratique le sport et n'a pas besoin de tant d'encouragements et de conseils prétentieux.» À cela, il suffira de répondre que le monde entier aura les yeux fixés sur l'arène de Stockholm où, l'été prochain, se disputeront les jeux olympiques, et, dans cinq ans, sur quelque autre scène semblable; que toutes les races et nations y seront représentées et que chacune d'elles acclamera avec une légitime vanité les victoires de ses nationaux; et que, tôt ou tard, la race canadienne-française devra s'affirmer, en tant que race, dans le domaine du sport comme elle s'affirme et s'affirmera dans les autres domaines, et que chacun de ses fils devrait nourrir l'ambition de descendre un jour dans cette arène et de remporter une victoire dont tous ses compatriotes s'enorgueilliraient, même et surtout, peut-être, ceux qui, à présent, font profession de dédaigner la cause sportive.

La Presse, 4 novembre 1911, p. 12.

242

Le sport et la race[1]

Il y a quinze jours environ, à Londres, dans un match de boxe comptant pour le championnat d'Europe de la catégorie des poids mi-moyens, ou welter weights, Georges Carpentier, champion de France, a battu décisivement Young Josephs, champion d'Angleterre, remportant ainsi le championnat d'Europe précité et s'assurant le droit exclusif de combattre le champion d'Amérique, par exemple, pour le titre de champion du monde.

«En quoi cela peut-il nous intéresser, nous, Canadiens?» diront peut-être certains de nos lecteurs. C'est ce que je voudrais essayer de leur montrer.

Nos amis, les Anglais — et le signataire de ces lignes, qui a vécu parmi eux, écrit «nos amis» le plus sincèrement du monde, — sont une race éminemment sportive. Or, comme la plupart des gens de sports, ils éprouvent, malgré eux, un certain mépris instinctif pour ceux qui ne s'y livrent pas. De plus, ils ont, avec toutes leurs qualités, certaines faiblesses: une d'elles est une opinion d'eux-mêmes qui est excellente, à juste titre, combinée avec une opinion des autres races, qui pour être le plus souvent poliment dissimulée, n'en est pas moins un tant soit peu dédaigneuse.

Il y a une quinzaine d'années tout au plus, les Anglais étaient, en Europe tout au moins, maîtres incontestés du royaume des sports, et cela pour une bonne raison; c'est qu'aucune autre race ne s'en occupait. Seulement, la masse du peuple anglais ne songeait pas à

1. Résultats imprévus mais logiques des victoires des athlètes français sur les Anglais. — Disparition de vieux préjugés. — Le sport doit être une question nationale pour les Canadiens-français. Nous devons exceller dans les jeux athlétiques pour imposer le respect.

chercher les causes et ne voyait que les résultats. Elle voyait qu'aucun pays ne cherchait à disputer la palme à ses compatriotes, dans aucun sport ni concours athlétique, et elle en était venue tout naturellement à se figurer que c'était parce que les autres nations reconnaissaient la supériorité physique des habitants des Îles Britanniques et se reconnaissaient d'avance vaincues. De là, un certain orgueil tranquille que rien ne semblait devoir troubler.

Et puis, voici qu'en quinze ans, tout a changé. Les athlètes américains se sont montrés presque invincibles dans les épreuves athlétiques. Des équipes de rameurs belges ont remporté le «Grand Challenge Cup», la plus importante épreuve d'aviron des régates de Henley. En athlétisme encore, des coureurs allemands triomphent à Londres même dans trois championnats d'Angleterre; des coureurs français font de même, et enfin, dans le sport qui semblait être le plus essentiellement anglais, celui de la boxe, ça a été depuis deux ans une suite presque ininterrompue de victoires françaises culminant dans celle dont j'ai parlé au début de cet article.

Quel a été le résultat de tout cela? Le résultat a été un revirement étonnamment complet de l'opinion anglaise au sujet des capacités physiques des autres nations. Ce fut, pour la masse du peuple anglais, une surprise profonde de voir ses meilleurs hommes battus par des Allemands, des Belges, des Français, etc... et ils ont fini par comprendre, à la longue, que toutes ces races-là étaient, athlétiquement, sensiblement égales à la leur.

Le Français en particulier avait toujours joui en Angleterre, d'une réputation de maladresse grotesque dans tous les exercices du corps. Pour prendre comme exemple un autre sport dont nous n'avons pas encore parlé — l'hippisme — il est difficile d'ouvrir un ancien numéro du **Punch**, le fameux journal satirique anglais, sans trouver une caricature représentant un Français, à cheval, désespérément accroché à la crinière, sur le point de tomber, et suppliant qu'on vienne à son secours. La simple juxtaposition d'un Français et d'un cheval semblait évidemment aux Anglais de cette époque quelque chose de comique. Or, depuis trois ou quatre ans, la «Horse Show» de Londres a été rendue bien plus importante que par le passé et comprend maintenant des concours divers de sauts d'obstacles ouverts aux cavaliers et aux officiers des différentes nations. Que s'est-il passé? Sur trois épreuves, les équipes françaises ont été classées deux fois premières et une fois deuxième. Seuls leur disputaient la palme les cavaliers belges, italiens ou russes; les Anglais étaient en queue de liste. Résultat inattendu: les caricatures du **Punch** sur les Français à cheval ont à peu près disparu...

244

Les gens qui ne connaissent pas très intimement le peuple anglais — j'entends par là les Anglais d'Angleterre — et qui ne se doutent pas à quel point ce peuple s'intéresse au sport et fait du sport un critérium pour juger les gens, ne peuvent se faire une idée de l'influence réelle qu'ont ces victoires sportives françaises sur les rapports des deux pays.

Le brave ouvrier anglais (et, en somme c'est lui qui forme la masse de l'opinion) n'avait auparavant des Français que l'idée de petits êtres comiques et presque simiesques, qu'il ne lui fût jamais venu à l'esprit de regarder comme des égaux en quoi que ce soit. Or, en quelques années, cet ouvrier a lu dans son journal du matin que des athlètes français battaient leurs concurrents anglais, en France d'abord, puis en Angleterre, tout à côté de lui; qu'une équipe française de football rugby triomphait dans un des grands matchs internationaux de l'équipe d'Écosse; que les coureurs de fond français venaient de gagner des courses de Marathon à Londres, à Edinbourg et ailleurs. Et, enfin, cet ouvrier anglais voit de ses propres yeux des boxeurs français battre aisément les champions anglais de leur catégorie.

De sorte que son point de vue change peu à peu et complètement, et que lorsqu'on lui parle d'amitié franco-anglaise, d'entente cordiale, il se sent plein de sympathie pour une nation qui prouve qu'elle peut le battre à ses propres sports, et il se sent prêt à songer à la race française avec respect et à la considérer comme l'égale de la sienne. C'est ce qui s'est passé, et ce qui se passe encore et les diplomates ont reçu, de ce côté-là, et probablement sans s'en apercevoir, une aide inattendue.

Et maintenant, il devient facile de deviner où je veux en venir, et en quoi les remarques qui précèdent s'adressent aux Canadiens-français, voués à vivre côte à côte avec une population anglaise.

Évidemment, les conditions ne sont pas les mêmes ici qu'en Europe; les deux races française et anglaise étant en contact immédiat et constant sur le sol canadien, elles n'entretiennent guère l'une envers l'autre les préjugés stupides qui proviennent surtout de l'éloignement et de l'ignorance; et les Anglais d'ici ne sont pas non plus absolument pareils aux Anglais d'Angleterre. Mais ils n'en conservent pas moins ces deux caractéristiques essentielles: l'amour du sport; et une certaine tendance innée à se croire destinés par la Providence à tenir le haut du pavé — du pavé sportif comme des autres.

Voilà pourquoi le sport, parmi les Canadiens-français doit être une question nationale. Il faut se garder d'exagérer: leur existence et leur indépendance pratique ne dépendent pas du résultat de courses ou de matches de football ! Mais il est suffisant de se rendre compte que lorsque les Anglais verront les Canadiens-français leur tenir tête et les battre souvent dans la plupart des sports et jeux auxquels ils se livrent eux-mêmes, ils n'en ressentiront que plus de respect pour eux.

Est-ce ainsi que les choses se passent? Je laisse à des personnes mieux informées que moi de l'état du sport canadien, le soin de répondre. S'ils trouvent qu'à côté de sports où les Canadiens-français brillent, il en est d'autres dont ils semblent se désintéresser. Ne doivent-ils pas faire tous leurs efforts, non pas une fois, mais aussi souvent qu'il le faudra, pour créer d'abord, développer ensuite, ces sports négligés?

Pour cela, il faut de l'argent, de l'influence, et surtout de l'enthousiasme. Si un enthousiasme réel existait, l'argent et l'influence ne seraient pas introuvables. Et quant à la recette pratique pour créer l'enthousiasme, il semble bien qu'elle soit la même dans tous les pays : Grandes épreuves de propagande sportive, portant sur un sport facile à pratiquer et peu coûteux. Elles seules pourront introduire le goût du sport parmi cette partie trop nombreuse de la jeunesse canadienne qui y reste encore indifférente. Quand cette indifférence aura été secouée, on verra des noms français en tête des listes de vainqueurs dans la plupart des grandes épreuves sportives de l'Amérique du Nord.

Et je n'ai rien dit des heureux résultats qu'aurait, au point de vue de l'hygiène, un développement semblable du goût des exercices physiques. Cela seul devrait pourtant suffire à fouetter le zèle de tous les Canadiens-français qui s'intéressent à la bonne santé et à la bonne renommée de leur race, et se rendent compte que le sport peut y aider.

La Presse, 11 novembre 1911, p. 12.

Le sport et l'argent[1]

Le titre ci-dessus pourrait faire croire que c'est de la question toujours brûlante de l'amateurisme et du professionnalisme que je vais parler aujourd'hui. Ce n'est point tout à fait cela; évidemment il est difficile de traiter des rapports de l'argent et du sport sans toucher à cette question, mais je désirerais m'occuper plus particulièrement d'un autre aspect de ces rapports.

Cet aspect est celui-ci: Jusqu'à quel point est-il indispensable qu'un sport «paye» tant ceux qui s'y livrent que les organisateurs qui s'y intéressent? Quels sont les sports qui sont naturellement propres à «payer» et quels sont les autres? Et, parmi ces derniers, est-il des sports, qui ne payeront jamais, qui méritent pourtant d'être conservés et encouragés, et comment peut-on y parvenir?

L'étude des différents sports qui «payent» dans les différents pays du monde est assez intéressante en elle-même, et mérite mieux qu'une simple énumération. En effet, nous trouvons que certains sports sont dans un pays une source de richesse pour leurs organisateurs, et dans le pays voisin une source de pertes. Chaque pays a un certain nombre de sports favoris. Les autres sports, il les ignore ou les dégaigne; mais dans certains cas c'est parce que ces sports n'ont pas été assez énergiquement poussés à leur début. Autrement le goût du public aurait fini par s'y laisser attirer, et les pertes financières du commencement se seraient transformées à la longue en de coquets bénéfices.

---

1. Les sports payants et non-payants. — La boxe, la lutte et le football sont les principaux dans la première catégorie. — La marche, la course de fond, la course d'aviron et la natation ne reçoivent pas l'encouragement auquel elles ont droit. D'où leur viendra l'aide nécessaire?

Il y a certains sports qui paraissent destinés par leur nature même à être des sports «payants». De ce nombre sont les sports de combat, c'est-à-dire la lutte et la boxe.

La lutte a été un sport payant dès son origine probablement dans tous les pays du monde; mais d'abord sur une petite échelle. En Angleterre, tous les mineurs et ouvriers du Lancashire et d'autres districts du Nord sont fanatiques de lutte, et certains des champions locaux jouissent d'une sorte de célébrité.

En France, dans tout le Midi, plus spécialement du côté de Bordeaux et aussi dans la vallée du Rhône, la lutte est aussi tenue en grande estime, et beaucoup de lutteurs connus sont venus de ces districts. Mais pendant longtemps ils se sont contentés de lutter dans des baraques foraines, qui allaient de foire en foire dans les diverses villes ou bourgades. Ce n'est guère qu'il y a quinze ans environ qu'un journal sportif illustre eut l'idée d'organiser un grand tournoi de luttes à Paris, sur la scène d'un Music-Hall. Ce fut un succès, colossal, et des tournois semblables ont été organisés depuis, presque tous les ans; souvent même plusieurs établissements se faisaient concurrence et se disputaient les meilleurs lutteurs en offrant de grosses sommes comme prix.

Que s'est-il passé? Ces tournois sont peu à peu tombés dans le plus complet discrédit, parce que l'appât du gain avait poussé les lutteurs à s'entendre entre eux à l'avance pour se partager les prix. On comprend que leurs luttes n'étaient plus que de simples rencontres amicales où ils ne montraient aucune énergie et qui cessaient peu à peu de passionner le public, pour qui la fraude devenait trop apparente. Pour employer les termes consacrés du monde de la lutte, c'était du «chiqué», par opposition à la «beurre», qu'est la lutte sincère et violente. L'histoire détaillée et illustrée d'anecdotes de cette décadence de la lutte en France pourrait peut-être intéresser les Canadiens-français de Montréal; mais le manque de place m'oblige à n'en pas dire plus long, et certains lutteurs actuellement très en vue ici préféreront peut-être cela.

En Angleterre la même chose exactement s'est produite. La lutte (au genre libre et non au genre gréco-romain comme en France) a joui un moment d'une grande popularité, surtout au moment des luttes de Hackenschmidt et de Madrali. Puis, on a vu des rencontres autour desquelles on avait fait grand fracas et qui, quand des révélations ont été faites, se sont trouvées être des affaires de famille, entre deux frères ou cousins, affublés de noms différents, et qui s'entendaient pour berner le public.

Il n'est pas moins vrai que la lutte est, par sa nature même, un sport qu'attire le public payant, et que, malgré des éclipses momentanées, il sera toujours facile de le faire «payer».

Il en est de même de la boxe. Je n'ai pas besoin de rappeler qu'en Angleterre les combats à poings nus autrefois, et, plus récemment, les assauts livrés avec des gants de quatre ou huit onces ont toujours eu le don d'intéresser la masse de la population et d'attirer de grosses foules. Il semble bien pourtant que le moment de la décadence soit arrivé pour ce sport en Angleterre, au lieu qu'en France, où il en est encore à ses débuts, il se développe d'année en année. L'on trouve maintenant des organisateurs, à Paris, prêts à donner des bourses de $20 000 et même plus pour de grands combats, certains qu'ils sont de rentrer dans leurs frais et de réaliser encore un beau bénéfice.

La boxe peut donc être mise au tout premier rang des sports qui se suffisent à eux-mêmes; des sports qui «payent».

À mon avis, parmi les autres sports il en est un qui, lancé habilement, peut arriver à payer dans la plupart des pays du monde. C'est le football.

Le football association, tel qu'il est joué par les équipes professionnelles anglaises, est probablement le sport le plus payant du monde, et les recettes perçues aux portes d'entrée des divers terrains de jeu un seul samedi constitueraient toutes ensemble une somme colossale. En France, il n'en est pas ainsi, et la faveur du public semble se porter vers le football rugby, qui n'est guère joué que par des équipes d'amateurs. On ne voit pas encore là des foules comme en Angleterre, mais un public de vingt mille spectateurs à une partie s'est déjà vu, et ces chiffres iront probablement en augmentant. Aux États-Unis, bien que le public s'intéresse surtout aux parties entre les équipes des collèges, équipes naturellement composées d'amateurs, les foules sont assez fortes pour prouver que le football a le don de les intéresser fortement.

À côté de ces trois sports pris comme exemple, la lutte, la boxe et le football, sports qui attirent aisément le public, sports qu'il est facile de rendre «payants», parce qu'ils prennent place dans des endroits clos où il faut payer sa place, songeons un peu maintenant à d'autres sports qui ne payent pas, qui ne payeront jamais, et qui méritent pourtant d'être encouragés.

La marche ou la course sur de longues distances sur route; les courses d'aviron; dans une certaine mesure, la natation. Ne sont-ils pas des sports excellents, aussi hygiéniques qu'aucun autre, aussi intéressants? Pourtant, comment serait-il possible de les faire payer? On ne peut pour une marche ou une course de vingt-cinq milles empêcher le public de venir voir passer les coureurs sans débourser un cent. On ne peut l'empêcher de venir sur les bords d'une rivière et de suivre les régates des yeux lorsqu'il y en a. Voilà donc des sports qui ne peuvent pas être payants; des sports qui n'intéressent pas ces organisateurs qui ne cherchent qu'un gain financier. Il n'y a pas de recettes à espérer; cela leur suffit, ils ne s'en occuperont jamais.

Faudrait-il donc laisser ces sports-là végéter ou mourir? Tous les vrais amateurs de sport répondront non. Et il serait même facile de faire remarquer que ces sports-là seront ceux qui resteront les plus sincères et les plus honnêtes, justement parce que l'argent n'y joue pas un grand rôle.

Comment s'y prendre pour conserver et développer ces sports? De petits clubs d'amateurs, abandonnés à leurs seules ressources, ne peuvent guère y parvenir, quels que soient leur enthousiasme et le dévouement de leurs membres! D'où leur viendra l'aide?

Je n'ai pas la prétention de résoudre le problème: il me suffit de le poser. La solution ne peut guère résider que dans la formation de ligues sportives puissantes par le nombre, qui, au lieu de chercher avant tout à faire des bénéfices, chercheront à encourager les sports utiles et pourtant incapables de payer pour eux-mêmes. Si l'on pouvait aider ces sports au moyen d'argent obtenu par l'exploitation des autres sports, qui, eux, payent, cela n'en vaudrait que mieux.

À défaut de cela, il faut espérer que des particuliers à la bourse bien garnie se prendront un beau jour d'enthousiasme pour les sports dont nous avons parlé plus haut, et les aideront de leurs deniers.

Et en dernier ressort, il faudrait peut-être compter sur l'intervention de quelques journaux qui trouveraient là une occasion de faire oeuvre utile à la jeunesse et en même temps de se faire à eux-mêmes d'excellente réclame. Cela a déjà été fait ailleurs. Pourquoi pas ici?

La Presse, 18 novembre 1911, p. 12.

TABLE DES MATIÈRES

UNE ÉQUIPE DE FOOTBALLERS PRESQUE INVINCIBLE.

Le match " Sud-Afrique " (foncés) contre " Cambridge " (clairs) : une touche.